读书随笔（外五种）

【刘师培经典文存】

刘师培 著　万仕国 点校

广陵书社

图书在版编目（CIP）数据

读书随笔：外五种／刘师培著；万仕国点校. —扬州：广陵书社，2015.12

（刘师培经典文存）

ISBN 978-7-5554-0501-6

Ⅰ.①读… Ⅱ.①刘… ②万… Ⅲ.①读书笔记－中国－近代 Ⅳ.①Z429.5

中国版本图书馆CIP数据核字（2015）第303017号

书　　名	读书随笔（外五种）
著　　者	刘师培
点　　校	万仕国
责任编辑	顾寅森
出 版 人	曾学文
出版发行	广陵书社
	扬州市维扬路349号　　　邮编　225009
	http://www.yzglpub.com　　E-mail:yzglss@163.com
印　　刷	北京欣睿虹彩印刷有限公司
开　　本	710毫米×1000毫米　1/16
印　　张	17
字　　数	300千字
版　　次	2016年1月第1版第1次印刷
标准书号	ISBN 978-7-5554-0501-6
定　　价	58.00元

（广陵书社版图书凡印装错误均可与承印厂联系调换）

《刘师培国学讲论》编辑缘起

国学乃"中国固有之学术",即中华民族传统学术文化之总称。国学经典包罗经史子集诸门类,内涵丰富,博大精深,凝聚了民族先哲的创造和智慧,是中华文明传承与发展的源源不竭的精神动力。当今国学复兴,国人研读国学经典的兴趣持续不减。我社在编辑出版国家重点规划项目《仪征刘申叔遗书》时,考虑到作者在国学研究方面的独特成就与影响,以及整理者对于原著校勘整理的规范与严谨,决定同时编辑出版一套更接近原著风貌的刘师培国学经典普及本,以供国学爱好者之用。

刘师培(1884—1919),字申叔,号左盦,江苏仪征人。刘氏家学渊源深厚,他的曾祖父刘文淇、祖父刘毓崧、伯父刘寿曾,都是精通汉学的知名学者。浓郁的学术氛围加上他的刻苦自励及学术上的兼容并包,致使他最终成为一代名家。刘师培一生著述繁富,内容涉及经学、小学、校雠学、文学、史学乃至伦理学、教育学等诸多方面,承前启后,多有创获。他的《中国中古文学史讲义》《经学教科书》等著作被一些高等院校列为专业教学参考书,影响广泛。

此次选编刘师培著作之精华,大致可分为四类:一为论经学,二为读书札记,三为论文学,四为教科书。丛书共六册。第一册《国学发微》《周末学术史序》《群经大义相通论》等六种,以论经学为主。第二册《读书随笔》《读书续笔》《左盦题跋》等六种,基本为读书札记。第三册《中国文学讲义概略》《中国中古文学史讲义》,附录《论文杂记》,三者为刘师培文论之核心,故以《中国文学讲义》为名。其中《中国文学讲义概略》本系单独成书，所述内容在专讲魏晋六朝文学的《中国中古文学史讲义》之前，两者之间又有一定的联系，且其书除《刘申叔遗书补遗》中收录外，传本罕见，价值颇高。第四册为《中国历史教科书》。第五册为《中国地理教科书》。第六册为《经学教科书》《伦理教科书》。清末民初，各类学校相继成立，代替古代书院，这是教育史上的一大变革，故教材的编纂相当重要。刘师培所编诸种教材，贯通古今，兼容并蓄，贡献颇大，今天仍有学习、借鉴之价值。

丛书以钱玄同编、南桂馨于民国二十六年印行的《刘申叔先生遗书》为校对底本。原本有明显错误，且今可确定者，改其正文，不出校记，存疑处以括号形式随文附注。书中一般使用通用简体汉字，少量人名、地名保留异体字。每册书前约请《仪征刘申叔遗书》整理者万仕国先生撰一前言，以为导读之用。

学术需要不断传承，经典需要时常研习。刘师培之国学论著虽曾偶有出版，但流传不广。希望这套丛书的出版发行，能为读者朋友学习研究国学精粹提供便利。

广陵书社编辑部
二〇一三年十二月

前　言

　　本册收录刘师培的读书札记类著作 6 种,主要涉及儒家、道家、佛教等方面的内容。

（一）

　　《读书随笔》是刘师培早期的读书札记,原载 1905—1907 年间的《国粹学报》第一期、二期、四至七期、十期、十一期、十五期、二十期、二十二期、三十八期、四十四期,共 47 条。钱玄同等编辑《刘申叔先生遗书》时,删去《国粹学报》第三十八期《洮水即沘水考》一条,存 46 条。大概以为《洮水即沘水考》经改作后,已经收入《左盦集》卷五之中。

　　《读书随笔》以国学为范围,内容非常丰富。其所论,有涉及社会史者,如《古代以黄色为重》《周易言位无定》《古人贵能让》《游牧之制至三代犹存》《西藏族正名》《西周强大所由来》《汉人之称所自来》《用水火必时》;有涉及经学史者,如《公羊尔雅相通》《贾生鹏赋多佛家言》《儒林文苑道学分传之由》《孔门论学之旨》《虽有周亲不如仁人》《法先王法后王》《孔门弟子多治诸子学》《易不言五行》《易言不生不灭之理》《春秋繁露言共财》《秦汉说经书种类不同》《易系辞多有所本》《史记用古文尚书考略》;有涉及诸子学者,如《孟子字义疏证解理字》《性善性恶》《富贵贫贱》《阳明格物说不能无失》《墨子节葬篇发微》《理学不知正名之弊》《黄帝内经素问校义书后》《古代医学与宗教相杂》《景教源流》;有涉及小学者,如《音韵反切近于字母》《有教无类》《氏姓不同》《音近义通之例多见于小尔雅》《字有虚用实用之分》《助字辨略正误》;有涉及古史考证者,如《火山》《山海经不可疑》《王季无迁周事》

《太康失邦非避羿乱》《稷契非帝喾子》《析支即鲜卑》《夙沙即肃慎》《西域道路古今不同》《王制篇言地理多精言》。

此书部分条目,刘师培改作后,曾收入《左盦集》中,如《易系辞多有所本》改作后题作"易系词多有所本说",收入《左盦集》卷一;《氏姓不同》改作后题作"释氏",收入《左盦集》卷二;《黄帝内经素问校义书后》改作后题作"黄帝内经素问校义跋",收入《左盦集》卷七。也有部分条目,经过扩充,成为单篇文章或其他著作之一篇者,如《孟子字义疏证解理字》,其基本观点扩充成为《理学字义通释·理》之类。部分条目的观点,成为刘师培早期其他论著的基本观点。如出于"《山海经》不可疑"的基本判断,刘师培在《攘书》《穆天子传补释》中,大量引用《山海经》的材料,考证史前社会;基于《史记用古文尚书考略》中关于司马迁传古文经学的认识,刘师培不仅撰写了《司马迁左传义序例》,而且在《礼经旧说》中多次引用《史记》,证成前儒礼说。

<h2 style="text-align:center">（二）</h2>

《读书续笔》是《读书随笔》的续作之书,计12则。此书作年不详,也未见公开发表。钱玄同等编辑《刘申叔先生遗书》时,据手稿刊印。

书中论历法者6条。《孔子生卒年月》一条,据《三传》旧说及《三统术》推之,孔子生于襄公二十一年,于《三统》为八月二十一日,于夏正为六月二十一日;卒于哀公十六年,于《三统》为五月十一日,于夏正为哀公十五年十二月十一日。据《祖庭广记》引《世本》说,则孔子生日于《周历》、古《四分历》为襄公二十二年酉月二十八日,于《夏历》《颛顼历》为酉月二十七日;卒日于《周历》、古《四分历》为卯月十二日。[1]《既生霸既死霸》与《哉生霸》两条,据刘歆《世经》说,"生霸"谓望日,后望一日曰"旁生霸";"死霸"谓朔日,后朔一日曰"旁死霸"。生霸云"既",表望日之迟;死霸云"既",谓合朔之迟。望在月之十六日者曰"既生霸",望后一日曰"既旁生霸"。朔日上承小月者谓之"既死霸",朔后一日曰"既旁死霸";若承大月,则死霸不云"既",朔后一日亦仅云"旁死霸"。凡朔日,上承大月者,由二日以迄望前一日;上承小月者,由三日以迄望前一日,均得谓之"哉生魄"。《卦气》一条,据《唐书·历志》所引一行说,古卦气有京氏说、孟氏说和《天保历》所主者三说,京说合于《稽览图》,孟说合于《是类谋》;其《天保历》所引《易通统轨图》,证以《稽览图》,亦有斯说。《佚书汤诰维三月》一条,据《汉书·律历志》引《世经》说,以《三统术》推《史记·殷本纪》引《汤诰》"维三月,王自至于东郊",乃"己酉为地正三月朔"。《左传六律七音服注》一条,以历术推考《周礼·小胥》贾《疏》所引服《注》,认为服《注》本乎"历合十二月七闰分而成岁,钟数象之,故亦十九钟成一县"立说。考释经义者5条。《礼经公士大夫》一条,辨明《礼经》"公士"并言,汉儒均以"公"为三公,"士"为王世子。《诗毛传偶与国语异说》一条,认为《小雅·节南山》"弗躬弗亲,庶民弗信"一语,《国语·楚语》谓"民不信上",毛《传》谓"勿信庶民",二者原本不同。陈奂强合二说,于《传》义不合。《郑伯南也先后郑异说》一条,认为《国语》韦《注》所引乃郑后司农说,指"食子男之地";《左传·昭十三年》《疏》所引为郑众说,指"男服",二说不同,韦《注》脱"后"字。《克己复礼》一条,据《左传·昭十二年》《疏》引刘炫说,"克"训为"胜",则"克己"谓抑制己私。《五德相胜》一条,以为文献多阙,今人难明"五德"所指。考释金石者1条,即《武梁祠画像》。

刘氏历法源于宝应成孺,初成于刘贵曾。[2]而刘师培入端方幕后,曾师从徐绍桢学习历法,并请其改订先人历法著作。[3]此书历法部分的写作时间,当在1910年以后。

（三）

《左盦题跋》原载《国粹学报》第一至六期、十二期、二十九期、八十二期,收录刘师培就所藏清代学者书札、手稿、逸文所作的跋文34篇,涉及的作者有顾炎武、章学诚、王念孙、王引之、张惠言、江藩、焦循、阮元、沈钦韩、包世臣、陈逢衡、江有诰、许翰、汪喜孙、毛岳生、丁晏、柳兴宗、张穆、吴敏树、陈立、成蓉镜、刘恭冕、梅毓、袁镛、陈竞全、柯劭忞26人。

刘师培的跋文,有考释本文者,如《跋顾亭林手札》称:"光汉近得此札,知系亭林手迹,所致之人,稿中并未载明。惟札中有'附便寄太原'一语,意亭林致傅青主之书与?"有评论本文者,如《跋张皋闻吴兴施氏族谱序及答陈扶雅书》称:"虽《施氏族谱序》系属代作,然于古代宗法之沿革,谱牒之源流,明晰辨章。《答陈扶雅书》于禘礼、田制,亦考证简明。盖先生深于典章制度学,作有《仪礼图》,故言《礼》若是其精也。"《跋汪孟慈问经图跋》称:"孟慈先生此文,于芸台先生之学,钩玄提要,撷其精英。虽着墨无多,然欲究阮氏之学者,不可不读此文也。"有兼评学术贡献者,如《跋王怀祖与宋定之书及王伯申与焦理堂书》称"高邮王氏乔梓,精研小学,为近代第一大儒",《跋沈小宛族谱论》称沈钦韩"熟于志乘、百家之学,生平著述甚富,而以《两汉书疏证》一书,尤为生平精力所萃",《跋汪孟慈与刘孟瞻书》评价汪喜孙"为学实事求是,治汉学而不废宋学。此书论伪古文《尚书》甚平允,馀亦多本之东原"。有就本文而发挥微言者,如《跋陈穆堂周公摄位辨》:"盖古代'君'字有虚用、实用之别,故治理天下谓之'君',而操握治理天下之权者亦谓之'君'。'君'与'尹'通。《佚周书》言'周公君天下',即《左传·定四年》所谓'周公为太宰,相王室,以尹天下'耳,故君陈、君奭、君牙,皆以人臣称'君',足证'君'字之称,非必属于帝王也,惜陈氏未及辨之耳。"也有附述遗著者,如《跋梅延祖续汉学师承记商例》云:"延祖先生名毓,扬州江都人,稽庵先生子也。治《穀梁》、《毛诗》郑《笺》、《小尔雅》,书皆未成,惟《刘更生年表》行于世。此书亦未著成,惟后儒有作,正可循此例以从事纂述耳。"

(四)

1909 年夏,端方调任直隶总督,刘师培携妻子何震随之北上,任直隶督辕文案、学部谘议。冬,慈禧太后灵柩奉安,端方因派人拍照被削职。刘师培夫妇流寓天津。1910 年 8 月 13 日(七月初七),刘师培不满周岁的唯一女儿刘颖又罹疾而殇,刘师培作《女颖圹铭》和《伤女颖》诗二首,寄托哀惋。11 月,刘师培在北京白云观京师图书馆筹备处阅《道藏》,[4] "日尽数十册,每毕一书,辄志其序、跋,撮其要旨。若鲜别刊,则嘱仆人迻录,略事考订",[5] 撰成《读道藏记》,发表在 1911 年的《国粹学报》第七十五至七十七、七十九期"通论"。

　　《读道藏记》涉及道教经典共 37 部。据《国粹学报》第七十九期《黄帝太乙八门入式诀》篇末有"未完"二字，则刘师培所作提要，不仅此 37 篇，后因《国粹学报》停刊，未能续载，此非全本。

　　刘师培是从诸子研究角度关注《道藏》的第一人。他指出："西晋以前，道书篇目，略见《抱朴子·遐览篇》，次则甄鸾《笑道论》颇事甄引，均属汉、魏、六朝古籍。晚近所存，什无二三。即《崇文总目》《中兴书目》所著录，亦复十亡其六。今之《道藏》，刊于明正德间，经箓符图，半属晚出。然地志、传记，旁逮医药、占卜之书，采录转众，匪惟诸子家言已也。故乾嘉诸儒，搜集旧籍，恒资彼《藏》。顾或录副未刊，致鲜传本。迄于咸、同之际，《南藏》毁于兵，《北藏》虽存，览者逾尠。士弗悦学，斯其征矣。"[6]

　　《读道藏记》在记录版本形态的同时，或考释版本源流，如《元始无量度人上品妙经四注》，刘师培据《通志·艺文略》所著录，知李少微、成玄英二释，其单行本均四卷。陈景元作《集注》，所据即系李、成二本，与晁《志》三卷本不同。又据刘元道《无量度人上品妙经旁通图》卷下"引证"章所列书目，有严东《灵宝经注》、薛幽栖《灵宝经注》、李少微《灵宝经注》、成玄英《度人经疏》。是严、薛二释，宋代亦有单行本；严、薛、李三家均省称"灵宝经"，惟成本独标"度人经"，而注体、疏体，亦各不同。或论版本优劣，如《上清大洞真经玉诀音义》，认为此经各本，以朱自英本为优；《上清后圣道君列纪》出自唐代以前，或非完本。或考版本异同，如《列仙传》详记《道藏》本与吴琯诸刊异同。或考证作者，如《悟真篇注释》考释作注者翁渊明生平，《西岳华山志》考释作者王处一与玉阳子非一人。或录文字异同，如《广黄帝本行记》一篇，录其与《太上灵宝五符序》下卷文字异同；《穆天子传》记洪颐煊校本所举异文未尽者，《汉武帝内传》记其与杜光庭《墉城集仙录》《灵宝无量度人上经大法》文字异同；《太上灵宝五符序》录其与《史记》之《五帝纪》《夏纪》文字异同；《历世真仙体道通鉴》称："卷三多据《列仙传》，卷五以下多据葛洪《神仙传》，其足校二书讹脱者，不下数百十事。此均有裨于校勘者。"又记《道藏》本与孙氏刊本异同。《太极祭炼内法》称：“北宋之后，道家之书渐显，直指本心之理。北有七真诸《语录》，南有郑氏之书，派别虽异，其意或相近也。”则兼论北宋以后南北道学异同。

（五）

1909 年 6 月 7 日，伯希和经法国驻华钦差大臣巴斯德介绍，在南京拜访端方，并出示其所掳掠的敦煌卷子写本多种。6 月 8 日晚，端方设宴招待伯希和，招刘师培、缪荃孙、陈庆年、况周颐等作陪。后，端方拟向伯希和回购部分敦煌卷子，被伯希和婉拒，乃向伯希和借阅部分卷子并拍照。端方将其得到的敦煌卷子照片交缪荃孙牵头，组织幕僚考释。1910 年底，刘师培撰成《敦煌新出唐写本提要》19 篇，刊载于 1911 年《国粹学报》第七十五至八十期“通论”。其第八十期《二十五等人图》文末有“完”字，则是书为完本。

此书所录各卷子，以寓目先后为次，每种各为提要一篇。所考释者，经部有《隶古尚书孔氏传夏书残卷》《隶古尚书孔氏传卷第五商书残卷》《周易王弼注卷第三残卷》《周易王弼注第四残卷》《毛诗诂训传国风残卷》《毛诗故训传鄁风残卷》《左传杜预集解昭公残卷》《左传杜预集解定公残卷》《穀梁传范宁集解残卷》《春秋穀梁经传解释僖公上第五残卷》；史部有《唐地志残卷》；子部有《籯金一卷半》《庄子郭象注残卷》《二十五等人图》《古类书残卷之一》《古类书残卷之二》；集部有《文选李注卷第二残卷》《文选李注残卷》《文选白文残卷》。所撰各篇提要，首述行款格式，次考抄本与今本异文，指陈其文献价值，间或考证抄写年代。

（六）

《小学发微补》载 1905—1906 年《国粹学报》第五期至十期、十二期、十三期、十七期、十九期、二十二期、二十三期，为补《小学发微》而作，全文未完。

《小学发微》是刘师培以进化理论发微传统小学精义的专著。1903 年章太炎《与刘申叔书（二）》称：“大著《小学发微》，以文字之繁简,见进化之次第,可谓妙达神指、研精覃思之作矣。"[7]1904 年 9 月刘师培《甲辰自述诗》其九自注也称:"余著《小学发微》,以文字证明社会进化之理。又拟编《中国文典》,以探古人造字之原。"[8] 则其写成时间,当在 1904 年前。钱玄同《论小学与社会学之关系》[9]案语以为,《小学发微》即是《论小学与社会学之关系》的异名,称:"盖此篇初名《小学发微》,登报时欲求意义明显,故改题为《论小学与社会学之关系》。其后又欲求字面古雅,故又改题为《字诠》,而内容亦必不尽相同。惟今日所能见者,仅此篇耳。"然刘师培《周末学术史序·文字学史序》既引《小学发微》,又引《小学与社会学关系篇》,则二者必非同书异名,惜《小学发微》原书今已不存。

《小学发微补》共 39 则,主要包括三个方面。一是本黄春谷字义起于字音说,就字音推求字义。如考证声音之起源,解释六书、重文、反训现象,论证象形字出于古图画,由"火""水""日""月"诸字推说字义起于字音,由右声说推说从"仓"、从"离"、从"尧"等字间的字义关联性,等等。二是依据许慎《说文》所述汉字本义,推求古代社会状况。如据《说文》从"禾"之字论证中国为务农之国,据从"手"之字论证度量衡由"近取诸身"易为"远取诸物",据"象"字论证中国民族由西方入中国。三是综合古代文献,探求中国古代哲学思想。如据《说文》始一终亥的义例,证明"阴极生阳、乱极生治"为古代相承之旧说;据"仕""士""儒""术"诸字之义,证明西汉以前为官师合一之制。

【注】

1　关于孔子生卒月日,刘师培别有《答黄侃问孔子生卒月日书》二首,发表于 1920 年《国学厄林》第 1 期,收入《左盦外集》卷十六。

2　魏勷《清故副榜贡生候选直隶州州判刘君墓志铭》谓,刘师培之父刘贵曾"从宝应成先生孺受《三统历》法,推衍《春秋》闰朔,以正杜氏《长历》之失,为《春秋历谱》"。刘师培的外甥梅铽也说:"早年问业于宝应成蓉镜先生,尽通三统四分之术,撰《春秋历谱》至昭公二年,以下属草未竣。成先生治《尚书历》未竟,外祖撰《尚书历草补演》一卷。"参见梅铽《青溪旧屋仪征刘氏五世小记》第 87 页、26 页,上海古籍出版社,2004 年。

3　参见拙编《刘师培年谱》卷三,第 188 页,广陵书社,2003 年。

4　参见拙编《刘师培年谱》第178—188页。

5 6　刘师培《读道藏记·序》。

7　章太炎《与刘申叔书（二）》，见《刘申叔遗书》卷首。

8　刘师培《甲辰自述诗》，载1904年9月7—12日《警钟日报》，参见拙编《刘申叔遗书补遗》上册，第377—390页。

9　刘师培《论小学与社会学之关系》，载1904年11月21—31日《警钟日报》，收入《左盦外集》卷六。

目　录

读书随笔

公羊尔雅相通

近儒以《礼运》《孟子》附会《公羊》，惟未及《尔雅》。予按，《尔雅·释诂》首列"始"字之训，继列"君"字、"大"字之义，而《公羊传·隐公元年》云："元年者何？君之始年也。春者何？岁之始也。王者孰谓？谓文王也。曷谓先言王而后言正月？王正月也。何言乎王正月？大一统也。"此《公羊》《尔雅》相通之证。

贾生鵩赋多佛家言

西汉之时，佛教未入中国，而贾生《鵩赋》则多佛典之言，试详释之。《鵩赋》曰："万物变化兮，固无休息。斡流而迁兮，或推而还。形气转续兮，变化而嬗。"此即佛家"不生不灭"之说，所谓"其来无始，其去无终"也。又曰："祸兮福所倚，福兮祸所伏。"此即佛家"因果"之说，所谓"现在之果，即过去之因；现在之因，即未来之果"也。又云："合散消息兮，安有常则？千变万化兮，未始有极。忽然为人兮，何足控抟？化为异物兮，又何足患！"此即佛家"轮回"之说，所谓"堕众生界""堕畜生界"也。又云："小知自私兮，贱彼贵我；通人达观兮，物无不可。"此即佛家"平等"之说，所谓"无人、无我、无众生相"也。又云："拘士系俗兮，儡如囚拘；至人遗物兮，独与道俱。"此即佛家"解脱"之说，所谓"解尘缚，得大自在"也。又云："纵躯委命兮，不私与己。其生若浮兮，其死若休。"此即佛家"一死生"之说，所谓"无所系恋，无所罣碍，无所恐怖，而生大无畏之想"也。以上六则，皆《鹏赋》近于释典者。盖贾生此《赋》，半出于《楚》《骚》，半源于《庄》《列》，故能具此思想也。

儒林文苑道学分传之由

古代之时，匪特"道"与"艺"合，亦且"道"与"文"合。《论语》"则以学文"，郑《注》以为"道艺"；《诗·大雅》"告于文人"，毛《传》以为"文德之人"。《佚周书·谥法解》以道德博厚为"文"，而韦昭注《周语》，亦以"文"为"德"之总名。故古代文人，莫不范身以德义，所谓"有德者必有言"也。后世文人无行，小有才名，未闻大道，荡检逾闲，为道德之大蠹。故蔚宗作史，即别《文苑》于《儒林》。后世"文"与"道"分，亦"道"与"经"分。《宋史》遂特立《道学传》，别之《儒林》之外。近世汉学家斥其非，然若膺（"若膺"，即清代著名的文字训诂学家、经学家段玉裁）、渊如（"渊如"，即孙星衍。清代著名的藏书家、目录学家，字渊如，号伯渊）诸公，奚能备古代师儒之选耶？

音韵反切近于字母

　　反切之学，中国传之已久。反切者，上一字定位，故同位之字为双声；下一字定音，故同音之字为叠韵。此不易之理也。中国之初，虽未明字母之用，然近儒知字母之义者，有刘继庄、以三十二音为韵父，以三十二音为韵母，音有喉音、鼻音诸音。江慎修、《四声清切韵》。洪初堂《示儿切语》。三家，而以戴东原之说为最当。案，戴东原作《转语二十章》，其书虽不传，然其《序》有云："凡同位，则同声；同声，则可以通乎其义。位同，则声变而同；声变而同，则其义亦可以比之而通。"谓非字母之嚆矢乎？此即同声之字可通用之证。盖中国之韵书有三类：一曰今韵，一曰古韵，一曰等韵。至金人韩道昭作《五音集韵》，始以等韵合今韵。南宋吴才老作《韵补》，又以古韵合今韵。而近人刘凝、熊士伯之书，复以等韵合今韵。盖切韵虽出于西域，上字为切，下字为韵，见《郡斋读书志》诸书。然观其大纲，不外统本韵之字，各归于母，以五音总天下之音。帮、旁、并、明、非、敷、奉、微，唇音也；端、透、定、泥、知、彻、澄、娘，齿音也；晓、匣、影、喻，牙音也；来、日，半齿半舌。凡三十六字，分为五音。江氏《四声切韵表》云："音韵有四等，一等洪，二等次大，三、四皆细，而四尤细。"其说甚晰。邹叔绩《五韵说》云："古韵之部类，即等韵之摄；古人之内言、外言，即等韵之等；古之字纽，即等韵之字母。"言古韵、等韵相贯之法，最为明切。今即其说申之。盖古人韵书，多分部类。《切韵指掌》亦分为廿部。自刘鉴《切韵指南》创为十六摄，"摄"之名自此始。是等韵之"摄"，即古人之部类也。《颜氏家训·音辞篇》云："郑氏注《六经》，有'内言'、'外言'之别。"又，《通志·七音略》亦有"内转""外转"之目，而《切韵指南》亦有内、外目之辨。江先生云："大抵开口为外言,为外转,为侈;合口为内言,为内转,为歙。"见《四声切韵表》。是古人之"内言""外言",即"等韵"之"等"也。又案,《广韵》用纽之法,或一等一纽,或两等合纽。其于一等、二等也,必一等一纽;其于三等、四等也,多两等合纽。凡一等一纽者,其字母不余于廿。两等合纽者,其字母不余于卅。此《广韵》五等即卅声之明证。江晋三有诰。谓"注古音必从字母",引《中庸》"孛"作"勃"、《孟子》"曷"作"害"为证,是古人之字纽即等音之字母也。此皆古韵、等韵相贯之证。等韵长于音,古韵长于文。此其不同之点。知等韵、古韵之相贯,即知由双声、叠韵可以通反切矣;知反切之理,即知字母之不难制造矣。今欲造中国之字母,莫若师戴氏《转语》之意,而参以洪氏《示儿切语》之法,以三十六字母定位分等,悉采《广韵》所用切音上一字,各归其母,并列其等;复仿洪氏《四声首和表》之意,区音为四等。按韵、按等,凡字在某位者,即属某母,则中国字母,似不难因端寻委矣。盖居今日之中国,舍形字而用音字,势也;废各地之方言,用统一之官话,亦势之所必趋也。然以古字同音通用例之,则此例并非无所本矣。特字母教授之法,说者纷纭,殊难定断。姑发其凡例,以俟通儒之采择焉。

景教源流

景教之说各异。张氏石洲云:"景者,丙也。'丙',纳音'火'。唐人讳'丙',故曰'景教'。景教即火教。"朱氏《无邪堂答问》据之,遂谓:"景教,大秦教,即火教,与天主教无涉。"愚按,此说非也。景教即耶教之别派,与火教异。按,《通典·职官门》云:"祆者,西域天神,《佛经》所为摩醯首罗也。武德四年,置祆祠及官常。有群胡奉事,取火咒诅。贞观二年,置波斯寺。天宝四年七月,敕:'波斯经教出自大秦,传习而来,久行中国。爱初建寺,因以为名。其两京波斯寺改为大秦寺。'"案,《通典》谓群胡"取火咒诅",是祆祠为奉火教者所建也;谓"波斯经教出自大秦",是波斯寺为奉耶教者所建也。宋敏求《长安志》云:"布政坊西南隅有胡祆祠,醴泉坊又有旧波斯胡寺。"又云:"义宁坊有波斯寺。贞观十二年,太宗为大秦国胡僧阿罗本立。"由是观之,祆祠奉火教,出自波斯;波斯寺奉景教,出自大秦。其不可合为一,明矣。案,洪氏《元史译文证补·景教考》云:"中国东晋时,有聂斯托尔,为东罗马教士,教王流之于阿昧尼亚。当时附其说者,散居东方,自称聂斯托尔教。自里海以东,以至中土。"其说甚确。今取其说证之。姚宽《西溪丛语》云:"唐贞观五年,有传法穆护何禄,将经教诣阙,敕令长安崇化坊立祆寺,号大秦寺,又名波斯寺。会昌五年,敕大秦穆护、火祆等六十余人并还俗。"按,"何禄"即阿罗本。《丛语》以"大秦穆护"与"火祆"并言,是两教判然各异,故张邦基《墨庄漫录》谓"祆神出西域,与大秦穆护同入中国"也。惟姚氏以大秦寺为祆寺,则语焉未详,未足为据矣。如据此而以景教为火教,则《四裔编年表》云:"周灵王二十一年,琐罗阿司得著经书,为波斯之圣,即火教之祖。"是火教兴于周末,非如景教之创于六朝时也。且《景教流行碑》言"三一妙身阿罗诃",即琐罗阿司得之对音;言"三一分身弥施阿",即"聂斯托尔"之转音。朱氏误以"弥施阿"即创祆教之摩醯首罗,此所以合火、景二教而为一也。且《景教流行碑》又云:"室女诞生于大秦,判十字以定四方。"尤景教出于耶教之确证。盖大秦即罗马。耶稣创教之时,犹太已为罗马属地,故亦称大秦。其曰"波斯教"者,谓此教由波斯传入也。后儒因其与火教同为波斯所传入,遂混而为一。殊不知景教之源流,非出于波斯火教也。

有教无类

"有教无类",若如朱《注》说,与下文"道不同"章相反。盖"类"者,非指善恶言,乃指贵贱言也。考之《王制》,国之俊选与公卿之子并升于太学。是殷制教人,不以族类也。《周礼·乡大夫职》:"掌选贤兴能。"是周制教人,亦不以族类也。古者,王公之子不能学,则下侪于士庶;士庶之子能学,则上侪于显位。而春秋之世,则世卿在位,贵族在官,惟在上者有学而在下者无学。此才智之士所以多出于有位之人也。孔子此语,所以破当时等级之分,言当以有学、无学分贵贱,不当以有位、无位别贵贱也。大同之义,至此而愈明矣。

孟子字义疏证解理字

戴氏《孟子字义疏证》论"理"字最精。其以《孟子》"条理"二字解"理"字,与西儒以"秩序"二字解"理"字者,同一妙解。至其论"天理""人欲",谓"理者,情之所不爽失者也",盖以"理"出于"欲"。使所欲而正,即谓之天理;使所欲而不正,即为非天理,与王船山所云"天理即在人欲之中"者,同一精语,所谓"王道不远于人情"也。若王阳明谓"有人欲即无天理",则袭禅学之皮毛,非定义矣。

性善性恶

孟子言"性善",故谓人人皆具有仁、义、礼、智。盖人所秉于天者既同,则所得之权利当无不同,不得有彼此之差。此孟学所以出于公也。荀卿言"性恶",故以礼、义为君主所制。有礼、义,即有法律,故以臣民当服从君主之下,使之不得自伸。此荀学所以流为私也。观西儒霍布士言"性恶",而以专制政体为善;卢骚、陆克言"性善",孟德斯鸠言"良知",皆以共和之政为善,则孟、荀学术不同,益可见矣。

富贵贫贱

上古之时,在位者皆富人,而贫者则居下位。故"贵""贱"二字,偏旁从"贝"。"贵"者,物不贱也。《说文》云:"贵,物不贱也。从贝,臾声。"字当作"赍"。引伸之,为"尊贵"之"贵"。"贱"者,贾少也。《说文》云:"贱,贾少也。从贝,戋声。"引伸之,为"卑贱"之"贱"。是古代之民,以贫富区贵贱:贫者必贱,富者必贵。《洪范》之言"五福"也,言"富"不言"贵",所以明富者之必贵也,则"贵"即该于"富"之中;《洪范》之言"六极"也,言"贫"不言"贱",所以明贫者之必贱也,则"贱"即该于"贫"之中。《洪范》又云:"凡厥正人,孔《传》以"正人"为"正直",非也。

王伯申以为"为长之人"。既富方谷。"谷"者，受禄于朝之谓也。是当此之时，惟富人乃居上位。《论语》："周有大赉，善人是富。"言富则必贵也。又即《说文·贝部》观之，"贤"者，多财也，引伸之而为"圣贤"之"贤"。是古代以富人为贤也。又如，古籍称"大人""小人"。"大人"为年长之称，又为贵者之称，又为有德者之称；"小人"为年幼之称，又为贱者之称，又为无德者之称。是古代以贵者为贤，以贱者为不肖也，故又以富人为贤。"财"者，人所宝也。"财"从"才"声，字与"才"通，而"才"又为"才能"之"才"。本义为草木初生。是古代以富人为"才"也。又如"宾"字下云："所敬也。从贝，宀声。"盖古代以远人为宾，而远人之来，皆因贡献。贡献必以财货，故"宾"字从"贝"，亦古代重财之证。盖太古之世，富者操使民之权，故帝王即授以重位，乃由富而贵，与后世因贵致富者不同。今西国选举议员，亦以有财产者充之，亦其证也。此《周礼》所由言"安富"，而管子治齐所由行商贾之选举也。见第二册《政法学史序》。晋刘毅言九品中正之弊，谓"上品无寒门，下品无世族"。岂知古代选举之制，正与刘毅所言相同哉？及东周以降，贫贱之士，渐得进身于朝，战国时，公卿爱士，而贫士之进者愈多。恶富人之妨己位也，致发愤以斥富人。后儒不察，遂轻视富人，屏诸清流之外。此则古今之不同者也。

氏姓不同

《国语·周语》言："禹平水土，皇天嘉之，祚之天下，赐姓曰姒，氏曰有夏。胙四岳国，命为侯伯，赐姓曰姜，氏曰有吕。"此即氏、姓不同之证。下文又云："亡其姓、氏。"又曰："命姓授氏。"亦"氏"与"姓"并举之证也。氏与国同。"氏曰有夏"，言国以"夏"为名也；"氏曰有吕"，言国以"吕"为名也。吕地近申，在今南阳府附近，即子重请申、吕为赏田之地也,《左传·成七年》。为四岳所封之故国,即《国语》所谓"氏曰有吕"也。《禹贡》言"锡土、姓",亦《国语》此文之确证。言"国"、言"土"、言"姓",文异而语实同,惜注《国语》者不知耳。

孔门论学之旨

　　孔门之论学也,不外"博""约"二端。孔子曰:"君子博学于文,约之以礼,亦可以弗畔矣夫!"颜渊之称孔子也,亦曰:"博我以文,约我以礼。"故儒书所记,悉以"博""约"为治学之宗。如:"多闻""多见",博也;"择其善者而从之",约也。"多能",博也;"君子多乎哉? 不多也",约也。《中庸》言"致广大,极高明",博也;"尽精微,道中庸",约也。其有反乎"博""约"者,如"执德不弘",即不博也;"信道不笃",即不约也,故子夏戒之。若夫《中庸》言"博学而归之于慎思",子夏言"博学而归之于笃志",《孟子》言"愽学而归之于详说",皆"博"而继之以"约"者也。朱子《中庸序》谓"放之则弥六合,卷之则退藏于密",匪独道然,即为学亦然也。陈氏《东塾读书记》称:"'日知所亡,月无忘所能'二语,予观'默而识之',知也;'学而不厌',无忘也。'多见'、'多闻',知也;'择善而从之',识之无忘也。'切问',知也;'近思',无忘也;'知所亡而无忘所能',亦'博学'之义也。"若夫汉儒说经,"稽古"二字,释以三万言,则博而不约。近世经学家亦蹈此失。陆、王末流,自矜顿悟,束书不观,则约而不博。博而且约,其惟朱紫阳、戴东原乎!

音近义通之例多见于小尔雅

　　古字通用,存乎声音,故古音相近之字,义即相同。郝兰皋作《尔雅疏》,王念孙作《广雅疏》,既知用此例以释古训矣。此例也,征之《小尔雅》而益信。《小尔雅》为孔鲋所著,系孔氏之古文。晁公武说。周、秦旧训,多具于此书。试详考之。如"懿""赜"二字训"深",而"懿""赜"为叠韵;"莽""莫"二字训"大",而"莽""莫"为双声;"赋""铺""敷"三字训"布",而"赋""铺""敷"之音近于"布";"钟""崇"二字训"丛",而"钟""崇"之音近于"丛";"被""屑"二字训"洁",而"被""屑"之音近于"洁"。推之,"媚"训为"美","夥"训为"多","蔡"训为"法","掠"训为"略","旧"训为"久","略"训为"界","捷"训为"疾","掇"训为"拾","没"训为"灭",非属双声,即为叠韵。此皆《广诂篇》之可证者也。又如"盖""戴"二字训"覆","旬""营"二字训"治","履""庀"二字训"具","蔑""末""没"三字训"无","尼""切""戚"三字训"近","彻""接"二字训"达","敄""曙"二字训"明","户""扈"二字训"止","穷""充"二字训"竟","乃""若"二字训"汝","弯""挽"二字训"引","捷""集"二字训"成","拓""斥"二字训"开","阙""缺"二字训"隙","迭""递"二字训"更",亦同义而兼双声、叠韵者也,皆见《广诂篇》。更即《广言篇》考之,如"旰""晏"之训"晚","交""校"之训"报","沓""袭"之训"合","迪""迹"之训"蹈",以及"纛"字训"举"、"挟"字训"币"、"享"字训"当"、"辨"字训"别"、"旋"字训"还"、"捷"字训"及"、"奸"字训"犯"、"工"字训"官"、"慇"字训"教"、"贾"字训"价"、"登"字训"升"、"纪"字训"基"、"素"字训"故"、

"徨"字训"往",皆取音通之字互相训释者也。又如"金""皆"训"同"，"舒""布"训"展"，"索""略"训"求"，"延""衍"训"散"，"末""没"训"终"，"缩""读"训"抽"，"睼""题"训"视"，亦音近之字而其义相同者也，见《广言篇》。若《释训篇》所载"旐"字训"焉"、"恶乎"训为"于何"，亦此例也。是则上古之时，一义仅有一字。其有同一字而字形不同者，则以方言不同，各本其土音造文字，故同声之字，义必相符。《小尔雅》一书，诚小学家之津梁哉！

古代以黄色为重

近代以来，种学大明，称震旦之民为黄种，而征之中国古籍，则五色之中，独崇黄色。《易》曰："天玄而地黄。"《说文》亦曰："黄，地之色也。从田，芡声。"盖神州之间，土为黄色，而上古之时，即以土色区种色。《易·系辞》云："坤为地。"魏博士秦静亦曰："坤为土。"而《坤卦·六五》则曰："黄裳，元吉。"盖坤为阴物，故汉儒之释《易》者谓"阴爻居中，皆称为'黄'"。试即《周易》全书征之。雷、水为《解》，九二易阳爻为阴爻，象为雷、地，《豫》卦也。故其词曰："得黄矢，贞吉。"而《象辞》以"得中道"释之。火、风为《鼎》，六五为阴爻，故其词曰："鼎黄耳。"而《象辞》以"中以为饰"释之。泽、火为《革》，初九易阳爻为阴爻，象为泽、山，《咸》卦也。故其词曰："巩用黄牛之革。"重火为《离》，六二为阴爻，故其词曰："黄离，元吉。"《象辞》亦以"得中道"释之。皆阴爻居中称"黄"之证也。又案，《噬嗑》之象为雷、火，六二言"得金矢"，六五言"得黄金"。"金"亦黄色之代表也。盖古代以黄为中和之色，《白虎通》云："黄者，中和之色，自然之始，万世不易。黄帝始作制度，得其中和，万世常存，故称黄帝也。"《风俗通》云："黄者，光也，厚也。中和之色德四季，与地同功，故称'黄'以别之。"故《月令》之记"中央土"也，色皆尚黄。如"其帝黄帝""建黄旗"之类是也。又，南蒯占筮，遇《坤》之《比》，曰："黄裳，元吉。"示子服惠伯。惠伯谓："中不忠，不得其色"。见《左传·昭公十二年》。《太玄经》亦曰："黄不黄，失中德也。""黄不纯，失中适也。"是古代以黄为中德。又，"黄"训为"光"，《说文》"黄"字"芡"声。"芡"，古文"光"。"光"为"光辉"之义，如《易经》"观国之光""辉光日新"是也。故震旦、支那之义，皆起于"光辉"。"黄"与"皇"通，《风俗通》云："皇者，中也，光也。"与"黄"字训"中"、训"光"者相通。《尚书刑德考》亦云："皇者，煌煌也。"故上古之君，皆称为"皇"。"黄帝"者，犹言黄民所奉之帝王耳。后儒不察，饰黄神、《河图握拒》云："黄帝名轩，北斗黄神之精，匈文曰'黄帝子'。"黄星、《拾遗记》云："黄帝以戊己之日生，时有黄星之祥。"黄云《春秋演孔图》云："黄帝之将兴，黄云升于堂。"之说，以附会其词，不足信也。又，《风俗通》云："俗说：天地初开辟，未有人民。女娲抟黄土为人。剧务，力不暇供，乃引绳絚泥中，举而为人。故富贵贤智者，黄土人也；贫贱凡庸者，引絚人也。"说虽荒渺，然足证古代人民悉为黄种。《风俗通》析"黄土人""引絚人"为二类，盖黄土人者，汉族之民；而引絚人者，则为异族之民，犹言"引弓之民"。与《尧典》之分百姓、黎民者相符，不得以其荒诞而并斥之也。观《汉书·律历志》，谓"万事起于黄钟之宫"，亦古代重黄之证。此姜斋遗著所由以"黄书"为名也，《后序》所论甚精。惜后儒昧焉不察耳。

周易言位无定

《易·系辞》曰："列贵贱者存乎位。"然《易经》之言"位"也，至为无定。如五为君位，二、三、四为臣位，而《乾》之《九四》，首言"或跃在渊"，则以臣位而有君象矣，君位岂有定哉？《乾》之《上九》则曰：

"贵而无位。"此非指隐沦不仕者言也,乃指功成不居者言也。如美华盛顿是也。且君而曰"位",则君之去臣,犹乎臣之去民也,岂君位遂为无上之尊哉?此《孟子》所由言"天子一位"也。《日知录》"周室颁爵禄"条,已知此义。

古人贵能让

《尚书》始于唐、虞,以《尧典》《舜典》居首,犹之《春秋》之首隐公也,《公羊传》云:"何成乎公之意?公将平国而反之桓。"皆贵其能让君位,不以天下一国自私。孔子曰:"能以礼让为国乎,何有?不能以礼让为国,如礼何?"尧、舜、鲁隐,皆孔子所谓"以礼让为国"者也。《史记》"本纪"首五帝,"世家"首太伯,"列传"首伯夷,亦即斯义。后世私天下于一己者,可以鉴矣。

虽有周亲不如仁人

《论语·尧曰篇》云:"虽有周亲,不如仁人。"释此语者,或谓纣之至亲虽多,不如周家多仁人;朱子说。或谓周之亲虽多,不如殷之有三仁。见《正义》所引。二说皆非。此武王泛言用人之法耳,即"立贤无方"之意。言亲而不贤,不如疏远而贤;如二叔不咸,《左传》:"昔周公吊二叔之不咸。"杜《注》以为夏、殷之叔世不如此,即指管叔、蔡叔言也。杜说非。不若太公辈之辅周,即其证也。下文言"举佚民","佚民"者,亦疏远之民也。且商纣之时,官人以世,见《书经》。故武王矫之。

法先王法后王

西汉之时,法先王者有董子,故称仁义、贱五霸;法后王者有史公,故谓战国权变,亦颇有可采者,何必上古? 贾生亦多法后王。是董子、史公之学,迥然不同。盖孟子法先王,荀卿法后王。降及西汉,两派犹存。后儒高谈皇古,而法后王者遂鲜矣。

析支即鲜卑

《尚书·禹贡》之"析支",为雍州以外属国。《大戴礼·五帝德篇》作"鲜支"。盖"鲜""斯"二字古通,见顾氏《日知录》及阮氏《揅经室集·释鲜篇》中。"斯""析"二字音近,而"支""卑"二字古韵亦符,则"析支"疑即"鲜卑"也。近俄人称乌拉岭以东皆为西北利亚。"西北"即"鲜卑"之转音,乃鲜卑人之旧壤也。故《禹贡》雍州西北边境,亦为鲜卑国也。

游牧之制至三代犹存

　　游牧之制,至三代犹存。《禹书》言"莱夷作牧",而《左传》言夏少康"为仍牧正",《哀公元年》。足证夏代之制,游牧与耕稼并行。又,《尔雅·释地篇》云:"邑外谓之郊,郊外谓之牧,牧外谓之野。""野"也者,耕稼之地也;"牧"也者,游牧之地也。《释地》为殷代之制,是殷代之时,仍以游牧与耕稼并重也。周代虽以农业开基,然《无羊》之诗曰:"尔牧来思。"《君子于役篇》曰:"牛羊下来。"则游牧之制,至周犹存。又考春秋之时,卫侯庐于曹,齐桓公归之牛、羊、豕、鸡、狗皆三百;《左传·闵二年》。齐人伐莱,莱人使正舆子赂之,索马、牛皆百匹。《左传·襄二年》。盖莱夷本禹时作牧之地也。推之,秦用三百牢于鄜畤,《史记·封禅书》。吴征百牢于鲁,哀公十年《左氏传》。而范蠡畜牸、畜麀,富比封君,《史记·货殖传》。足证春秋之世,牧畜蕃滋。秦、汉以来,而牧畜之利日微矣。

火山

　　"火山"之说,中国书籍言者甚鲜。考《山海经·大荒西经》云:"西海之南,流沙之滨,赤水之后,黑水之前,有大山,名曰昆仑之邱。其下有弱水之渊环之,其外有炎火之山,投物辄然。"郭《注》云:"今去扶南东万里,有耆薄国。东复五千里许,有火山国。其山虽霖雨,火常然。火中有白鼠,时出山边求食。人捕得之,以毛作布,今之火浣布是也。"即此山之谓也。予按,郭《注》所引,乃南洋各岛之火山,非《山海经》之火山也。案,昆仑与今新疆相近。今天山南、北二路,皆有火山,《新疆志略》云:"天山北路有火山,曰咱山;天山南路有火山,有合州山,皆昼夜吐火不息,即《山海经》所谓'炎火之山'也。"即《山海经》所谓"炎火之山"也。又案,晋木广川("木广川",即西晋辞赋家木华,字玄虚,广川人)《海赋》云:"阴火潜燃。""阴火"者,即海中之火山也。则"火山"之说,非不见于中国书籍矣。

字有虚用实用之分

古人造字,由语言通之文字,故字音既明,则字义自显,初无俟于训释也。后世训诂既兴,有即以字音定字义者,见于诸经,不可枚举。如《易经》"蒙,蒙也""比,比也""剥,剥也",即以本字训本字,而虚用、实用之分毕见矣。又,《诗大序》云:"风,风也。"《邶风·北风篇》:"其虚其邪。"毛《传》云:"虚,虚也。"《礼记·乐记》云:"君子曰:'乐,乐其所自生。'"《释文》云:"二'乐'字,并音'岳'。"一举其音,而字义昭然,此由言语显明之故也。古同音假借之义,殆即由此而生与?

孔门弟子多治诸子学

孔门弟子,如子贡之纵横家、说四国,存鲁。樊迟之农家、子路之兵家,若有若(有若,字子有,被尊为有子)从微虎欲入吴军,公良孺力战蒲人,而公孙龙亦以勇闻,皆兵家之流亚也。皆班班可考,而治道家、墨家之言者,尤属众多。仲弓、仲弓言"居敬行简",而荀子亦言"子弓告人以太古"。宓不齐如为单父宰时,颇用清净之术。之流,用老子之术以驭民;曾点、琴张之徒,师庄、列之狂以避世;即闵子骞等之高节,亦多师黄、老之术。而澹台子羽、漆雕开,《韩非子》以为"不色挠、不目逃",即此人。则又近于释家之任侠,皆孔门弟子杂治诸子之证也。而兼治道、墨之言者,厥惟宰我。宰我初治黄、老之术,故管异之("管异之",即清代文学家管同,字异之)谓"宰予昼寝,近于庄、老明自然"。《四书纪闻》曰:"宰我天资高明,有庄、老明自然之意。问从井救人,即小仁义也;欲短丧,即临丧不哀也;昼寝,亦与原壤(原壤,名壤,春秋时鲁国人)、子桑伯子(子桑伯子,春秋时鲁国人,子桑,为姓氏)所为相类。"厥后,改治墨家之术。问从井救人,即墨家兼爱之旨也;问鬼神之名,即墨子敬天明鬼之旨也;故又问六宗。欲行短丧,即墨子节葬之旨也;善为说辞,即墨子辩学之遗也。故孔子于宰我之言,屡加驳诘。此即儒、墨相争之证也。孰谓孔子不攻墨学欤?

易不言五行

　　两汉之儒，以五行释《经》者，如《春秋繁露》、《天地之行篇》《五行之义篇》。《白虎通》、《五行》。《说文》、"五"字下。郑君《书注》是也。而以五行言灾异者，亦莫不附会《经》文。不知《六经》之书，不言五行，孔子师文王之意，斥五行而从阴阳，故子思、孟子稍言五行，子思言五行，殆即《中庸》所言"天命之谓性"也，故郑以五行释"性"。即为荀卿所斥。而《易经》一书，始于伏羲，成于文王、孔子。伏羲之时，未有五行之说；文王、孔子，不奉五行，故《易经》一书，无一语涉及五行。西汉焦、京之流，以《易经》说灾异，杂糅五行之说，已与《经》文相违。而郑君之注《周易》也，则以金、木、水、火释四象；马融作《注》，复以"四时生五行"说《系辞》。宋儒作先天、后天《图》，至谓《河图》《洛书》皆以五行为主，可谓歧中之歧矣。近世巨儒不察其非，如孔㧑轩、钱溉亭之俦，莫不以五行之说，缘饰《易》义，而孙堂《汉魏二十一家易注序》云："《经》曰：'天数五，地数五。五位相得，而各有合。'所谓'五位'者，非即'五行'之谓乎？"背弃家法，莫此为甚。故杂五行以说《易》，皆非本《经》之家法也。惟《洪范》言"五行"，系出箕子之传。汉儒本之言"五行"，固合《洪范》之家法，不得以《周易》例之也。

易言不生不灭之理

《易》言："精气为物，游魂为变。"此二语，即不生不灭之意也。上语言由灭而生，下语言由生而灭。陈师道谓"游魂为变"为回轮，而吕柟驳之曰："灯熄而然，非前灯也；云霁而雨，非前雨也。"案，"轮回"之说过拘，驳之诚是，钱竹汀亦作论驳之。而吕说亦非。何则？烛灭为膏，融膏则复为烛；器毁为土，范土则复为器。故此国灭而彼国兴，国之土犹自若也。若即此例以观之，则不生不灭之说，似未可非。张横渠曰："聚亦吾体，散亦吾体。"即《周易》此二句之确证。立说最精。

山海经不可疑

昔郭璞之序《山海经》也，谓"世之览《山海经》者，皆以其闳诞迂夸，多奇怪俶傥之言"。呜乎！此岂知《山海经》者哉？考西人地质学，谓动、植庶品，递有变迁。西人地质学分地级为十二级：一曰花刚石层，二曰化形石层，皆无生物；三曰老林低安层，略有生物；四曰甘比里安层，始有水草；五曰昔卢安斯层，始有海中水族；六曰旧红砂层，始有陆地草木及昆虫及鱼族；七曰煤炭层，始有呼吸类之动物；八曰比耳米安层，始有珊瑚及鳞介类；九曰得来散层，始有鸟兽；十曰鱼子石层，十一曰白石粉层，始有大鸟、大兽；至第十二层，始有人类。动物者，植物之所演也；人类者，又动物之所演也。一种类兴，则一种类灭，此必然之理。观《山海经》一书，有言人面兽身者，有言兽面人身者，而所举邦国、草木，又有非后人所及见者。谓之不知，可也；谓之妄诞，不可也。夫地球之初，为草木、禽兽之世界。观汉代武梁祠所画，其绘上古帝王，亦人首蛇身及人面龙躯者，足证《山海经》所言皆有确据，故王延寿《鲁灵光殿赋》曰："伏羲龙身，女娲蛇躯。"即西人"动物演为人类之说"也。观西国古书，多禁人兽相交；《旧约》所言尤众。而中国古书，亦多言人禽之界。故《孟子》言"则近于禽兽"及"人之所以异于禽兽者几希"是也。董子亦曰："人当知自贵于万物。"则上古之时，人类去物未远，亦彰彰明矣。大约人类愈野蛮，则去物愈近；愈文明，则去物亦愈远。《山海经》成书之时，人类及动物之争仍未尽泯，此书中所由多记奇禽怪兽也。又，《孟子》言"帝尧之时，兽蹄鸟迹之道，交于中国"，《左传》言"禹铸九鼎，使民知神奸，故民入川泽山林，不逢不若"，宣公三年。则当时兽患仍未尽除也。故益焚山泽，而禽兽逃匿；周公驱虎、豹、犀、象而远之，皆人、物竞争之关键也。安得以《山海经》所言为可疑乎？上古之时，人能胜物，即优胜劣败之公例，故野蛮民族又为文明民族所争服（"争服"，《国粹学报》本、南氏本并同，疑当作"征服"）也。观西人达尔文之书，其理自见。

西域道路古今不同

《汉书·西域传》言："从鄯善傍南山北，波河西行至莎车，为南道；南道西逾葱岭，则出大月氏、安息。自车师前王廷随北山，波河西行至疏勒，为北道；北道西逾葱岭，则出大宛、康居、奄蔡焉耆。"而陈汤之取郅支也，兵分两道：一道逾葱岭，经大宛以至康居，此正道也；一道由温宿入赤谷，过乌孙，涉康居界，至阗池西，此奇道也。盖汉之南、北二道,与今之道路不同。南道,今湮入戈壁;其北道,则今南道也。陈汤之进兵,盖由今阿克苏而分道,一军越木素耳岭西北行,一军向喀什喀耳西南行,是为南北夹攻之策。后世如唐玄奘度凌山,至清池,西经千泉、怛罗斯,与陈汤西北行之道,若出一辙。若丘长春《西游记》、刘郁《西使记》所由之程,则与之稍异。盖一则由今阿克苏而北,而绕克穆尔图泊之南;一则由今伊犁而西,而绕克穆尔图泊之北耳。其渡纳林河,则一也。地势无常,古今各异,信哉!

阳明格物说不能无失

阳明之说"格物"也,其言曰:"格,正也,正其不正而归于正也。"《陆澄录》。又曰:"格物,如《孟子》'大人格君心'之'格',是去其心之不正,以全其本体之正。但意念所在,即要去其不正,以全其正,即无时无处不是存天理。"《徐爱录》所记。又曰:"吾解'格物',所谓'如格其非心'者。大臣格君心之非,是皆'正其不正而归于正'之义,而不可以'至'字为训。"《答顾东桥书》。又曰:"'格物'是止至善之功。既知至善,即知格物矣。"《徐爱录》所记。又曰:"吾教人致良知,在格物上用功,却是有根本的学问。日长进一日,愈久愈觉精明。世儒教人事事物物上去寻讨,却是无根本的学问。"《黄修易录》所记。以上数条,皆阳明解"格物"之语。但阳明之说,主于良知,以《大学》之"明德"为"良知",以"去恶存善"为"止至善",故其解"古之欲明明德于天下"节也,以诚意为主。以诚意为主,故以"捍格外物"解"格物",而以"去人欲、存天理"为此节之宗旨也。但如阳明之说,训"格"为"正",则"格物"即"正心"矣,《大学》何必区而二之乎?故王阳明之解"格物",不若朱子之确也。朱子之解"格物"也,则用程子之意。其言曰:"所谓'致知在格物'者,皆欲致吾之知,在即物而穷其理也。"又云:"是以《大学》始教,必使学者即凡天下之物,莫不因其已知之理而益穷之,以求致乎其极。"与《中庸》"不诚无物"互相发明,诚千古不易之说也。阳明之初,亦从朱子之说。其所以谓"天下之物,本无可格"者,不过因己以格亭前之竹,以致劳神成疾耳,故谓"格物之功,只在身心上做"。呜乎! 独不观于西人之学,凡天下之物,无一非可格之物乎? 则朱子之说不当斥之也,明矣。阳明"良知"之说,本不可非。其所以不从其"格物"之说者,则以阳明之说流于虚,不若朱子说之证于实耳,故特辨之。

墨子节葬篇发微

《墨子·节葬下篇》之旨,自孟子斥之于前,荀卿斥之于后,士大夫偶有道及者,则众斥为异端。予谓此特由于未观《墨子》耳。夫《墨子》"节葬"之旨有二:一曰费无用之财,二曰损生人之性。前之一说,原于"节用"者也,故主于俭;后之一说,厚于"兼爱"者也,故主于仁。盖墨氏之旨,以为人所以生财,而生财则所以富民。今丧葬不节,则人之因服丧而废有用之日者多矣。有用之日废,则生财之数愈乏矣。况厚葬,则厚于以送死而薄于养生。耗财之用愈多,而生财之数必寡;生财之数寡,盗窃所由兴也;盗窃之兴,刑罚所由立也。墨子以"厚葬久丧"为国家贫、人民寡、刑政乱之祖,殆谓此夫! 至于"损生人之性"者,则以人以有用之身,不当因哀而致毁,与《礼记》所言"不胜丧,乃比于不慈、不孝"同出一辙。谓之与儒家异则可,谓之为儒家罪人则不可。盖儒家之说,所以发人不忍之心;而墨家之说,则亦由不忍人之心而推之者也。但所引尧、舜、夏禹之说,则不过引前说以为己说之证耳,似未可据之为实。盖节丧、节葬,乃墨子所特创之说也。

王制篇言地理中多精言

《礼记·王制篇》有言:"广谷大川异制,民生其间者异俗。"此语甚有精理。近日以来,地学发明,而西人多以地理言政治,谓平原之国多行中央集权之制,山岳之国多行地方分权之制,故希腊以多山而分为无数小国,法国以少山而合为一统之国。盖山川之隔,人情风俗之所由异也。人情风俗既异,此邦国所由一分而不可复合也。中国山岳虽多,然地多平原,故一统之时多而分立之时鲜少。《王制》之言,诚精确矣。

理学不知正名之弊

中国民气积弱之原,实由于伪学之鼓煽。而伪学之兴,则由于不知正名,致谬说频仍,相沿莫革。吾试即其最著者言之,莫若"诚""敬""忠""柔"四字。"敬"者,警也,言作事当加儆惕也,即《尚书》"严恭寅畏"之意,而"振发有为"之义已隐寓其中,非仅"主一无适"之谓也。后世以"主一无适"为敬,内省而拘,外慎而泥,求其心而适以锢其心,适成其为拘浅之陋儒而已。故"主敬"与"主静"相混,何足为"敬"哉?"诚"者,真实无妄之谓也。且"诚"之言"成",所以成己、成物,故惟格物致知者能之,即"各事征实"之义也。而今之所谓"诚"者，以迂谨守其身，而托为老成持重。故世人之言"诚"者，皆曰"诚笃"，直一无刺、无非之乡愿而已，何足为"诚"哉？"忠"者，中心之谓也，故秉公理以行事者为"忠"。如《左传》有云："上思利民，忠也。"曾子亦曰："为人谋而不忠乎？"是"忠"为普通之字，非仅指对君主言也。今也以对于君者为"忠"，岂对于人民者，不当曰"忠"耶？且君而暴虐，为臣者犹尽心以助之，直一长君、逢君之人耳，何足为"忠"哉？"柔"者，阴谋家之权计也，故《老子》《鬼谷子》之书，多言"柔"字之用。今也以"柔"字为美名，使天下之士，悉出于奴颜婢膝之一途，人人无争竞之心，人人无勇锐之气，何足为"柔"哉？伪学之兴，此其数端。盖秦、汉以下，专制君主悉以锄抑民气为宗。由是，著书立说之儒，亦不惜曲学媚世，以献媚人君。宋儒既兴，沿波汩源，而伪学之行，厄千年而未革，使才智之士，悉陷溺其说而不自知，此则中国儒者之过也。

春秋繁露言共财

《春秋繁露·度制篇》，大抵欲"富者足以示贵，而不至于骄；贫者足以养生，而不至于忧"。此均贫富之善策。盖贫者之日贫，皆由于富者之日富。孔子言"放于利而行，多怨"者，即以富者各从其欲，而与小民争利也。《礼》言"君子仕则不稼，田则不渔，食时不力珍"，言不尽利以遗民也。不然，争利不可，兴利岂不可乎？三代井田之制，为均贫富之善策。虽以今日西人之文明，犹有贫民、富民之争，以此见贫富之不易均矣。

西藏族正名

　　西藏族初居西藏、青海,并蔓陕、甘、川、滇之边陲。夏曰西戎,商曰氐羌、鬼方,周曰犬戎。汉、魏之间,分为大、小月氏及先零羌、烧当羌各部。至于晋代,氐羌入居中国西北,即此族也。今甘肃边外及青海附近地,多为此族所居。若川、滇南境之土司,则西藏族与交趾支那族杂淆之种也。又,青海之民虽多属西藏族,然当六朝之时,为通古斯族吐谷浑所居。元代以来,又为蒙古族所居,非纯全之西藏族也。西藏之地,则隋、唐之时,为吐番、党项所居。吐番为鲜卑秃发氏即南京。之转音,乃通古斯族;党项之后为唐兀,即宋代之西夏国,以拓跋为姓,与元魏同。鲜卑种。拓跋本"秃发"之转音,则党项亦为通古斯民族矣。故西藏之民,多与通古斯族同化,亦非纯全之西藏族也。近人考西藏族者,多以近日卫藏之民亦多西藏族,殆失于考核者欤!

西周强大所由来

　　周自太王之时,既蓄翦商之志。至季历,灭毕程、义渠,东伐燕京、余无戎,盖翦除邻国,奄有雍西,而兵力直达河东。文王为雍州牧伯,南兼梁、荆,《书》郑《注》。故率三州之诸侯,而王化行于江汉、汝坟。《诗序》。及受命以后，兼并密须、邘、崇诸国，奄有雍州全土，诸侯归者四十国，《纪年》。故三分天下有其二。《论语》。及用兵伐耆，已由河西达河东，进逼殷都。盖周之谋殷，已非一日。《论语》言"文王事殷"，不可信。自文王开强大之基，故武王观兵，诸侯从者八百国，《史记》。旁及庸、今郧阳。蜀、今成都。羌、今甘肃西南。髳微、今四川东南。卢、今襄阳。彭、今眉州。濮今湖南省。诸国，亦率兵从征，《书经》。非周室威力远被之证哉？此商亡以后，天下所由归周也。

王季无迁周事

《竹书纪年》有"王季由岐迁毕"之文，一若文王初立之时，即不居岐山。不知《诗》言"天作高山，太王荒之。彼作矣，文王康之"，郑《笺》以"高山"即岐山。又，《说文》"岐"字作"郊"，释之曰："周文王所封。"而《孟子》亦言："昔者文王之治岐。"是文王即位之初，仍居岐下，无王季由岐迁毕之事也。

太康失邦非避羿乱

《书序》云："太康失邦，昆弟五人，须于洛、汭，作《五子之歌》。"自伪《书》以太康为后羿所拒，伪《传》遂言仲康为羿所立，而《帝王世纪》亦曰："自太康以来，为羿所逼。"夫谥亦造作伪《书》之人，故造此说，以证伪《书》。然《左传》言"后羿自鉏迁穷石"，而下文即言"因夏民，代夏政"，是羿迁穷石，即代夏为君，当在帝相之时，非有拒太康、立仲康之事也。故太康失邦，由于五观。案，《楚语》言"启有五观"，与丹朱、商均并言；《左传》言"夏有观、扈"，与姺、邳、徐、奄并言。盖五观皆为启子，《国语注》。又为与少康争位之人，故《佚周书》言五观"假国无正，用胥兴作乱，遂凶厥国"也。又，《竹书纪年》言"太康居斟郡"，而段玉裁释《五子之歌》，谓"灌"亦作"戡戈"（"戡戈"，《国粹学报》本、南氏本并同，疑"戈"为衍文），"戈""歌"同音，"五子之歌"犹言"五子往戡"。"灌"盖斟灌，与斟郡密迩。皆在今寿光县。五观起兵伐戡灌，以逼斟郡之都城，致太康避兵他适，而五观复拒洛、汭以要之。《书序》言"太康失邦，昆弟五人须于洛、汭"者，即言太康失邦，由于五观耳。又据《佚周书》，则五观后为彭寿所征，此太康所由复国也。自伪古文兴，而此事不可复考矣。《纪年》又言："羿入居斟郡。"亦晋人所增之语也。

稷契非帝喾子

《史记》诸书，皆以稷、契为帝喾子，恐不足信。《诗·玄鸟》言"天命玄鸟，降而生商"，即《吕览》有娀氏女抟燕卵之说；《诗·生民》言"履帝武敏歆"，即郑《笺》姜嫄履大人迹之说。盖上古人民，知有母，不知有父，故一则托言吞燕卵而生，一则托言履人迹而生也。至于汤祖帝喾，而文、武亦祖帝喾者，由于得天下后之饰词，犹之汉高祖自称尧后也。如以稷、契为帝喾子，何以《史记》只言帝喾娶陈锋氏、娵訾氏，而不言其娶有娀氏及姜嫄哉？如以帝喾为稷、契之父，何以殷、周二代行禘天之礼，以天为始祖所自出，而托为"无父而生"之说哉？

夙沙即肃慎

《淮南子》言神农伐夙沙国,《佚周书》作"质沙",其地在齐、鲁之间。盖"夙沙"即"肃慎"之转音,乃通古斯族所立之国也,初处今山东地。及为神农所攻,遂退居满洲,即《周书序》所谓"肃慎来贺"也。

秦汉说经书种类不同

秦、汉说经之书,种类不同:有"传",有"记",有"说",有"故",有"章句",有"音",有"微"。"传"也者,以事实为主,杂引群书,以补经文之缺。其源出于《左氏传》。"记"也者,以典制为主,汇萃古籍,凡其义与经文互相发明者,则分类编辑,以与经文相辅。其源出于《礼记》。古有《三正记》《别名记》《亲属记》《明堂记》《曾子记》《五帝记》《王霸记》《瑞命记》《孔子三朝记》《月令记》。"说"也者,就经文之义申明之。其源出于《墨子》之《经说》。"故"也者,就经文之字解释之。其源出于《尔雅》之《释诂》。"章句"者,区分章节、辨析句读之书也;"音"也者,厘正音读之书也;"微"也者,发挥奥义之书也,其体各有不同。《易》有《周氏传》《韩氏传》,《书》有伏生《大传》,郑康成称其"特选大义,以经属指,名之曰传"。《诗》有《鲁诗传》、辕固《齐诗传》、韩生《韩诗传》、《齐诗内传》、《翼奉传》《注》引。《韩诗内传》、《文选注》引。《外传》,而《汉·志》称其"取《春秋》,采杂说"。《礼》有《周官传》四篇。而《诗正义》称,汉初为传者,皆与经别行,盖犹《春秋》之有三《传》、《孝经》之有魏文侯《传》耳。此一体也。《书》有刘向、许商《五行传记》,盖以事实为主;别为一书,与《洪范》相辅。《礼》有《后氏曲台记》,汇他书以辅《礼经》。《乐》有《河间献王乐记》,汇他书以辅《乐经》。《春秋》有《公羊颜氏记》。杂引他书,以辅《公羊》,盖犹《考工记》之辅《周官》耳。此又一体也。《易》有丁宽《易说》,《汉书》谓其言训诂,仅举大谊,此为"说"体之正宗;《诗》有《鲁说》,《礼》有《中庸说》,《论语》有《鲁安昌侯说》,《孝经》有《孝经说》,其体盖与《易说》同。此又一派也。《诗》有《鲁故》《韩故》《齐后氏故》《孙氏故》,均与《鲁传》《齐传》《韩传》画分。《论语》有《论语古》二十一篇,"古"即"诂"也。伪《家语》不明此义,遂言"孔安国为《古文论语训》二十一篇"矣。《书》有大、小夏侯《解故》,盖考求字诂,专宗《雅》训。贾谊为《左氏传训故》,《鲁诗》复有《鲁训》,《后汉书注》引。"训"与"故"同。若毛公《毛诗故训传》,则合"故"与"传"为一书,故以训诂为主,复兼引事实。如《巷伯传》是也。此又一派也。《易》有京房《章句》,在《易传》《易占》之外。《书》有伏生《章句》,在《大传》之外;郑康成《伏生大传序》。有大、小夏侯《章句》,在《解诂》之外。《论语》有张禹《章句》,在《论语说》之外。是则"章句"者,乃"传""记""说""故"以外,别为一类者也,盖以剌论经旨、疏通章句为主。此别一派也。若夫孔安国《尚书音》、见《经典释文序录》。《毛公诗音》,见《经典释文》。皆与传、注别行,而与传、注相辅。后儒"音义""音训"诸书,则合"音"与"故"为一书,与西汉说经之书不同。《春秋铎氏微》《虞氏微》,其书在秦、汉之前,盖与韩非《解老》《喻老》之书相近,就经籍之微意,萃为一书。秦、汉以下,此体鲜存,惟董子《春秋繁露》近之。此二类者,皆说经者之别体也。若夫胡母生《公羊条例》、京房《周易占》,则另为一体。盖秦、汉之间,凡说经能自成一家言者,则称为"某氏学",然说经之书,各体迥殊,后人概以经注目之,失其旨矣。

汉人之称所自来

今世称中国人为"汉人"，习故言也，自古已然。《隋书·西突厥传》崔君肃曰："吐谷浑亦因憾汉，故职贡不修。""汉"即隋也。《新唐书·郭震传》："国家往不与吐蕃十姓、四镇而不扰边者。顾天时、人事两不谐契，所以屈志于汉，非实忘十姓、四镇也。"又，《张说传》："禄山入朝，以破奚、契丹功，求平章事。国忠曰：'禄山有军功，然而不识字。与之，恐四夷轻汉。'""汉"即唐也。宋、元以来，皆袭此称，从所习也。

用水火火时

《礼运》："用水、火、金、木，饮食必时。"郑《注》："用水，谓渔人以时渔，为梁，春献鳖、蜃，秋献龟、鱼也。"案，春、秋之献，仅指饮食必时而言，不得指为"用水"之证。今考《管子·禁藏篇》："当春三月，萩室熯造，钻燧易火，杼井易水，所以去兹毒也。"《轻重己篇》："冬尽而春始，教民樵室、钻燧、墐灶、泄井，所以寿民也。"案，"萩室"即"樵室"，谓缮屋；"造"即"灶"字，见《周礼·大祝》《注》；"熯"乃"墐"形近之讹。"钻燧""墐灶"，皆谓易火；"杼井"即淘井，谓易水也。古人易时则改水，故东坡诗云："石泉槐火一时新。"据时俗，以清明日淘井，则宋时犹有行之者。改水、攻火，故云"用水、火必时"。郑《注》解"用火"不误，而解"用水"，则以渔人入泽梁当之，非也。

旝当作樤

《春秋传》："旝动而鼓。"贾君《注》云："旝为发石，一曰飞石。"《说文》亦云："旝，建大木，置石其上，发机以追敌。从㫃，会声。"又引《春秋传》此文及《诗》"其旝如林"为证。案，《范蠡兵法》云："飞石重二十斤，为机发行三百步。"则"桧"为飞石，明矣。惟其字从"㫃"，故杜《注》训为"通帛之旃"，不知古字本作"桧"。《大唐类要·武功部》载魏武帝《令》引《春秋》"桧动而鼓"，则"桧"字本从"木"，象建大木置石之形。其从"㫃"者，异文也。然"桧"字亦为借字，"桧"当作"樤"，"机樤"之义也。故《释文》云："桧，音古外反。"后世误"樤"为"桧"，又误"桧"为"旝"。《说文》亦不能改正其文，惟存古义于其下，则知古书之误字多矣。

黄帝内经素问校义书后

《黄帝内经素问校义》一卷，绩溪胡氏澍著。训"时"为"善"，易"抟"为"专"，以及"至人""名木"二条，均穷探声音、训故之原，而立言曲当。惟原书"不妄作劳"，胡氏据全氏《注》本，易为"不妄不作"，引《征四失论》"妄言作名"，以为"妄""作"对文之证，其说均确；又谓"作"与"诈"同，则其说不然。"作"即"创始"之义，"不作"者，即《老子》"不敢居天下先"之义。若改"作"为"诈"，岂"妄言作名"亦可称"妄言诈名"乎？又，原书"若有私意""若巳有得"，胡氏谓当作"若私有意"，犹言私有所念；"巳"与"私"同，犹言私有所得。案，"若有私意"，与《诗》之"如有隐忧"同例，"意"与"臆"同，犹后世所谓"窃念默测"也。若"巳"字，当从赵氏之谦之说，训为"已然"之"已"，亦不必训为"人己"之"己"也。又，原书"阴阳者，万物之能始也"，胡氏以《天元纪大论》之文为例，易为"金木者，生成之终始也"。案，"能""始"二字，义亦可通。古代"能"与"台"通，如"三能"亦作"三台"是也。《汉书·天文志》云："魁下六星，两两相比者为三能。"而《文选》卢谌诗云："三台摛朗。"是"台"与"能"同。故《礼记·乐记》《正义》云："古以今'能'字为'三台'之字。"疑此文"能"字，亦系"台"字之借文。"胎"从"台"声，《尔雅》训"胎"为"始"，则"台"亦兼有"始"义矣。"能""始"二字，叠词同义，与上文"征兆"同例，不必如胡氏之说也。若夫"虚无之守"，胡氏易"守"为"宇"。案，"守"字从"宀"，居位曰守，则"守"字引伸，亦有"居"义，不必易字而后通。以上数则，均胡氏之千虑一失者也。然皇古医经，以《内经》为最古，而《内经》一书，多偶文韵语。惟明于古音、古训，厘正音读，斯奥文疑义，涣然冰释。胡氏之书，虽稍短促，然后之君子如有为医经作疏者，必将有取于斯书，则胡氏疏理古籍之功，亦曷可少哉！

易系辞多有所本

汉儒列《易·系辞》于《十翼》之中，以为孔子所作，汉儒称为《易大传》，前儒久有定论。惟《系辞》之文，虽成于孔子，而其说均有所承。周人说《易》之绪言，赖此以传。《说苑·君道篇》引泄冶之言曰："《易》曰：'夫君子居其室，出其言，善，则千里之外应之，况其迩者乎？居其室，出其言，不善，则千里之外违之，况其迩者乎？言出乎身，加乎民；行发乎迩，见乎远。言、行，君子之枢机。枢机之发，荣辱之祖也。言、行，君子之所以动天地，可不慎乎？天地动，而万物变化。'"案，泄冶所引之《易》，惟末句为今《易》所无，余皆载于《系辞上篇》。王伯厚《困学纪闻》谓泄冶在夫子前，而引《易大传》文，疑《说苑》所记为非。不知孔子《十翼》之文，多有所承。如《乾文言》释"元亨利贞"，与穆姜所言悉符。穆姜所言，盖系《易》学相传之谊。孔子作《文言》，取之。则《系辞》之中，亦多旧谊。"君子居室"数言，必系周代说《易》者所传，故泄冶引其文，孔子采其说，不得以《说苑》为诬也。昔惠氏定宇谓《论语》多述前言，以证"述而不作"之义。今观泄冶所引，则惠氏之说益信矣。

古代医学与宗教相杂

古代巫官，咸兼医职。《说文》云："医，治疾工也。古者，巫彭初作医。""工"字即"巫"字之讹。医出于巫，此其证矣。案，"医"字从"酉"，"酉"系"酒"字之省形。古代之时，以巫为酋，即以巫为医。"酋"也者，巫之作酒者也；"医"也者，巫之以酒疗人疾者也。故《周礼》酒官系于医官之后，此即"医"字从"酉"之微意也。又，《世本》云："巫咸，尧臣也，以鸿术为帝尧之医。"王充《论衡》云："巫咸能以祝延人之疾。"《山海经·海内西经》云："开明东，有巫彭、巫抵、巫阳、巫履、巫凡、巫相。"郭璞《注》："皆神医也。"足证上古之医，均援引神术以治民疾。又,《大荒西经》:"大荒之中有灵山,巫咸、巫即、巫盼、巫彭、巫姑、巫真、巫礼、巫抵、巫谢、巫罗十巫从此升降,百药爰在。"郭《注》:"群巫上下此山采之也。"《周书·大聚解》云:"武王既胜殷,乡立巫医,具百药,以备疾灾。"是以药治疾,亦始于巫。又,《淮南子·说山训》:"病者寝席,医之用针石,巫之用糈、藉,所救钧也。"高《注》:"医,师。在女曰巫,在男曰觋。石针、糈、藉,皆所以疗病求福祚,故曰救钧。"此亦巫觋属于医官之证也。惟巫、医二职,古为兼官,故中国之医学,多与宗教相参。《汉书·艺文志》别医、药之学为二,列于"杂技门"。此指医学既精以后之学术言也。若皇古之医学,其与宗教相参者,则儒、道二家之书,均杂淆其语。五行者,古代之宗教也,故医经多言五行。而汉儒之言五行也,且以之援饰医学。郑康成《周礼·疡医》《注》云:"以类相养也。酸,木味。木根立地中,似骨。辛,金味。金之缠合异物,似筋。咸,水味。水之流行地中,似脉。苦,火味。火出入无形,似气。甘,土味。土含载四者,似肉。""凡诸滑物,通利往来,似窍。"此儒生以五行附会医术之证也。又,《五经异义》云:"今文《尚书》欧阳说,肝,木也;心,火也;脾,土也;肺,金也;肾,水也。古《尚书》说,脾,木也;肺,火也;心,土也;肝,金也;肾,水也。许意与古《尚书》同。"郑驳之云:"今医病之法,以肝为木,心为火,脾为土,肺为金,肾为水,则有瘳也。若反其说,不死为剧。"是治经之士,以五行配合医术,说各不同。盖《灵枢》《素问》均言五行,儒生以其与《洪范》《月令》相似也,遂更以儒生所传五行,附合医经;更以医经之言入之儒书之注。此古医学赖经生而传者也。

助字辨略正误

刘淇《助字辨略》,精确虽稍逊《经传释词》,然博引之功不可没也,惟讹误甚多。试录之如下。

《论语》:"未之能行。""之"承上文"所闻之事"言,"之"为指物词。刘氏以为语助词,非也。"而又谋动干戈于邦内。""而"即"如"字。刘氏以此"而"为转语,犹云"而乃",非也。《汉书·扬雄传》:"譬若江湖之雀、勃解之鸟,乘雁集不为之多,双鳬飞不为之少。""不为之多",不因是而多也;"不为之少",不因是而少也。刘氏以"不为之"犹云"不以为",非也。《左传》:"难不慎也。"刘引顾氏《补正》云:"言不可不慎也。"案,"难"即古"然"字之未改者。"难不慎",即系"然不慎"。此言忠不罪及其子,虽属可疑,然亦由于不慎也。刘引顾说,非是。《左传·隐公元年》:"尔有母遗,繄我独无?"刘氏以"繄"为发语词。案,"繄"当训"何",犹言"何我独无"也。《孟子》:"奚而不知也?"刘氏谓犹言"奚为而不知"。案,《孟子》即以"而"代"为"。"奚而不知",即"奚为不知"也。《左传·昭七年》曰:"君以夫公孙段为能任其事。""夫"即"彼"字,与《论语》"夫人不言"之"夫"同,而刘氏则以为语助词。《论语》:"亡之,命矣夫。"旧注训"亡"为"死"。"亡之,命矣夫",犹言"亡乎亡欤"也,而刘氏读"亡"为"无",谓系"无之而非命"而省文。立说均曲。

《孟子》:"舍皆取诸其宫中而用之。""舍"即今语所谓"什么",犹云"何为"也。刘氏从赵《注》,以"舍"为止辞,非也。《论语》:"汝得人焉尔乎?""尔"即"否"字之义,犹云"汝得人否"也。刘氏从《朱子语类》说，以"焉尔乎"为语助词，非也。《史记·大宛传》："盖乃北海云。""盖乃"犹云"疑即"，与《昭明文选序》"盖乃事美一时"之"盖乃"不同。刘氏援彼例，以"盖乃"为发语词，非也。

韩愈《伯夷颂》："一凡人誉之，则自以为有余；一凡人沮之，则自以为不足。""凡人"犹言"庸"。刘以"一凡"为大率，与"大凡"同，失之。《三国志·蜀后主传》："遂与京畿攸隔万里。""攸"即"悠"字，"攸隔"犹云"远隔"。刘以"攸"为语助，失之。

《书·盘庚》："乃祖乃父。""乃"字明系"汝"字。刘氏以为语助，非也。

《荀子·性恶篇》："且顺情性，好利而欲得。若是，则兄弟相拂夺矣。且化礼义之文理，若是，则化乎国人乎？""且"与"或"同。刘氏以为将词，未足尽其义也。

《公羊·宣二年传》："勇士入其大门，则无人门焉者；入其闺，则无人闺焉者。""焉"训为"于"，"于"有"在"义，言"无人在门""无人在闺"也。刘氏以"焉"为语已词，亦未足尽其义也。

《礼·祭义》："天子、诸侯，非莫耕也；王后、夫人，非莫蚕也。"此言非无人为之耕、非无人为之织也。盖言既有人为之耕织，而犹欲躬亲，所以见祭祀之诚。乃刘氏释之曰："此言天子、诸侯，非以藉田之故不亲耕；王后、夫人，非以祭服之故不亲蚕。"以"非""莫"为省文，立说似疏。

自是以外，若以"见"字为人加于词，其说虽似，惟"见"字之用，与"为"字、"被"字同，则未之明言，语亦欠晰。又如以《左传》"数年"为倒，亦非确诂。惟驳之者众，兹不赘。

史记用古文尚书考略

　　《史记》述《尚书》，均古文说。金坛段氏恒指为今文，非也。近拟作《史公古文尚书义发微》，属草未成，先录心得之说数则，以见其概略。

　　《五帝本纪》"其仁如天"四语，即系释"钦明文思安安"，郑君以"虑深通敏"释"思"字，即系"其智如神"义。今文"思"作"塞"，郑注《尚书考灵曜》，以"道德纯备"训"塞"，马注《尚书》同，此用今文说也。郑注《尚书》，变用迁说。"富而不骄"二语，即系释"允恭克让"。"黄收、纯衣，彤车、乘白马"，疑释"光被四表"文。盖古文说，以四色为"四表"，"光"为"光华"之义；以"黄""纯""彤""白"象四方之色，谓之"四表"，惜无旁说可征。若郑虽从古文作"光"，然以为"光耀四海"，已稍失迁说之真。

　　《夏本纪》"能明驯德"，"驯"为"骏"古字，"骏""峻"古通，《大学》作"峻"。史公之意，盖与《大学》"自明其德"训合。郑本作"俊"，以"俊徒"为贤才兼人之称，与注《大学》异。《大学注》："峻，大也。"盖以"明俊德"为"明扬贤才"，系《疏》说。非古文说也。

　　如《尧典》"钦明文塞晏晏"，为今文本，古文作"文思安安"。郑氏注《尚书考灵曜》曰："道德纯备谓之塞。"而马注《尚书》亦曰："道德纯备谓之思。"此以今文"塞"字之义释古文"安"字者也。郑《注》云："虑深通敏谓之思。"与《注》文"塞"异，或用古文之说。

　　《五帝本纪》"便章百姓"，盖古文作"平"，《说文》。《史记》代以"便"，今文代以"辨"。《大传》及《后汉书·刘恺传》均作"辨"。"便""辨"义同。"便程东作"，盖古文作"艳"，《说文》。《史记》代以"程"，今文

《大传》。代以"辨","程""辨"义同。"居郁夷","居"字古文作"宅",《说文》引。《史记》代以"居",古文别作"或"、作"度",《周礼注》引"度西曰昧谷"。"度""居""宅"义同。"郁夷",古文作"堣夷",《说文》。今文作"嵎鐡",《正义》引夏侯等本。又,《说文》别作"嵎铁",亦今文。《史记》代以"郁夷"。"郁""禺"声近。"曰汤谷",今本《史记》作"旸谷"。"汤"字古文作"旸",《说文》。今文作"崵",《说文》别引,段以为今文。《史记》代以"汤"。"汤""旸""崵"所从声同。"宅昧谷",或本作"栁",徐广说。古文作"橮",《周礼注》。今文代以"柳",《大传》。郑《注》改为"昧"。"橮""柳""昧"声近,段以《史记》作"昧",浅人所改,司马迁未见古文,安知易"卯"为"昧"? 非也。故可通用也。

　　《尧典》"寅宾出日",郑以"春分朝日""作,生"("作生",疑为衍文)释之,而《五帝本纪》作"敬导出日",迁以"敬导"释"寅宾",为古文说。郑《注》盖兼今文说。

读书续笔

礼经公士大夫

《礼经·丧服》"斩衰"章："公士大夫之众臣为其君，布带、绳屦。"《传》曰："公卿大夫、室老、士，贵臣，其余皆众臣也。君，谓有地者也。"郑《注》释《经》云："士，卿士也。公卿大夫厌于天子诸侯，故降。其众臣布带、绳屦，贵臣得伸，不夺其正。"又释《传》云："室老，家相也。士，邑宰也。"如《注》说，盖以《经》文"公士"之"士"，即"卿士"省称；"公士大夫"，即《传》"公卿大夫"。《传》文之"士"，则与"室老"并文，别为邑宰，与《经》"公士"之"士"别。然汉代礼说，均不与同。《白虎通义·京师篇》云："天子太子食采者，储君嗣主也，当有土以尊之也。太子食百里，与诸侯封同。故《礼》曰：'公士大夫子，子也。'无爵而在大夫上，故知百里也。"据彼说，知《礼经》"公士"并文。旧说以"公"为三公，"士"为王世子。《通义》"子子也"三字，当作"士，天子太子也"。必知"士"即太子者，以《士冠记》云："天子之元子，犹士也。"《戴记·郊特牲》同，《通义·爵篇》云："王者太子亦称士，何？举从下升，以为人无生得贵者，莫不由士起。是以舜时称为天子，必先试以士。《礼·士冠经》：'天子之元子，士也。'"即其谊。故据以为说。其太子食采之制，即据《礼传》"君谓有地"而推。又按，《公羊·僖五年》："会王世子。"《传》："世子，犹世世子也。"何氏《解诂》云："自王者言之，以屈远世子在三公下。《礼·丧服·斩衰》曰：'公士大夫之众臣。'是也。"说与《通义》相同。知东汉《礼》家，均宗斯说，《公羊疏》释何《注》云："何氏引《丧服》者，欲言三公臣有为之斩衰，世子则无，是卑于三公之义。"其说至误。近陈立《义疏》，亦未达何说。不与郑《注》相同。若然，《经》云"公士大夫"者，举大夫以见卿；《传》云

"公卿大夫、室老，士，贵臣；其余皆众臣"者，谓公卿大夫所属，舍室老外，均为众臣；太子舍贵臣外，均为众臣也。《传》文"士"字，亦与"公卿大夫"并文，与《经》相应，非与"室老"并文也。经、传故谊，资是以明。

《丧服》之例，由天子以及庶人，皆指其称位，于"士"独否。其有言"士为"者，惟"缌麻三月"章云："士为庶母、贵臣、贵妾、乳母。"又，"齐衰不杖期"章云："公妾以及士妾为其祖母。"据《通典》引马《注》云："公，谓诸侯也。其间有卿大夫妾，故言'以及士妾'也。"如彼说，则"士妾"之"士"，乃三等之士。然以"公士大夫"条古谊证之，或此上二文所云之"士"，均谓太子。谓大夫以上无缌服，世子虽贵，仍从士礼，得为庶母、贵臣、贵妾服缌，故"贵臣"之文，正与上《传》"士，贵臣"相应。案，马、郑各《注》以"贵臣"以下，与上别为一经，故《通典》引马《注》云："君为贵臣、贵妾服也。"郑《注》亦云："此谓公士大夫之君。""公妾""士妾"，《经》亦并文也。惟书缺有间，存以志疑。

孔子生卒年月

孔子生日，据《公羊》《穀梁》所书，均云："襄二十一年十月庚子。"今《公羊注疏》本、《石经》本均作"十有一月庚子，孔子生"。据陆氏《释文》云："《传》文上有'十月庚辰'，此亦十月也。一本作'十有一月庚子'，又本无此句。"是《释文》所据《公羊》，与《穀梁》同，无"十有一月"四字。又据《左传疏》引贾、服说，均云："襄二十一年，孔子生。"是《左氏》先师推说孔子生年，与《公》《穀》同；所《传》月、日，亦当弗异。惟《左氏》家所推月、日，均据《三统术》。今即《三统术》考之。襄二十一年九月庚戌朔，日有食之。《汉书·五行志》引刘歆说，以为七月，秦、晋分。又，冬十月庚辰朔，日有食之。《汉·志》引刘歆说，以为八月，秦、周分，知是年时历失闰者再。时历所谓十月庚子者，于《三统》为八月二十一日，亦即夏正六月二十一日也。

《左氏·哀公十六年经》书："夏四月己丑，孔丘卒。"据十四年《经》，五月庚申朔，日有食之。《汉·志》引刘歆说，以为三月，今本下衍"二日"两字。齐、卫分，知是年时历亦再失闰。递推至十六年四月，知《经》书"四月己丑"，于《三统》为丑月十一日，亦即夏正哀十五年十二月十一日也。据《左疏》所引贾、服说，以孔子生于襄公二十一年；又以孟僖子卒，孔子时年三十五；又谓"孔子年七十三"，《家语·卒（"卒"，今本《家语》作"终"）记解》亦云"七十三岁"。夫哀公十六年，上距襄公二十一年，实七十四算。贾、服顾云"七十三"者，《左氏》先师均据《三统历》，知《续经》所书"四月己丑"，于夏正应属十五年，故减年立算。说者以贾说为自歧，亦由未考《三统历》耳。

《史记》以孔子之生，当襄公二十二年。杜《注》据之，以与贾、服立异。金孔元楷《祖庭广记》引《世本》亦云："襄二十二年十月庚子，孔子生。"唐人各《疏》未引此文。宋、金之际，《世本》已亡。孔氏所引，是否原书佚文，殊无确证。如其说，于《周历》、古《四分历》均为酉月二十八日，见成蓉镜《经学骈枝》。《黄帝历》同。见孔广牧《先圣生卒年月日考》。《夏历》《颛顼历》则为酉月二十七日，《夏历》，襄公二十二年，距入戊午蔀六十九年，计朔小余七百六十七，朔大余四十九。命起蔀名，算外得丁未为人正朔。由是递推，酉月朔，小余五百，大余十六，得甲戌为朔日，庚子为二十七日。《颛顼历》，襄公二十二年，距入丁巳蔀四十三年，朔小余八百二十九，朔大余二十。命起蔀名，算外余（"余"，疑当作"得"）丁丑为人正朔。自是递推，闰在五月后。计酉月，朔小余五百二十一，朔大余一十七，得甲戌为朔日，庚子为二十七日。《殷历》《鲁历》亦同。《殷历》，襄公二十二年，距入辛卯蔀三十八年。是年酉月，朔小余四百二十五，朔大余四十三。命起蔀名，算外得甲戌为朔日，庚子为二十七日。《鲁历》，距入戊子蔀七十四年。是年酉月，朔小余四百七十六，朔大余四十六。命起蔀名，算外得甲戌为朔日，庚子为二十七日。其于《三统》，亦为未月二十七日。案，襄公十一年十月日食，《汉·志》引刘歆以为八月。又，二十三年二月日食，《汉·志》引刘歆说，亦云"前年十二月"。是数年之间,时历均再失闰。时历襄二十二年酉月,于《三统》为未月。是年《三统历》距入甲申统一千九十二年,子月,朔大余二十三,朔小余六十九。递推至于未月,计朔小余四十六,朔大余五十。命起甲申,算外得甲戌为朔日,庚子为二十七日。

至于孔子卒日,舍《三统》当为丑月十一日外,于《黄帝历》《周历》《古四分历》当为卯月十二日,见孔广牧《先圣生卒年月日考》。《殷历》则为十一日,见成蓉镜《经学骈枝》。《鲁历》《夏历》《颛顼历》并同。《鲁历》,哀公十六年,距入丁卯蔀七十年,朔小余一百七十五,朔大余四十四,得辛亥为天正朔日。由是递推,得己卯为卯月朔日,己丑为十一日。《夏历》,哀公十六年,距入丁酉蔀六十五年,朔小余二百五十七,朔大余十三,得庚戌为人正朔日,己卯为卯月朔日,己丑为十一日。《颛顼历》,哀公十六年,距入丙申蔀三十九年,朔小余八百一十八,朔大余一十三,得己酉为人正朔日,己卯为卯月朔日,己丑为十一日。盖《颛顼历》及《夏历》章蔀纪首,咸在立春,当从人正起算也。

诗毛传偶与国语异说

《左氏》《国语》于所引各《诗》,义多诠释;毛《传》训诂,必与相符。惟《小雅·节南山篇》"弗躬弗亲,庶民弗信",《楚语》载白公子张谏灵王云:"《周诗》有之,曰:'弗躬弗亲,庶民弗信。'臣惧民之不信君也,故不敢不言。"韦《注》云:"言为政不躬亲之,则庶民不信也。"如彼说,是"庶民弗信",义谓民不信上也。乃毛《传》则云:"庶民之言不可信。"似"庶民弗信",义与"勿信庶民"同,与《楚语》所诠迥异。陈奂《传疏》讹"言不可信"四字连读,"今君子不能躬率庶民,则庶民于上之言不肯信从",强以《楚语》之文附合毛《传》,似于《传》义不相合也。

既生霸既死霸

　　《汉书·律历志》引刘歆《世经》云："《周书·武成篇》：'惟一月壬辰，旁死魄。若翌日癸巳，今《周书·世俘》误作"惟一月丙辰，旁生魄。若翼日丁巳。"武王乃朝步自周，于征伐纣。'《序》曰：'一月戊午，师度于孟津。'至庚申，二月朔日也。四日癸亥，至牧野，夜阵，甲子昧爽而合矣。故《外传》曰：'王以二月癸亥夜陈。'《武成篇》曰：'粤若来三月既死霸，粤五日甲子，今《世俘篇》同。咸刘商王纣。'是岁也，闰数余十八，正大寒中，在周二月己丑晦。明日，闰月庚寅朔。三月二日庚申，惊蛰。四月己丑朔，死霸。死霸，朔也。生霸，望也。是月甲辰望，乙巳，旁之，故《武成篇》曰：'惟四月既旁生霸，粤六日庚戌，武王燎于周庙。翌日辛亥，祀于天位。粤五日乙卯，乃以庶国祀馘于周庙。'"今《世俘篇》并同。据刘说，知经、传所云"死霸"，均谓朔日；后朔一日，则曰"旁死霸"。经、传所云"生霸"，均谓望日；后望一日，则曰"旁生霸"。顾《武成》于四月必云"既旁生霸"，于一月仅云"旁死霸"，不云"既旁死霸"；于二月复云"既死霸"者，盖生霸云"既"，所以表望日之迟；死霸云"既"，所以表合朔之迟。故望在月之十六日者，谓之"既生霸"；故望后一日，亦曰"既旁生霸"。又，朔日上承小月者，谓之"既死霸"，则朔后一日，亦当曰"既旁死霸"；若承大月，则"死霸"不云"既"，故朔后一日，仅云"旁死霸"，不云"既旁死霸"。盖朔承大月、小月，虽同在月之一日，而合朔则有迟早之分。承大月者合朔早，承小月者合朔迟，故文增"既"字，以示别异。至月之望日，或值十五，或值十六，亦有迟早之殊，故于望值十六者，亦增"既"字。知者，武王伐纣之年，入甲申统五百二十一年，一月朔日为辛卯，二日壬辰，上承大月；二月朔日为庚申，上承小月。故一月二日仅云"旁死霸"，二月一日必云"既死霸"。又，是年四月，朔小余三十九，朔大余五，得己丑为朔日。加一望策计，小余二十，大余二十，得十六甲辰为望日，故望后一日不云"旁生霸"，必云"既旁生霸"也。

《周书》云"既生魄"者，舍《世俘》外，计有八事。《程典解》"惟三月既生魄"，《大开解》"惟王二月既生魄"，《大戒解》"惟正月既生魄"，《谥法解》"惟三月既生魄"，《本典解》"惟四月既生魄"，《程寤解》佚文"正月既生魄"，《文选注》五十六引。均有月无年。其有年月可纪者，惟《柔武解》"惟王元祀一月既生魄"，似属武王元年。依《三统术》推之，是年入甲申统五百一十八年，朔小余五十八，朔大余五十四，得戊寅为一月朔。加一望策计，小余三十九，大余九，得十六癸巳为望日。又，《小开武解》"惟王二祀一月既生魄"，似属武王二年。是年入甲申统五百一十九年，朔小余五十，朔大余一十八，得壬寅为一月朔。加一望策计，小余三十一，大余三十三，得十六丁巳为望日。据此二证，知望在月之十六日者，经、传必云"既生魄"，故望后一日必曰"既旁生魄"，文与相承，所以别望日之迟也。

又案，《尚书·召诰篇》："惟二月既望，越六日乙未。"此为周公七年事。《汉·志》引《世经》云："是岁二月乙亥朔，庚寅望，后六日得乙未，故《召诰》曰：'惟二月既望，粤六日乙未。'"今以《三统术》推之，是年二月，计朔小余二十九，朔大余五十一。加一望策计，小余十，大余六，望日适当十六庚寅。此即《经》书"既望"之义也。盖《易·中孚》"月几望"，《孟氏易》"几"作"既"。以"既望"为十六日，故望在月之十六日者，《经》云"既望"，正与"既生魄"例同。后儒以"既望"为望后一日，非也。

哉生霸

《说文·月部》"霸"字注云:"月始生霸然也。承大月,二日;承小月,三日。从月,霎声。《周书》曰:'哉生霸。'"又,《尚书·康诰》:"惟三月哉生魄。"《释文》引马《注》云:"魄,朏也。谓月三日始生兆朏,名曰魄。"后儒据之,以为"哉生魄"之文,惟属于月之二日、三日。又,《汉书·律历志》引《世经》云:"成王元年正月己巳朔,此命伯禽俾侯于鲁之岁也。后三十年四月庚戌朔,十五日甲子哉生霸。故《顾命》曰:'惟四月哉生霸,王有疾不豫。甲子,王乃洮沬水,作《顾命》。'翌日乙丑,成王崩。"后儒据之,又以"哉生魄"之文,惟属于望前一日。今案,刘、许二说,实非歧牾。据子骏《世经》以"生霸"为望,《法言·五百篇》曰:"月未望,则载魄于东;既望,则终魄于东。""哉""载"古通,明未望以前,均为"载魄"。故古籍所云"哉生魄",有确属月之二日、三日者,亦有不系日名,为望前通称者。此例既明,知凡朔日,上承大月者,由二日以迄望前一日;上承小月者,由三日以迄望前一日,均得谓之"哉生魄",义与"未望"相同,不以望前一日为限,亦不以二日、三日为限也。《书·顾命》先云"哉生魄,王有疾",后言"甲子,王乃洮沬水",明"哉生魄"不必仅属甲午("甲午",据文意,疑当作"甲子")。《世经》必云"四月庚戌朔,十五日甲子哉生霸"者,是月望日亦值十六乙丑。子骏欲明望非十五日,故云"甲子哉生霸",以见经文所云"哉生魄",兼该"十五甲子"言,非谓"哉生魄"仅属甲子日也。若云子骏释经,惟以"哉生魄"为望前一日,考《汉书·王莽传》载元始四年群臣奏言:"今安汉公起于第家,辅翼陛下,四年于兹,功德烂然。公以八月载生魄庚子奉使,朝用书临赋营筑。越若翊辛丑,诸生、庶民大和会,十万众毕集,平作二旬,大功毕成。"据彼《传》所云,"载生魄"即《尚书》"哉生魄"。以《三统术》推之,平帝元始四年,距入甲子统一百七年,积月一千三百二十三,闰余十八;积日三万九千六十九,朔小余二十七,大余九,得癸酉为天正朔。是年酉月,上承大月,申月,朔小余四十七,朔大余五,得己巳为朔日。计朔小余九,朔大余三十五,得己亥为朔日,庚子为二日。此即朔日上承大月,以二日为"哉生魄"之明证也。此《奏》亦出子骏之徒。使子骏说《书》,果以"哉生霸"为望前一日,何《奏》文于月之二日亦称"哉生魄"乎?《康诰》:"惟三月哉生魄,周公初基,作新大邑于东国洛,四方民大和会。"据古文《尚书》说,作洛在周公七年,具见《律历志》所引《世经》。《大传》谓"周公四年,建侯卫;五年,营成周",与古文说异。《大传》郑《注》以"建侯卫"即封康叔。《书·康诰》郑《注》又训"基"为"谋",谓谋作天子之居。是时周公居摄四年,具见《礼记·明堂位》孔《疏》、《周礼·天官》贾《疏》,然与古文说所云年月,悉不相合。兹不复辩。《康诰》篇首所云,与《召诰》所云同岁。马氏以为"月三日"者,虽据《礼记·乡饮酒义》"月三日成魄"为文,亦以《康诰》所云"三月哉生魄",即《召诰》所云"惟三月丙子朏"。知者,是年二月乙亥朔,三月甲辰朔,上承小月,《世经》云:"是岁二月乙亥朔。"又,"其三月甲辰朔。"故"哉生魄"在朔后二日。又据《世经》引古文《月采篇》"三日曰朏",以证《召诰》"惟三月丙午朏"。证以马《注》,知"哉生魄"之义,与"朏"相同。若朔日上承大月,则亦二日为朏,《世经》又云:"康王十二年六月戊辰朔,三日庚午,故《毕命丰刑》曰:'惟十有二年六月庚午朏,王命作策书。'"《丰刑》"六月"二字,系"八月"之讹。是年八月,亦上承小月,故亦三日为朏也。不必限以三日也。又案,周公七年三月,据《三统历》,是月望日亦在十六己未。以子骏说《顾命》"哉生魄"推之,或《康诰》"三月哉生魄",亦即三月十五日戊午,即《召诰》"社于新邑"之日也。书此以备一说。

卦　气

　　《唐书·历志》引一行《卦议》曰："十二月卦,出于《孟氏章句》。其说《易》本于气,而后以人事明之。京氏又以卦爻配期之日:《坎》《离》《震》《兑》,其用事自分、至之首,皆得八十分日之七十三;《颐》《晋》《井》《大畜》,皆五日十四分,余皆六日七分。自《乾象历》以降,皆因京氏。惟《天保历》依《易通统轨图》,自八十有二节、五卦、初爻,相次用事,及上爻而与中气偕终,非京氏本旨及《七略》所传。案,郎颛所传,卦皆六日七分,不以初爻相次用事,《齐历》谬矣。又,京氏减七十三分,为四正之候。其说不经,欲附会纬文'七日来复'而已。夫阳精道消,静而无迹,不过极其正数,至七而通矣。七者,阳之正也,安在益其小余,令七日而后雷动地中乎?当据孟氏,自冬至初,《中孚》用事,一月之策,九、六、七、八,是为三十。而卦以地六、候以天五,五六相乘,消息一变;十有二变,而岁复初。《坎》《震》《离》《兑》,二十四气,次主一爻,其初则二至、二分也。"以上一行说。据彼说,知卦气古有三说。一以《坎》《离》《震》《兑》用事,皆八十分日之七十三;《颐》《晋》《井》《大畜》用事,皆五日八十分日之十四,余卦则六日七分。是为《京氏易》说。一以《坎》《离》《震》《兑》二十四爻,爻主一气,不后主日;其余六十卦,卦主六日八十分日之七。是为《孟氏易》说。其一与孟氏说同,惟以五卦主二节;其同位之爻,相次用事。爻直五日八十分日之五八八有奇,不与孟氏相同。是即齐《天保历》所主。此三说者,京说合于《稽览图》,孟说合于《是类谋》,其《天保历》所引《易通统轨图》,证以《稽览图》,亦有斯说。此汉代卦气说异同之大略也。

郑康成注《通卦验》所主亦为孟说。虞翻世传《孟易》，所说卦气，顾亦同孟异京，具见李锐《周易虞氏略例》。乃惠栋《易汉学》，于卦气三说，亦未分疏，如刘洪《乾象历》主京氏说，惠氏列入《孟氏易》说中，尤误。故即一行说申明之。

《汉书·京房传》云："其说长于灾变，分六十卦，宋祁云："别本作'六十四卦'。"依一行说，当以作"六十四"为是。以风雨、寒温为候。"孟康《注》云："分卦直日之法，一爻主一日，六十四卦"四"字当衍。为三百六十日。余四卦《震》《离》《兑》《坎》，为方伯监司之官。所以用《震》《离》《兑》《坎》者，是二至、二分用事之日，又是四时各专主之气。各卦主时，其占法：各以其日，观其善恶也。"据孟说，似以一岁三百六十五日四分日之一，六十卦各主六日，计三百六十日；其五日四分日之一，主以《震》《离》《兑》《坎》四卦，卦直一日八十分日之二十五，与京氏本说亦不相同。

佚书汤诰维三月

《汉书·律历志》引《世经》云："《三统》上元至伐桀之岁，十四万一千四百八十岁，岁在大火、房五度，故《传》曰：'大火，阏伯之星也。'"如彼说，成汤伐桀之年，距入甲辰统一千四百三十一年，积月一万七千六百九十八，闰余十六；积日五十二万二千六百三十七，小余一十九，大余三十七，得辛巳为天正朔。加大余二十九、小余四十三，计小余六十二，大余六，得庚戌为地正朔。由是递推，得庚辰为地正二月朔，己酉为地正三月朔。《史记·殷本纪》引《汤诰》云："维三月，王自至于东郊。"即此月也。又，《伯夷列传》《索隐》云："孤竹君是殷汤三月丙寅所封。"所据当亦古籍。其曰"三月丙寅"者，为三月十八日，亦与

《三统历》术符。《正义》本作"殷汤正月三日丙寅",误。

左传六律七音服注

《五行大义》十五引《乐纬》云:"黄至变徵,以次配之,五音备矣。黄钟下生林钟,故林钟为徵,次黄钟。林钟上生太簇,故太簇为商,次林钟。太簇下生南吕,故南吕为羽,次太簇。南吕上生姑洗,故姑洗为角,次南吕。姑洗下生应钟,故应钟为变宫,次姑洗。应钟上生蕤宾,故蕤宾为变徵,次变徵("次变徵",《知不足斋丛书》本无,疑衍文)。凡有七音,圜相为宫。"例如黄钟之钟,既备十二钟以应六吕、六律,复备黄钟为宫、太簇为商、姑洗为角、林钟为徵、南吕为羽、应钟为宫。

《左传·昭二十年》:"六律七音。"《周礼·小胥》贾《疏》引服《注》云:"七律为七器音:黄钟为宫,林钟为徵,太簇为商,南吕为羽,姑洗为角,应钟为变宫,蕤宾为变徵。"其曰"七律为七器音,黄至变徵"者,此举黄钟之钟示例。"音"即宫、商、角、徵、羽、变宫、变徵,"律"即黄钟、林钟、太簇、南吕、姑洗、应钟、蕤宾也。服氏之意,谓黄钟之钟,既备十二辰钟以应十二律;于十二辰钟外,复备黄至宾七律之钟以应七律音。《外传》曰:"武王克商,岁在鹑火,月在天驷,日在析木之津,辰在斗柄,星在天鼋。鹑火及天驷,七列也。南北之轨,七同也。凫氏为钟,以律计,自倍半。此谓黄钟之钟,倍半其律长之度,为高二尺二寸半。详《凫氏》《疏》。一县十九钟,钟七律;十二县,二百二十八钟,为八十四律。此一岁之闰数。"《魏书·乐志》亦引此《注》。贾《疏》申服义,云:"此服以音定之,以一县十九钟,十二钟当一月。十二月,十二辰,辰加七律之钟,则十九钟。一月有七律,当一月之小余;十二月,八十四小余,故云'一岁之闰'。"今以历术证之,此为一岁闰余之数,非一月小余之数也。贾说非是。寻服《注》之义,本于《周语》。《周语》本文,首论十二律,次论七律。服氏之义，盖以一县之钟既备十二律，复备七律，为数十九。其曰"一县十九钟，钟七律"者，谓一县之内，七律之钟悉备。既有十二钟以应十二律，复有七钟以应七律，合为一十有九，非谓每钟七律也。其曰"十二县，二百二十八钟"者，谓以十二乘十九，其数二百二十八也。其曰"为八十四律"者，谓以十二乘七，其数八十四也。其曰"此一岁，钟必十二县"者，六律、六吕之数也。"县必十九钟"者，盖十二县之钟，均备十二律之钟各一。其黄钟之县，复备黄钟七律；蕤宾变徵。之钟、大吕之钟，亦备十二钟，以应六律、六吕，复备大吕、为宫。夷则、为徵。夹钟、为商。无射、为羽。中吕、为角。黄钟、为变宫。林钟为变徵。七钟。"闰数"者，诠明律以七计之，故七为一岁闰分之数，依《三统历》各术，均一岁闰分七。与十二律应一岁月数同。十二律与一岁月数应，即《汉书·律历志》所谓"黄钟始于子，在十一月；大吕位于丑，在十二月；太族位于寅，在正月；夹钟位于卯，在二月；姑洗位于辰，在三月；中吕位于巳，在四月"。历合十二月七闰分而成岁，钟数象之，故亦十九钟成一县。此服氏立说之大义也。

七音表

钟名　七音	黄钟钟	大吕钟	太簇钟	夹钟钟	姑洗钟	中吕钟	蕤宾钟	林钟钟	夷则钟	南吕钟	无射钟	应钟钟
宫	黄钟	大吕	太簇	夹钟	姑洗	中吕	蕤宾	林钟	夷则	南吕	无射	应钟
徵	林钟	夷则	南吕	无射	应钟	黄钟	大吕	太簇	夹钟	姑洗	中吕	蕤宾
商	太簇	夹钟	姑洗	中吕	蕤宾	林钟	夷则	南吕	无射	应钟	黄钟	大吕
羽	南吕	无射	应钟	黄钟	大吕	太簇	夹钟	姑洗	中吕	蕤宾	林钟	夷则
角	姑洗	中吕	蕤宾	林钟	夷则	南吕	无射	应钟	黄钟	大吕	太簇	夹钟
变宫	应钟	黄钟	大吕	太簇	夹钟	姑洗	中吕	蕤宾	林钟	夷则	南吕	无射
变徵	蕤宾	林钟	夷则	南吕	无射	应钟	黄钟	大吕	太簇	夹钟	姑洗	中吕

五德相胜

《史记·封禅书》云:"秦始皇既并天下而帝,或曰:'黄帝得土德,黄龙、地螾见。夏得木德,青龙止于郊,草木畅茂。殷得金德,银自山溢。周得火德,有赤乌之符。今秦变周,水德之时。昔秦文公出猎,获黑龙。'"《文选·齐安陆昭王碑》《注》引《邹子》云:"五德从所不胜:虞土、夏木、殷金、周火。"五德序次,二说实符。是黄帝与舜,同土德也。若然,则虞舜以前、轩辕以降,非历四帝,德次弗周。顾考《大戴·帝系姓》《五帝德》《史记·五帝本纪》,均以黄帝、颛顼、帝喾、尧、舜相次。《五经》家言亦云:"颛顼代黄帝。"使如或说,则是帝三而德四也。若云少昊代黄帝,则歆、向以前,未铨此说。若云应列共工,则共工霸于羲、农间,弗当列入黄帝后也。史文盖阙,考信靡由,惜夫!

郑伯南也先后郑异说

《国语·周语》:"郑伯,南也。"韦《解》引郑司农云:"南,谓子男。郑,今之新郑。新郑之于王城,为在畿内。畿内之诸侯,虽爵于侯伯,周之旧法,皆食子男之地。"近儒据为先郑说。今考《左传·昭十三年》"郑伯,男也",《疏》引郑众、服虔云:"郑,伯爵,在男服也。"是韦《注》

所引，非先郑说。盖韦《解》本作"郑后司农"，今本挩"后"字。知者，《左疏》又引《郑志》云："男，谓子男也。周之旧俗，虽为侯伯，皆食子男之地。"《诗·郑谱》《疏》引《郑志》答赵商云："此郑伯，男者，非男畿，乃谓子男也。先郑犹云'故郑'。之于王城，为在畿内之诸侯，虽爵为侯伯，周之旧俗，皆食子男之地，故云'郑伯，男也'。"与韦《解》所引适符。知韦之所引，即系《郑志》。韦《解》引后郑说，例标"郑后司农"，如《鲁语》"祖契"《解》引郑后司农云："商人宜郊契也。""肆夏"《解》引郑后司农云："九夏，皆篇名。""怀和"《解》引郑后司农云："'和'当为'私'。"又，《吴语》"拱稽"《解》云："郑后司农以为：'稽，计兵名籍也。'"均其昭譣。盖韦《叙》既有"郑大司农为之训注"之文，"郑"谓先郑。虽《解》文鲜引先郑说，《国语解》谓"郑、唐二君以为《常棣》穆公所作"，即指先郑。然先郑、后郑，官名既同，故于郑后之说，必标"后司农"为别。此《解》之例，当亦然也。今无"后"字，盖传写之夺耳。

《鲁语》云："昔正考父校商之名颂十二篇于周太师。"韦《解》引郑司农云："自考父至孔子，又亡其七篇，故余五耳。"此为《毛诗》郑《笺》说，"郑"下亦挩"后"字。

克己复礼

《论语·颜渊篇》："克己复礼。"《集解》引马融说云："克己，约身。"《左传·昭十二年》仲尼曰："古者有志，克己复礼，仁也。"《疏》引刘炫云："'克'训'胜'也，'己'谓身也。"又云："使礼义胜其嗜欲。"案，诂"克"为"胜"，刘说是也。《法言·问神篇》曰："胜己之私之谓克。"刘氏之说，盖本于斯。扬增"私"字为说者，苍颉造字，自营为厶，言"己"则"私"见，犹之言"私"则"己"见也。两汉君臣引"克己"者十余见。《汉书·师丹传》丹上书云："孝成皇帝深见天命，以壮年克己，立陛下为嗣。"又云："愿陛下深思先帝所以建立陛下之意，且克己躬行，以观群下之从化。"《五行志中之下》王音对曰："皇天数见灾异，宜谋于贤知，克己复礼，以求天意。"《王莽传》云："欲令名誉过前人，遂克己不倦。"《后汉书·安帝纪》诏云："夙夜克己，忧心京京。"《邓皇后纪》云："接抚同列，常克己以下之。"《梁节王传》诏报云："今王深思悔过，端自克责。一日克己复礼，天下归仁。"《蔡遵传》云："克己奉公。"《何敞传》敞上疏云："宜当克己，以酬四海之心。"《班固传·东都赋》云："克己复礼，以奉终始。"《文选》张衡《东京赋》云："思仲尼之克己。"《三国志·袁绍传》《注》引《魏氏春秋》刘表遗袁谭曰："若留神远图，克己复礼。"又引《汉晋春秋》审配献谭书曰："望将军改往修来，克己复礼。"综上诸文，虽马、刘二训，或克两通，然"约身立嗣"，语实弗词。且"克己奉公"，与"厶"对词，知兼"私"训。是知孔言"克己"，即谓抑制己私，"克"犹"克敌"之"克"也。其有"克""责"并词者，犹云"贬责"。《左传》又谓"楚灵王不能自克"，杜《注》云："胜也。"亦谓不能自抑耳。惟刘以"嗜欲"为说，义亦未昭。邢《疏》引刘释马，南辕北辙，于义尤歧。

武梁祠画像

济宁李一山出示所藏唐拓《武梁碑》，考订之如下。

《黄帝图》"造"字下，翁覃溪以为"共井田"三字。

《舜图》："耕于历山，外养三年。""山""年"协韵，亦古语也。

《禹图》："退为肉刑。"案，《荀子》驳古无肉刑有象刑，所驳为今文

《书》说。伏《传》谓唐、虞象刑,《史记》汉文帝《除肉刑诏》亦谓"有虞氏",画衣冠为渺茫。亦今文《书》说,盖以禹前未制肉刑也。此云"退为肉刑",亦谓肉刑始禹,盖欧阳、夏侯《书》说也。

《闵子骞图》:"爱有徧移。""徧"为"偏"之假字。《汉书·张良传》"天下不能徧封",《史记》作"偏"。彼假"偏"为"徧",犹此假"徧"为"偏"。《三公碑》("三公碑",严辑《全后汉文》卷九十八作"祀三公碑")"徧雨四海"亦以"偏"为"徧",与此互明。

《老莱图》:"孝莫大焉。"《隶释》"莫"作"道"。盖所据拓本,"莫"缺下半,故以"道"字释之。

左盦题跋

跋顾亭林手札

　　十年阔别，梦想为劳。老仁兄闭户著书，穷探今古，以视弟之久客边塞，歌兕虎而畏风波者，夐若霄凡之隔矣。正在怀思，而次耕北来，传有惠札，途中失之，仅得所注杜《集》一卷。读其书，即不待尺素之殷勤，而已如见其人也。吾辈所恃，在自家本领足以垂之后代，不必傍人篱落，亦不屑与人争名。弟三十年来，并无一字流传坊间。比乃刻《日知录》二本，虽未敢必其垂后，而近代二百年来未有此书，则确乎可信也。道远，未得寄呈。偶考杜诗十余条，附便先寄太原。旅次炙冻笔此，奉候起居，不庄不备。弟名正具。

　　案，亭林此札，内、外《集》皆未载。光汉近得此札，知系亭林手迹，所致之人，稿中并未载明。惟札中有"附便寄太原"一语，意亭林致傅青主之书与？光汉识。

跋章实斋任幼植别传

　　兴化任君幼植，与余同学文辞于大兴朱先生筠。君与余同乾隆三年戊午生，而学于朱氏则先于余。余自乾隆丁亥旅困，不能自存，依朱先生居，侘傺无聊甚，然由是得见当世名流及一时闻人之所习业。客有自江南来者，投远书一巨橐，称任君所寄。朱先生为之色然，发缄得幼植书，论学甚详，而以所撰《仪礼经传考订》若干卷，请先生为之是正。余始有意于君。己丑，君登进士第，以二甲第一人授礼部主事，分曹学习，得仪制司。职事清简，进士分部，多不愿居。然礼部四司，仪制、祠祭，号为繁剧；他司往往求兼摄之，乃为见才。君顾谓朱先生，欲为为丐尚书移司简曹，且曰："闲曹多暇，卜居近先生家。每日中，可画诺归邸，即假先生藏书，竭半日一夜之力，诵且习焉。四分日力之三，则十年守官，犹得七年强半读书，所获岂不多欤？"余于是时，始得见君。然余方将家京师，皇皇谋食，不得时过君也。已而余游江南，见顾君九苞于太平官舍。顾君本末，详《庚辛亡友列传》。其母任，则君之祖姑也。言君孝友，家无升斗储，然事亲能尽色养。非其道谊，虽铢黍，不取于人。乙未，余复至京师，君已征为四库书馆纂修，因得宽假曹务。校理之暇，借窥中秘储藏、四方奏上遗书、人间所希购者，从而证定。向所业编，得以益信。余访君，属疾，延见卧所，则君方辑吕忱《字林》逸文，敬见搜猎横博，楮墨纷挐，狼籍枕席间。君呻吟谓："余病不可堪，赖此消长日耳。"君学淹通，于《礼》，尤长名物。初欲萃荟全经，久之，知其浩博难罄，因思即类以求。一类既贯，乃更之他类，务使遍而后已。所著《深衣释例》《释缯》诸篇，皆博综群书，衷以己意。皮傅之士，不过视为《尔雅广疏》，不知君书乃《礼经》之别尔。学者能推君意，扩其所未尽者，不骛远而遽议全经，不矜明而好为独断，博征其材，约守其例，各尽所长，以穷类知要，然后徐俟其人以会通之，庶经学其有昌乎！君之文，长于赋。少年为《文选》学，诗、文时得其似，不能精也。然读书辄能知作者意，不以己之所守概人。余撰《通义·言公》之篇，中有"丧心故国，斯传塞外之书"之语，自注云："李陵《答苏武书》，自刘知几以还，皆谓六朝伪作，其实伪何所取乎？当是南北分疆，有南人羁北，事类李陵，不忍明言，托拟此书以见志耳。"君见之，首肯数四，且曰："今人皆重考订，必斥君言无稽，不知君意固不以此拘也。"余著《通义》，为世所诋，强半类此。君乃平素不苟于名物者，而所言如是，以是知君可与微言也。余戊申秋为《庚辛亡友列传》，自恨于顾君尝诺其为先人作传。顾君既逝，不复可询端末。其冬，遇李君晋埒于亳之学舍，粗识顾父崖略，因为《顾传书后》，并寄永清知县周君震荣。明年，周君以余文付刻，寄余印本，且曰："近，何南溪、任幼植相继下世。"曾几何时，《亡友传》成，又当续其二矣。哀哉！何君，余别有传。君，又李君之同县，且戚属也。李君有子某，甚才而文，请余为君撰传。诺之，久未报。庚戌冬，晏岁风雪，羁旅怀人，因追述与君始末之交如是。君讳大椿，一字子田，官某道监察御史。卒年五十有二，无子。议以弟某有子，当为之后。君贫，无一宿舂。身后丧将不举，斥卖故书，值当千金，乃为治装归榇，可哀也！

案，实斋先生著作，舍《文史通义》《校雠通义》外，闻尚有《文集》，惟坊间鲜见刻本。此篇从焦理堂先生《扬州足征录》中录出，未知采自何书，然《足征录》亦无刊本，因附录之。光汉识。

跋王怀祖与宋定之书及王伯申与焦理堂书

某顿首：别来已久，每怅离群。今接手书，恍同面晤。《谐声补逸》一书，阐发古音，洵有功于许氏，惜无由奉读耳。《尔雅》郭《注》，已非全璧，而作《疏》者总未得其人。足下欲作《集注》，以补前人之缺，疏通而证明之，诚不刊之盛事。及今为之，勿忘勿助，勿以更端间之，是所切祷。《方言补注》，以余功为之，可矣。某于公余之暇，惟耽小学。《经义述闻》而外，拟作《读书杂记》一书，或作或辍。统计所成，尚未及三分之二，剞劂正未有期也。数年之后，如荷乞归里，与足下论学讲书，还我青毡故志，何乐如之？即数行裁复，顺问迩祉不一。某顿首。

引之顿首，理堂先生执事：日者奉手书，示以说《易》诸条，凿破混沌，扫除云雾，可谓精锐之兵矣。一一推求，皆至精至实。要其法则，"比例"二字尽之。所谓"比例"者，固不在他书而在本书也，未知先生以为何如？惠定宇先生考古虽勤，而识不高、心不细，见异于今者则从之，大都不论是非。如说《周礼》邱封之度，傎倒甚矣，他人无此谬也。来书言之，足使株守汉学而不求是者爽然自失。《经义述闻》又刻百七十条，容俟觅便，寄请教正。布问动履，书不尽意。引之再拜。

案，高邮王氏乔梓，精研小学，为近代第一大儒，惟《文集》均无刊本。今检得书札二则，虽全豹未窥，然寸鳞片甲，亦足珍也。光汉识。

跋张皋闻吴兴施氏族谱序及答陈扶雅书

家谱者，源盖出于古者公卿、大夫、士，家必有史。生子三月，妻以子见父，父名之，宰遍告名于族史，书曰"某年某月某日，某生"而藏之。藏之，盖于宗子之家也。宰告闾史，闾史书为二：一藏闾府，一献州史。藏诸州府，死生登下之。孟冬之月，司民上于天府，小史辨其昭穆之系，以为《世本》。其庶人、工、商男女生死，不次于小史，亦各以名登于州乡也。大夫以上，生有爵，死有谥，太祝则为之作诔。诔者，累列其生平行事厥谥者也。故其子孙将葬，既卜期，则以易名请。汉以后，或自表陈行迹，谓之"行状"，上于太史。碑、表、碣、志，由此作也。人臣功次六等，铭于王之太常，司勋掌之，而又予其子孙，自铭其彝器，传诸宗庙。贤士大夫、令孙顺子，世守先祖之美，肃恭前烈，无忘其章，故尼山系《本姓》之解，范卣希不朽之列。国奠其纪，家副其藏，族世是以不溷。三姓有序，而四民有处，媒氏以择其世，冢人以兆其域。周衰，史官失职，《世本》之纪，终于六国。秦燔《春秋》，谱牒亦失，搢绅不识所出。故旧皂隶迭相侵冒。自学士不能别氏姓，其时通人硕儒司马迁、杨雄、班固之徒，著书自叙，远述世德，乐乐其所自生。《礼》："不忘其本。"斯固士君子所以追远反始也。东汉之季，名氏相高，设中正以为进退。当此之时，家谱始作。唐时尤盛。元和中，诏宰相作《姓纂》，每加爵邑，则令阅视。而《唐史》之表宰相，多取私谱之文，或颇诞妄不经，罔可传信，学者难言。夫谱有三统。一曰尊祖。《传》曰："君之子称公子，公子之子称公孙。公孙之子，以王父字为氏。氏则君赐之。"必赐之氏者，所以表族，使有统系也。其非君赐，不得自为氏，所以严统也。《礼》曰："别子为祖。"其庶姓若徙他邦为大夫者，则其子孙祖之，或赐族也。有官族，有邑族。唯君所赐，而系之以姓，以别昏姻，以序昭穆，以辨嫌疑，以定亲疏远迩之序。二曰敬宗。《传》曰："宗其继别子者，百世不迁，是为大宗。宗其继高祖者，是为小宗。"小宗者，高祖之适也。自高祖以下宗之，五世则迁，故小宗有四而大宗一。大宗者，族人祭则告，冠昏之事省焉。大夫有赐，则以归也。虽去国三世，犹反告于宗后，不敢专祖也。其小宗之支于其小宗，如其于大宗。大宗死，族人为之齐衰三月，勿敢降。"宗"也者，尊也，与祖为体，以尊祖故尊宗，且用以下治子孙。三曰收族。《礼》："继别之宗，得立别子之庙为太祖，不迁。"宗子与族食、族燕，世降也而弗殊。五世为族，以五为九。族昆弟之子，相谓为亲同姓。服属单矣，犹亲之也。亲相养，属相服，世相祭，宗相恤，嘉会相庆，丧相哭也，故曰："宗以族得民。"是故水木之本，非谱不明；支嫡之纪，非谱不叙；孝友任睦之义，非谱不增。厥思族之敬恭者，以祖泽相训也；惰窳者，有所愧而惩矣。《易》曰："食旧德，贞。"是谓三善。三善不立，则三弊兴。原系不审，苟托名望，是谓湮祖；世纪乖舛，派缕无列，是为疵宗；美恶不实，褒贬失伦，是谓偷族。善之与弊，其端少离，其末千里，可无慎欤？施氏，吴兴望族也。其先出鲁惠公，以字为族，具见《世本》。临濮侯以圣门弟子，故施氏六艺传其家。其家谱仿作于宋，阅数百年。某者，余门下士也，学京师，携之来，校正旧例义之未善者，定为若干卷。余嘉其不龁于俗之所为，而志于古贤士大夫敬族之遗意也，故具以所闻者语之，遂著之简端，亦使后之人考览焉。

扶雅秀才足下：曩者涉江，欲有远适。比奉嘉命，词旨斐然。承问七庙九庙、周鲁之祔、方里之数，井田、邱乘之数制，律吕、《河图》、《洛书》之说。此皆历代儒者所讼争，纷错乖刺，吾子疑之是也。抑仆肤学，何足以决之？所居僻左，无书籍可检，聊为吾子言其大略。商以前制，天子、诸侯，皆二昭、二穆。周制，天子七庙，三昭、三穆，与太祖之庙而七；别有先妣庙，祀姜嫄，故《周官》守祧八人，每庙一人也。成、康时制如此。至共王、懿王之世，文、武亲尽，当祧，以功德不迁，故有"二世室"，是为九庙。《尔雅》云："禘，大祭也。"凡天神、地示、人鬼之祭，大者皆得谓之禘。《周官·大司乐》说圜丘、方丘、宗庙之奏，《注》云："此三祭，皆禘也。"祭天，一岁凡九，莫大乎圜丘及南郊，故二者谓之禘。《祭法》云："周人祭，禘喾而郊稷，祖文王而宗武王。"郑云："禘喾，冬至，祭天于圜丘，以喾配也。郊稷，夏至，祭帝于南郊，以稷配也。祖文王，宗武王。季秋，大飨帝于明堂，以文、武配也。"此圜丘称"禘"之验也。《大传》云："《礼》：'不王不禘。'王者禘其祖之所自出，以其祖配之。"郑以"所自出"谓五帝也。盖若周以木德王，故祭青帝于南郊，配以稷，汉人谓之"感生帝"。郑云："三王之郊，一用夏正。"此南郊称"禘"之验也。宗庙之禘，则又有三。《王制》："天子、诸侯宗庙之祭，春曰礿，夏曰禘。"此时禘也。殷礼有之，周则改焉，春曰祠，夏曰禴也。《周官·大宗伯》："以肆、献、灌（"灌"，今本《周礼》作"祼"）享先王，以馈食享先生。"谓三年大祫、五年大禘也。"祫"者，合也；"禘"者，审禘昭穆也。凡天子、诸侯三年丧毕，大合群庙之主，祭于太祖之庙，而新主升食焉，是之谓"祫"。明年，禘祭群庙，谓之"吉禘"。自是之后，三年一祫，五年一禘；祫在秋，禘在夏。祫亦谓之大尝。凡宗庙之禘，天子、诸侯皆得行之。成王赐鲁大尝禘者，非谓鲁不得祫禘，乃谓升歌《清庙》、朱干玉戚等事为王者礼耳。至于祭天之禘，则鲁不当有，故《礼运》云："鲁之郊禘，非礼也。"言郊禘，以别于宗庙之禘，且别于周天子圜丘之禘，故下即云"杞、宋之郊"以明之。其《论语》"禘自既灌而往"，则指言宗庙之禘，以祭天不灌，知非郊禘也。自王肃伪造《家语》，始驳六天。"鲁以周公配文王"，则赵伯循说。朱子用之，其义非也。封建、井田、车乘之制，《周官》皎然，无可疑者。孟子所解，其言不必依《周礼》。各自为说，不相牵合可也。唯井田沟洫，因地制宜，本非板法。《小司徒》九夫之法，《匠人》十夫之制，经文互见，不必依郑《注》"乡用井田，遂用沟洫"也。凡此数事，其中目录、条件甚别。律吕、《图》、《书》，更非简言可了。吾子有疑焉，详说其所以，乃当为分别言之耳。昔者，宰我一日问五帝德，孔子以为奢。吾子其悉心究之，勿猥勿并，则渐可通也。韩氏有言："无欲其速成，无诱于势利。"斯道德之归也，况其外之文乎？迂论久不谈，嘉吾子之志，不敢自默，唯乞采纳，幸甚！不宣。

案，皋闻先生著有《茗柯文编》，治古文者多宗之。然正集之外，别有《外集》，未刻。以上二篇，皆从《外集》中录出者也。虽《施氏族谱序》系属代作，然于古代宗法之沿革，谱牒之源流，明晳辨章。《答陈扶雅书》于禘礼、田制，亦考证简明。盖先生深于典章制度学，作有《仪礼图》，故言《礼》若是其精也。光汉识。

跋江郑堂多宝塔帖跋及书宋张炎词源后

颜文忠《千福寺碑》，欧阳六一跋尾，未经著录，赵明诚《金石录》始录之。王弇州谓，此帖结法整密，但贵在藏锋，小远大雅，不无佐史之恨。太仓之言，非心赏者不能知也。乃世人不喜《家庙》之遒劲，独喜《佛塔》窘束，是以碑工争相摸拓（"摸拓"，疑当作"模拓"），几至日拓千纸。金源（"源"，疑当作"元"）时，碑尚完好。至明初，则"无化城"之"化"字、"期满六年"之"期"字、"还惧真龙"之"龙"字、"史华刊"之"刊"字，已断泐不全。逮中叶，"宿心凿井"之"凿"字，又漫漶不可辨识矣。国朝康熙时，又缺"可托本愿同归"六字。凡碑中摸黏之字，俗工以意修改，迹似涂鸦，岂特如王柏所云"字体变动"已耶？近日颜书《家庙》诸刻，皆楷法高妙，波磔如新，然无有过而问之者。而临池家独宝此剥蚀之本，亦可怪矣。嘉庆四年夏仲，思无邪堂主人出此见示，予定为明初拓本，并属书数语于后。

《词源》二卷，宋遗民张玉田撰。玉田生词，与白石齐名。词之有姜、张，如诗之有李、杜也。姜、张二君，皆能按谱制曲，是以《词源》论五音均拍，最为详赡。窃谓乐府一变而为词，词一变而为令，令一变而为北曲，北曲一变而为南曲。今以北曲之宫谱，考词之声律，十得八九焉。《词源》所论之乐色、管色，即今笛色之六五、上四合一九也。管色，应指字谱七调之外，若句小大一、小大上、小大凡、大住、小住、掣、折、大凡、打，乃吹头管者换调之指法也。宫调，应指谱者七宫指法起字及十二调指法之起字也。论指眼云："以指尖应节候拍，即今之三眼一板也；'花十六前衮'、'中衮'、'打前拍'、'打后拍'者，乃今之起板、收板、正板、赠板之类也。乐色、拍眼，虽乐工之事，然填词家亦当究心。若舍此不论，岂能合律哉？"细绎此书，律之最严者为结声字。如商调结声是九字，若用六字，则犯越调。学者以此类推，可免走腔落调之病矣。盖声律之学在南宋时，知之者已尠，故仇山村曰："腐儒村叟，酒边豪兴，引纸挥笔，动以东坡、稼轩、龙洲自况。极其至，四字《沁园春》，五字《水调》，七字《鹧鸪天》《步蟾宫》，拊几击缶，同声附和，如梵呗，如步虚，不知宫调为何物，令老伶俊倡面称好而背窃笑，是岂足与言词哉！"近日，大江南北盲词哑曲，塞破世界。人人以姜、张自命者，幸无老伶俊倡窃笑之耳。竹西词客江藩跋。

　　叔夏乃循王之裔。《宋史·循王传》："子五人，琦、厚、颜、正、仁。其后不可考。淳熙间最著者，为张镃功甫。"史浩《广寿慧云寺记》称镃为"循王曾孙"，石刻碑文后有"镃孙柽"跋。盖以五行相生为世次之名者，始于功甫。功甫之子，《赏心乐事》称为"小庵主人"而佚其名。功甫之名从"金"，金生水，水生木，小庵主人之子所以名"柽"也。《词源》下卷云："先人晓畅音律，有《寄闲集》，旁缀音谱，刊行于世。曾赋《瑞鹤仙》一词'卷帘人睡起'云云。"此词乃张枢所作。枢字斗南，号云窗，一号寄闲老人。枢与柽，名皆从"木"，是为兄弟行。木生火，故玉田生名"炎"也。以张氏世系计之，叔夏乃循王之六世孙。袁清客赠玉田诗，称为"循王五世孙"，误矣。考当日清和坊赐第甚隘，功甫移居南湖，而循王之子，有居南园者，有居新市者，见《南湖集》中，皆缘赐第湫隘，而徙居他所耳。斗南有《壶中天》一阕，自注："月夕，登绘幅楼，与箦房各赋一解。"绘幅楼在南湖之北园，乃功甫所居。或者斗南为功甫之孙，亦未可知也。江藩又记。

　　案，郑堂先生名藩，扬州经师，为惠定宇再传弟子。所作杂文，刊有《隶经文》。此二篇均未选入，殆以其非说经之作耳。然观于此文，知先生于金石、律吕之学，皆默契其微，先生著有《扁舟载酒词》，严于词律，一字无讹。非徒说经硁硁，遂足扶翼绝学也。光汉识。

跋焦理堂家训

圣贤之学，以日新为要。三年前闻其人之说如是，三年后闻其人之说仍如是，其人可知矣。越五年、十年，而其学仍如故者，知其本口耳剽窃，原无心得，斯亦不足议者矣。孔子曰："当仁不让于师。"宜有味乎斯言也！

释经不能自出其性灵，而守"执一"之说以自蔽，如人不能自立，投入富贵有势力之家以为之奴，乃扬扬得意，假主之气以凌人。受其凌者，或又附之，则奴之奴也。既为奴之奴，则主人之堂阶户牖且未尝窥见，猥曰："吾述而不作也"，"吾好古敏求也。"此类依草附木，最为可憎。

学经之法，不可以注为经，不可以疏为注。既求得注者之本意，又求得经文之本意，则注之是非可否，了然呈出，而后吾之从注，非漫从；吾之驳注，非漫驳。不知注者之本意，驳之，非也；从之，亦非也。

近之学者，无端而立一考据之名，群起而趋之。所据者汉儒，而汉儒中所据者，又惟郑、许。执一害道，莫此为甚。专执两君之言以废众家，或比许、郑而同之，自擅为考据之学，吾深恶之也。

自有考据之目，依而附之者有二：一为本子之学，一为拾骨之学。不异市井牙侩，终日为估客比兑银货，而己究一无所有也。

以耳代目，习为欺世之谈，终于自欺而自误。

朱子之徒，以道学为门户，尽屏古学，非也；近世考据之家，惟汉儒是师，宋、元说经，弃之如粪土，亦非也。自我而上溯之，汉，古也；宋，亦古也。自经而下衡之，宋，后也；汉，亦后也。惟自经论经，自汉论汉，自宋论宋，且自魏、晋、六朝论魏、晋、六朝，自李唐、五代论李唐、五代，自元论元，自明论明，抑且自郑论郑，自朱论朱，各得其意，而以我之精神血气临之，斯可也。何"考证"云乎哉？

一人有一人之能，不得以己能傲人之不能也；一事有一事之体，不得以此之体混彼之体也。

不学，则文无本；无文，则学不宣。

案，理堂先生名循，扬州江都人，著书数十种，多刊入《皇清经解》及《雕菰楼丛书》中。惟《理堂家训》二卷，未有刻本，仅有传钞之帙。立言平实，多近于宋儒语录。然论学数则，精语甚多，与先生所著《论语通释》及《述难说》《格物解》诸篇，互相发明，所谓"言为世则"者也。爰录数条，以见一班。光汉识。

跋阮芸台答友人书三通

《大戴礼》本与《小戴》并立，今存者三十九篇。《小戴》自汉迄明，为此学者不下百家，而《大戴》除北周卢辩一家之外，绝无注者。况卢君《注》止十五篇，为不全之书哉？元去岁曾将篇次异同，及与《小戴》《荀子》等书相出入者，略为考校。近又为之《补注》，其《主言》《哀公问》《劝学篇》数篇，皆已脱稿，大约此书明春可成也。

《孟子疏》，因到京后，见邵二云先生有此作，已将脱稿，是以元为之辍笔。前足下书，言弟以"邾娄"急声为"邹"，不若直言

"邾娄反"。此说非是。反切,自孙炎始有。汉人注经,惟曰"读为""读若"而已。且缓急声,乃反切之祖也。《公羊注》言齐、鲁间缓急声,不一而足也。

再者,将来编次此书,悉以造此训诂之人时代为先后。如此,则凡一字一诂,皆有以考其始自何人;从源至流,某人用某人之说,某人承某人之误。数千载盘结,如指诸掌,不亦快哉! 故编次亦甚要紧也。总俟钞纂成时,再为详议。(中略)盖今时天下学术,以江南为最。江南凡分三处:一安徽,二扬、镇,三苏、常。徽州有金榜、程瑶田二三子,不致坠东原先生之绪。苏、常一带,则惟钱辛楣先生极精,其余若王鸣盛、江艮庭,皆拘墟不通。江郑堂后起,亦染株守之习,而将来若一变,则迥出诸君之上。其余若孙星衍、洪亮吉、钱坫、塘,气魄皆可,不能大成。镇江、扬州,号为极盛。若江都汪容甫之博闻强记,高邮王怀祖之公正通达,宝应刘端临之洁净精核,兴化任子田之细密详赡,金坛段若膺之精锐明畅,皆非外间所可及也。大约王为首,段次之,刘次之,汪次之,任次之。此后,则吾辈尚可追步尘躅也。王之埽人,甚于容甫。彼常言:"当世士所不埽者,程、刘、段、汪、金、阮六人耳,余皆白眼视之。"元亦自幸尚不为通人所弃也。元自出门以来,于前辈,获见程、刘、王、任、钱数君;于同辈,获见江藩、孙星衍、朱锡庚、李赓芸、凌廷堪数君,皆捧手有所受焉,余不必计也。交游之事,亦不可少,但于各人身分底里,皆须见到,否则目眯黑白矣。

案,以上三书,系阮氏早年手札。敝纸数页,存于先人旧簏,兹特检而出之。惟不详寄与何人。第三则言编书甚详,亦不详所编何书,然大抵《经籍籑诂》一书也。末评论近儒数家之学,皆有特识。光汉识。

跋阮芸台传经图记

有陋儒之学,有通儒之学。何谓陋儒之学?守一先生之言,不能变通;其下焉者,则惟习词章、攻八比之是务。此陋儒之学也。何谓通儒之学?笃信好古,实事求是,汇通前圣微言大义,而涉其藩篱。此通儒之学也。元当弱冠后,即乐与当代经师游。若戴君东原、孔君巽轩、孙君渊如,皆与元为忘年交,与元教学相长,因得略窥古经师家法。今诸君墓有宿草矣。回想昔日谈经之乐,不禁动黄炉之感。吾乡有汪君容甫者,年长于元,寿止五十。闻汪君壮年,从朱竹君侍郎、毕秋帆制军游,于海内经师,咸与之上下其议论,所著有《述学》内、外篇。如《释三九》《释明堂》数篇,皆汇萃古训,疏通证明。而其所最精者,则在《周官经》《左氏传》。尝作《春秋左氏释疑》《周礼征文》二篇,以证二经之非伪。盖以方望溪诸公,妄疑经典,故作此以释其疑。全书虽失传,然读此可见其一班,殆所谓通儒之学者矣。今哲嗣孟慈农部绘《传经图》,以表彰其先德,而索题于元。元老矣,不能从事简册。壮年所读之书,半归遗忘,惟早年所闻诸先生之绪论,则至今犹能记忆,惜吾未及从容甫请益也。因书之以示孟慈。道光八年十月廿一日,颐性老人阮元记。

案,芸台先生著作共十余种,皆已刊行。惟此篇及《周易阴阳义》二篇,未刊入《揅经室集》中,因录之于此。光汉识。

跋阮芸台京师慈善寺西新立顾亭林先生祠堂记

余昔跋顾亭林先生《肇域志》，言世之推亭林者，以为经济胜于经史。《四库书提要》论亭林之学，经史为长。然则徒以经济赞颂者，非笃论也。夫经世之务，必由于学。《昆山县志》称先生生平精力绝人，自少至老，无一刻去书；《提要》偁："国朝学有根柢者，以炎武为最。"二书所载，皆推本于学。其自著《与友人论学书》云："所谓圣人之道者，曰博学于文，曰行己有耻。自一身以至于天下、国家，皆学之事也。自子、臣、弟、友，以至于出入往来、辞受、取与之间，皆有耻之事也。士而不先言耻，则为无本之人；非好古多闻，则为空虚之学。"以此观之，先生之经济，皆学术为之。道州何太史绍基，慕先生之学，以先生在京都，曾寓慈仁寺，乃于道光二十四年，集资建祠堂于寺西偏隙地，架屋三楹，奉祀先生。落成时，平定张君穆制《祭文》甚美。且据车、徐两家所撰《年谱》，增益付刻，甚博甚精。顷以书来，请予为作《祠记》。先是，昆山县绅士，于道光二十三年，请以先生入祀昆山乡贤祠，经礼部奏准，奉旨入祀。今于流寓之地，设位致飨，此亦本古人祠不尽在墓所之例。余愿论先生之经济者，一皆推原于博学、有耻二端，则欲论经济，舍经史末由也。书此以谂后之谒是祠者。后学阮元谨记。

案，芸台先生此文，作于道光二十四年后，时《揅经室集》已刻成，未及增入。今检出先生原稿，因亟录之，以补《揅经室集》之缺。光汉识。

跋沈小宛族谱论

　　自春秋以迄元、明,三千年中,氏族之兴衰迁易,其大故有四。及于今,遂烦晌瞀乱而不可别。虽高门宦胄,亦姑就见系之姓与其宗族支派之可考者,而谱牒之学遂绝。溯自六国蚩蚩,为嬴弱姬。及秦窦窬其民,公族子姓,悉为黔首;故国世卿,斩焉馁而,久如皂隶之子,盖亦数典而忘祖。此氏族之变一也。高祖起赤帻之吏,屠狗贩缯,欻焉王侯将相,享祚四百余年。公卿士族,亦复班班可考。虽经丧乱,而九品中正,大略依仿。于是贵族、寒门,荣悴殊观。其羌戎内附,虽从中原姓氏,然气类自分,公私颇峻。迄永嘉之乱,衣冠涂炭,举族灰尘,户口凋瘵,十不存一。而乌桓、屠各,体官峭王;赤亭白虏,三十六族,九十二姓,无虑数十百万。向之荒裔,悉鳞塈中州。此氏族之大变者二也。元帝渡江,王、谢侨姓,顾、贺土著,参预清选,而过江稍晚,便以伧荒见隔。杨佺期因之切齿,杜坦所以叹息。少年白面,动以门第自矜。袁、邓申好,觇其异图;王满联姻,实骇物听。然其时,拓跋氏崛兴代北,都督、都统,皆其种人。七族八姓,太和以后,参准官品,尽是膏梁。周、隋相承,八柱国之贵,冠于崔、卢甲族。而江陵之陷,叔宝之亡,清门士女,骈为赏口,奔迸流离,夷于匪类。此又氏族之变者三也。唐世,士人多以科目进,不专尚门荫,然婚媾中表,风俗弥高。朝廷不能抑其衰宗,天子亦自援为士族。羔雁往来,有妃主所不能望者。贩鬻松槚,固长凌竞之风,亦见太平之久,士类得其所如,此小屯于五季,大厄于靖康。至蒙古七十二种横鹜中原,色目猥多,不可究诘。嗣是以后,一姓也,而南北之殊,房望之异,作碑志、行状者,复不能措辞于谱系矣。此其大变者四也。尝考隋、唐《经籍》,百家谱系,别为一类。通其学者,为之编纂,掌于官府,注其甲乙,为婚宦之优劣,犹有《周官》奠系世、辨昭穆之义。今则万类总总,不知而阙,官既不能笼而之一,于是方内各为家谱。寡学之徒,涉笔有甚可笑者。孔氏,世家也,叙官秩于汉世,已自乘舛。如以孔霸为大师之类。沈氏,一望也,姬姓之国、沈尹之官并列,而不知据《宋书自叙》,则其他姓,概可知已。然则今之修家谱者,略其不可知,以其已知者诠次之。此事之无可如何者也。窃以为不复乡举里选之法,则谱牒之掌不能立,而亦不足重也。何者? 既无世禄、恒产以縻之,向之高门,陵迟奔迸。万一市井小人,稍能弄笔墨、走举场,欻焉鼎贵,隐然一州之都,何重乎奕世清德? 何论乎甲乙门阀哉? 古者四民有常,比、闾、族、党之长,相与联互而挟持之。士之贤者、能者,百工之执技、商贾之懋迁者,与夫义门高行,若浮惰不齿者,乃视其善恶,为役之先后;量其贫富,为赋之多少。如是,家不必自为状,而什伍之等衰高下,了然于官寺之版。魏、晋以下,九品中正之格行,以荫第笔材,仕途叹咤,通人莫不讥议。然其名数可考,法制粗立者,亦以不废乡官也。三代之善,不可复矣。稍循管子、两汉之规,使廉耻立于闾门,清议执于少吏,且知为善子孙膺其余庆,一不善子孙蒙其余殃,以家世为功状,而谱系重矣;以门户为选簿,而谱系弥立矣。孝弟忠信,发闻于上;阴奸妖恶,消弭于下。此维城于近世者也。

案,小宛先生名钦韩,吴县人。熟于志乘、百家之学,生平著述甚富,而以《两汉书疏证》一书,尤为生平精力所萃。早岁工诗文,有《幼学堂集》刊行。此文从钞本录出,想系中年以后之笔也。光汉识。

跋沈小宛义塾附祀先儒议

《礼记·文王世子》云："凡始立学者，必释奠于先圣先师。"郑君《注》："先圣，周公若孔子也。"又云："《周礼》曰：'凡有道者、有德者，使教焉。死则以为乐祖，祭于瞽宗。'此之谓先师之类也。"若汉，《礼》有高堂生，《乐》有制氏，《诗》有毛公，《书》有伏生，咸可以为之也。然则先圣者，非周公、孔子莫敢当。然礼无并尊，故《记》又云："凡释奠者，有国故则不合。"郑君《注》："言周有周公，鲁有孔子，各自奠之，不合也。"《唐书·礼仪志》："高祖武德二年，国子立周公、孔子庙。"周、孔并祀，失《礼》之旨矣。良以先圣不容两尊，而先师各以其师资，可以附于先圣，古今通义也。《续汉书·礼仪志》："学校皆祀圣师周公、孔子。"又，《晋书·礼志》："皇太子释奠，进爵于先师，中庶子进爵于颜回。"是又以孔子为先师，违经背礼，不可典训。《册府元龟》载唐永徽令文，改周公为先圣，降孔子为先师，皆承前《志》之谬。讥者亦知其不通，未久而改。自显庆后，以周公配成王，入帝王庙，而学官专奉孔子为先圣矣。明嘉靖初，张璁、桂萼等改称孔子为"至圣先师"，不特历代之典未考，并《礼记》未能通晓。其杜撰妄作，无足道者。又考汉人自明其所受经为先师，故《郑志》云"我先师棘下生"，又云"仲梁子先师在毛公前"。又，《唐·志》房玄龄等议："大业以前，皆孔子为先圣，颜回为先师。"《儒林传》太宗贞观二十一年，诏曰："左丘明至范宁二十一人，并用其书，垂于国胄。既行其道，理合褒崇，与颜子俱配享孔子庙堂。"此符于《礼》先师之义，而先圣、先师合奠之明证也。汉世最重师法，故生则具束修于函丈，殁则荐蘋藻于私学。今世受业师，不足当瞽宗之祀，则所奉先师，莫如读其书、资其义理。汉儒著述之功，无过于郑公。至韩文公以道自任，卓然豪杰之士。且后生操觚为文者，孰不钻仰？泰山、北斗之宗，由来久矣。二公者，吾党所私淑，比诸制氏、伏生，号为先师，不尤伟欤？加以令甲所颁，追封五等，从祀学校，又非私相推崇也。按之经义，验之史籍，则昭灼如彼；遵诸国制，稽诸祀典，又著略如此，则义塾附祀郑、韩二公木主，岂有不题？妄人目不识丁，而造作訾言。此智者所笑而仁者所哀也，故立此议以晓之。

案，小宛先生此文，亦从钞本录出，所议独精。然中国学术，以郑君、朱子集其大成，故附祀昌黎，不若附祀朱子也。光汉识。

跋沈小宛左传补注序

《左传补注》十卷，吴征士惠栋所撰也。钦韩既得而观之，遂书其后曰：道有污隆，则礼为之变。夫子作《春秋》，使纪事不失其实，以辅礼之穷。维世之具，如是而已。左氏所传，略举凡例，而详于言礼。至于升降揖让、尊俎笾豆之间，曰："是仪也，非礼也。"若左氏者，其深知文、武、周公致太平之道矣。例不可以概论，礼则是非两端，万变不穷。后之学者，舍礼而言《春秋》，于是以《春秋》为刑书，以书法为司空、城旦之科。纷纭缪辐，跬步荆棘，大率尾牵皮傅，以自完其例，而圣人经世之法，为其汩没。自俗学衡流，委巷之间，回邪之见，向壁虚造，依草附木，其害甚于庄周、墨翟之独鸣。其吊诡也，如何休之徒，攘袂决眦，益张条例，胶诈谲擿，如酷吏之罗织，使观者瞆眩顿愗而不逞，益引于鬼丛魀坦而不得隙照，毒熖披猖，与汉终始。诸儒之通古学，功于廓清摧陷勤矣，然訾俗学之例，而复创其例。是以新莽之六筦，易鞅、斯之牛毛，均诸驳乱而未为混一也。杜氏创"短丧"之说于晋帝，故其《集解》，始终傅会，而《左氏》与《礼经》相辅，日月昭昭，为其掩蚀，此又经术之蠹也。崔灵恩、卫冀隆之难，刘光伯之规，作《义疏》者，虽置三尺喙，何能为之解？特憾攻者犹未中其心腹之疾尔！考隋、唐《经籍志》，为《左氏》学无虑数十家，今皆不可见。啖、赵凿空言《春秋》，至宋儒，并窃《公羊》之故智，以哆口高论，无足道已。顾氏作《补正》，肤浅不逮所望。惠氏为此书，自云"承家学已四世"。吴中治经者，未有过于惠氏也，其书宜可观。而惠氏笃信《穀梁》，固稍愈《公羊》，然"缯子遇防""卫辄距父"，类者数十条，正是始师互相窥伺，通演其说；而"免郊之牛""乃衣元纁"数条，吾不知其何礼也。惠氏信之，过矣。又沾沾于声音、文字间弋获《公羊》，持两歧之见，不足为专门之学。故其补拾，不过旁采服、刘，未能自立长义，以尽抉杜预之谬。然其读书之法，诸子百家皆可为经、传佐证，训故尔雅，有高诱、杨倞之风。学者抱空文，而心源若眢井，观于此，则知所以救贫之方矣。嘉庆二十年季冬月大除夕跋。

案，小宛先生此文，亦见于《文集》中，未有刊本，故录于此。光汉识。

跋包慎伯与沈小宛书

小宛我兄阁下：接来书，知阁下近治《荀子》。世臣当壮年时，即喜读此书。往来四方，必置此书于行箧。荀子之所持者，礼也。孟子喜言理，而荀子喜言礼。近人凌君次仲，作《原乱》三篇，谓"礼由理而始生"。知此义者，可以会通孟、荀二家之说矣。荀子喜言富国，亦喜论兵，然一秉之于王道，与战国策士不同。惟荀子言"性恶"，悖于孟子，然此亦由末俗凌夷，致荀子激为此言耳。其言曰："人之性，恶。其善者，伪也。""伪"即古"为"字，言性善由于人为，即孟子言"扩充"之义耳。又其言曰："途之人皆可为禹。"亦即孟子"人人可为尧、舜"之义。后儒不察，致斥荀子为异端，被恶名于千载之下。此则吾辈所当表白者也。荀子之文，平实而奇宕，为后世文章之鼻祖。韩非得其奇宕，《吕览》得其平实。盖韩为荀门弟子，而《吕览》亦多成于荀氏门人之手也。汉代惟刘向氏，能本荀子之意以为文，遂得高视董、杨。世臣蓄此意已久，友朋中无可语者。今闻阁下亦治此书，窃幸吾道之不孤，故陈其管见，以俟采择。包世臣顿首。

案，慎伯先生著作，具载于《安吴四种》。其未刊者，尚有《说储》上卷及《小倦游阁文外篇》。此篇亦编入《外编》，故未刊刻。然评论荀子，甚为精深，可补钱、汪二家之缺。光汉识。

跋包慎伯书顾亭林原姓后

亭林之言曰："男子称氏，女子称姓。氏可变，姓不可变。氏所以为男别，姓所以为女防。"其说伟矣。然谓"自秦以后，以氏为姓，以姓称男，而周制亡，而族类乱"，则失实。又谓"最贵者国君。国君无氏，不称氏，称国"，而引"践土之载书"以为说，独不闻《尚书》称"齐侯吕伋"乎？女子嫁于国君，则称姓，冠之以国，如江半、息妫；于大夫，则称姓，冠之以大夫之氏，如赵姬、卢蒲姜，独不闻《春秋》之书"夫人妇姜氏""夫人子氏"乎？《左传》曰："天子建德，因生以赐姓，祚之土而命之氏。"《国语》曰："帝嘉禹德，赐姓曰姒，氏曰有夏；胙四岳国，赐姓曰姜，氏曰有吕。"又曰："黄帝之子二十五人，其得姓者十二。"《史记》曰："自黄帝至舜、禹，皆同姓而异其国号，以彰明德。故帝禹为夏后，而别氏姒；契为商姓，子氏；弃，周姓，姬氏。"又曰："舜为庶人时，尧妻之二女，居于妫、汭。其后因为氏，姓妫氏。至周武王求舜后，得妫满。"是姓亦可曰氏，而男子得称姓。《记》曰："六世，亲属竭矣，其庶姓别于上。"郑氏曰："始祖为正姓，高祖为庶姓。"是氏亦可曰姓。是故"姓""氏"者，对文为别，散文则通。以氏为姓，以姓称男，不自秦以后始也。敬宗合族以尊祖，故先王为治之大经，而源远未分，其势有不可系而一者，是故黄帝十二姓皆同源。周公定百世不通婚之道，只以治其后，不以更其前。然而"骊姬""吴孟子"，即见于周公、唐叔之裔。族类之乱，又可独责之秦乎哉？亭林之说，所谓"善西施之容，无益吾面"者也。

案，包氏此文，见于《小倦游阁外集》中，未有刊本。所论氏姓多讹。惟包氏素不作考证之文，故备录之，以见包氏文章之一体云。光汉识。

跋陈穆堂周公摄位辨

《书序》云："武王崩，三监及淮夷叛。周公相成王，将黜殷，作《大诰》。"郑《注》云："王，谓摄也。周公居摄，命大事，则权代王也。"案，郑说非是。周公相成王，乃摄政，而非摄位，非周公自称为王也。又，《书·洛诰》云："在十二月，惟周公诞保文武受命，惟七年。"马《注》云："惟七年，周公摄政，天下太平。"是汉儒说经，犹知"摄政"与"摄位"之别。《逸周书·明堂解》云："既克纣六年，而武王崩。成王嗣，幼弱，未能践天子之位。周公摄政，君天下，弭乱，六年而天下大治。乃会方国诸侯于宗周，大朝诸侯明堂之位。天子之位，负斧扆，南面立，率公卿、大夫、士，侍于左右。"末云："此宗周明堂之位也。明堂，明诸侯之尊卑，故周公建焉，而明诸侯于明堂之位，制礼作乐，而天下大服，万国各致其良贿。七年，致政于成王。"汪师韩曰："'未能践天子之位'，犹曰未践明堂之位以听政耳。"其说甚确。盖周公因成王年幼，一切政令，皆代成王行之，故曰"君天下"，而不曰"为天下君"。及成王年长，周公拟以政令归之，于是会诸侯于宗周。所谓"天子之位"者，即成王之位也；所谓"率公卿、大夫、士，侍于左右"者，即周公率之以见成王也。《王会解》云："周公在左，太公在右，旁天子而立于堂上。"可与此文参证。且周公建明堂，所以明诸侯之尊卑。若周公以诸侯作天子，非自紊其制乎？《明堂位》妄改《明堂解》文，改"明诸侯"为"朝诸侯"，改"宗周"为"周公"，此盖汉儒改以附王莽者。赖《明堂解》之文尚在，得援此以证其非。又，《竹书纪年》云："命周文公冢百官（"命周文公冢百官"，今本《竹书纪年》作"命冢宰周文公总百官"）。"《尚书大传》云："周公身居位，听天下为政。"盖冢宰统百官，君居谅闇，则百官听于冢宰。成王年幼，而周公适为冢宰，散诸侯以下，亦听命于周公，即所谓"周公摄政"也。其曰"君天下"者，盖谓君理天下，非谓为天下君也。

案，穆堂先生名逢衡，扬州江都人，作有《逸周书补注》《山海经补笺》《竹书纪年笺释》《穆天子传疏证》诸书，皆有刊本。惟文集未刊。此篇与《逸周书·明堂解篇》《补注》，语多相符。盖古代"君"字有虚用、实用之别，故治理天下谓之"君"，而操握治理天下之权者亦谓之

"君"。犹之守城为守,而守城之官亦为守;统军为将,而统军之将亦为将也,故后世有郡守、将军诸官。"君"与"尹"通。如《春秋左氏传》"君氏卒",《公》《穀》作"尹氏卒";《左传》"棠君尚",《释文》云:"'君'或作'尹'。"皆"君""尹"通用之证也。《佚周书》言"周公君天下",即《左传·定四年》所谓"周公为太宰,相王室,以尹天下"耳,故君陈、君奭、君牙,皆以人臣称"君",足证"君"字之称,非必属于帝王也。惜陈氏未及辨之耳,故即陈氏之说附及之。光汉识。

跋江晋三与汪孟慈书

　　孟慈先生阁下:弟所著书近二十种,《音学》已刻大半;《说文》各书,尚须删改,乃敢问世。惟是《经典正字》一书,创始于丙申,经今六载,已三易稿,自信可以问世。盖弟改正经字,并非臆改,皆据毛、郑古注及《说文》《广雅》《玉篇》《广韵》诸书,确然与古义合,非改圣经之字,实改唐、宋以后承讹袭谬之误字也。改之而经义益明,皆坦然直截,无穿凿谬悠之说。此其大恉,已发端于顾氏之《九经误字》、惠氏之《九经古义》、陈氏之《毛诗稽古篇》、段氏之《说文注》《诗训诂传》各书。弟为之寻绎推阐,大畅其说,自信有功于经学。且音韵乃专门绝学,虽名师宿儒,或有不能通者,而此一书,则略有学问者,俱能通晓。梓以问世,定当不胫而走也。江有诰顿首。

　　案,晋三先生名有诰,安徽歙县老儒,深于音韵、校勘之学。所著音学书十余种,尤以《经典正字》为最善。此书虽简,亦可作序文观也。光汉识。

跋许印林与杨实卿书

实卿足下：吾二人自订交以来，有如是之久别者乎？瀚老矣！观书不能毕数叶，即倦而思寐。足下以壮年治经，一日千里。孔子言"后生可畏"，今始知其非诬矣。近闻足下弃金石、校勘之学，移而专治《说文》。近世治《说文》者不下数十家，字义于焉大明，无须更加考订。惟古人造字，实由于音。近代若王氏父子及金坛段氏，略悟此义，惟未有专成一书者。足下欲治《说文》，宜从事于声音之学。且《说文》中所列重文，治之者咸不明其例。瀚昔与安邱王君菉友交，曾以此意语之，伊极首肯。今王君已殁，所著小学书甚多，竟未见治及重文。倘足下能续王君之志，将《说文》所有重文，勒为一编，详加考订，此亦发前人未发之蕴矣。惟足下勉之。许瀚白。

案，印林先生名瀚，山东日照人。实卿先生名鐶，河南商城人。咸治小学，明于声音、训诂之源。印林先生刻有《攀古小庐文集》，而此书亦未载入。然发明字起于音之义，与江都黄氏相同；而所论重文一节，亦能补小学家所不及。光汉识。

跋汪孟慈与刘孟瞻书

　　孟瞻先生函席：九月奉寄二缄，谅已递到。弟近于性道，颇有所得。试御史论虽不工，其绪论则本之先儒。自古以来，未有不能改过而能为圣贤者。古文《尚书》虽伪托，然如"人心""道心"诸语，伪孔两"惟"字，于义未安，昔人言之。多出先秦古籍、七十子之微言，不可以其伪而尽弃之。毛西河不可为训，焦理堂未尝全非。吾辈生朱子、王柏斋、吴草庐、梅鷟、归震川、阎百诗、宋半堂、惠定宇、江艮庭、王西庄、段若膺、孙渊如十二儒之后，伪《古文》已有定论，不必攻之。第从其袭古书而不背于古者，去其伪而抉其微，《尚书后辨》是此意，而书不精深。所谓"千虑一得"。《孔丛子》、《家语》、顾涧薲谓《家语》多今文说。《竹书纪年》，何尝无所本？昔人谓，王肃若不作伪，亦是通人。其心不正，其言多诬，并其不诬者而人亦不信。此经之大纲大纪，其原在正人心。心不正而言为天下法，未之有也。同人如楚桢、西御、句生、蕴生，以仆言为然否？足下蔚为经师，需教后生，由声音廿一部。以通训诂，由训诂以通名物，洪稚存、钱献之之训诂，陈启源、任启运之名物，孔冲远之徒也。由名物以通大义，辨别孔冲远之剿说雷同，不分古、今文门径，孔《疏》出，而古今文不分。不分南、北学师传，孔《疏》行，而南、北学不分。贾公彦之疏陋，阮元朗之谬误，用佛教等韵之反切，读周、孔、三代之古书。溯皇侃、熊安生、刘焯、刘炫之疏义，审贾、董、郑、许之师法，以上追周、秦古义，周、孔古书，知立言与立德、立功，不是三涂，庶几经明行修，通经致用，处为纯儒，出为良吏。足下之门弟子，不上轶曹宪、李善，而直拟伏生、申公邪？

愿同学勉之。吾道幸甚,天下幸甚! 戊戌十月五日,甘泉汪喜孙状。

案,孟慈先生名喜孙,系容甫先生之子,著有《孤儿编》诸书。为学实事求是,治汉学而不废宋学。此书论伪古文《尚书》甚平允,余亦多本之东原。光汉识。

跋汪孟慈上张石洲先生书

石洲先生座右:旅食京华,获聆快论。昨接手函,谆谆以古师儒相勉。若不才如喜荀,何足以语于斯哉! 喜荀于前儒著作,十不窥一。惟平昔读书,持有定旨,则以汉儒言学,不废义理;宋儒论学,不废考据是也。西汉儒者,喜言微言大义是矣。然许、郑二儒,皆生于东汉。郑注《孝经》《论语》,虽不尽传,然片言只字,多见于《义疏》及《经典释文》,大抵为紫阳《集注》所本者,十有五六。许君作《说文解字》,近儒若段氏、桂氏以及吾友王君菉友、苗君仙露,皆视为声音、训故之书。喜荀尝平心察之,观《说文》之解"性"字,标明"性善"之说,合于《孟子》;而其解"情"字、"欲"字,亦与《孟子》相合。孔门大义,得此益明。彼以声音、训故之学概《说文》者,浅之乎视许君矣。宋儒之言义理,亦多心得,惟行文失之于烦。汉儒一二言可尽者,宋儒必用数十言方能尽之,故为读者所厌观。然平心察之,宋儒言制度典章,间有小失,西河《改错》已驳之,毋需再论。第所解字义,则大抵一本汉儒。即与汉注相违,亦必取《尔雅》《说文》《玉篇》之训,互相解释,无一语无来历者,岂可以废弃汉注斥之哉? 喜荀尝谓,学者读书,决不可先怀私见。近数十年以来,说经之家,学必尊汉。偶有一字涉及唐、宋者,则掩耳而走,一若汉、魏以下各书,无一可读。此亦学者之大弊。故喜荀不揣愚昧,务欲化说经门户之见,以归于圣人大道为公之旨。惟此可与智者道,难与流俗人言也。敬敢质之先生,以候论迪。先生大著,昔在都中,已略窥一二。知先生释经,素无门户之习,如"爻法之谓《坤》",谓"爻"为"效";《胤征序》"胤往征之",释为往正義和之历,皆确实不移。至先生释地之书,固于《蒙古游牧记》为最。然《延昌地形志》一书,为读《水经注》之入门。近人释《水经》者,错谬杂出,皆由不明魏代地理之故。今先生著成此书,足以释千古之疑,岂仅为元魏一代地理之椎辂哉?尚望先生速成此书,使后学之士得所遵从,则幸甚矣!喜荀近治《大戴礼记》,以此为七十子微言所在,故拟补卢《注》之略,正孔氏之疏。惟案牍殊劳,未能锐意于此。又,《说文》一书,近亦略得门径。他日率而治之,当亦可稍有撰述也。谨以奉闻。后学汪喜荀顿首。

案,孟慈先生诗文,咸载《孤儿编》中,而此篇则未刊入。然此书融会汉、宋,已开陈兰甫、黄式三之先。足证先生所学,力除门户之见,与独抱遗经者不同。光汉识。

跋汪孟慈问经图跋

道光十有八年,陈君颂南以《问经图》索余为文。《图》为问经阮相公作也。相公论"日月为易",出于"便秩朔易"之"易";著《论语论仁》,义在以仁偶人为仁。讲学在篆、籀初造之始,植身于象教未行之前。於戏,尚矣!至于训诂、文字,必本学韵。于《支》

《脂》分部，则根柢陆法言；于天文、算术，则极推天元。一且从《四元玉鉴》溯原，以作《畴人传》，诚六书之关键，九数之津梁也。又如《仪礼》车制，发郑君之古义；《大戴礼记》，阐曾子之微言，咸为前人所未发，今人所勿知。若夫《经解》一书，凌铄向《录》；《经郛》著集，远轶孔《疏》。校勘撰《记》，见元朗之故书；研经为文，陋昌黎之韩笔。撰著万卷，卓荦一时。请业卅年，暂别千里。吾将安问？感慨系之。甘泉汪喜孙记。

案，孟慈先生此文，于芸台先生之学，钩玄提要，撷其精英。虽着墨无多，然欲究阮氏之学者，不可不读此文也。因文无刊本，附录于此。光汉识。

跋毛生甫书凌子升礼论后

《礼》服中，于有殇者有，其服则无，而悲哀恻怛，且有重于功服者。是故小功末，可冠娶妻，而下殇之小功则不可，盖伤之也，然而不能无降杀矣。因其年与服长幼、重轻，而等为上、中、下，差为功与缌、小功，则成人已轻，其谊复疏，故服至长殇而止。此男子与妇人同也。而服殇异者，妇人惟正与报服不降，从服则无不降。则于殇也，犹是矣。是故亲者上附，其服正、报服之殇，则故同男子中从上；至服从、服大功殇，则见于轻者中从下，与男子服正、服大功殇中从上者异。康成释"殇小功缌"章两《传》，皆谓服其成人，而说前《传》主丈夫服殇，后《传》主妻为夫之亲服。以前《传》曰："大功之殇，中从上。"凡殇，必由本服推。《传》既属"殇小功"章，又言"不见大功中殇"，故推为然。后《传》曰："大功之殇，中从下。"男子不同从下焉,故知其属妇人也。其说经,可谓至精约,不闻辄有非者。明郝敬始疑前《传》云:"谓殇服。"而后金辅之亦疑后《传》云:"服殇不属妇人。"瑶田程氏主此说,驳之尤密,辄改后《传》文为经论。其"两殇"章发例,而推"大、小功两殇"章,其制专主齐衰殇;又辨服殇,男子与妇人不殊。则"小功"章有大功之长殇,其说已自盦室不可通;又曲解为相因而制,然"缌麻"章又有小功之长殇,与妇人大功中、下之殇,则何说也?且妇人服殇果不异,何以夫服从父昆弟,长殇小功、下殇缌麻,而妻服夫之叔父,中、下缌也?由此言之,前《传》文非齐衰殇服,而后《传》云云,则为妇人服殇,明矣。江都凌君子升,病其乖离纠纷,益滋经晦,用著论三篇。凡殇由期、功降者,皆列其人;妇人与男子异者,亦表其数。又引马融、杜佑之说,以明降杀之由,而传卒不可改为经,尤辨。虽未能举废其言,然术正而识邃,理繁而旨简。程氏他论《礼》,偶舛者既多著;即疏殇服,康成亦无毛发失。则子升通慎,不可谓非马昭、贾公彦俦也。当乾隆间,程氏尝官嘉定教谕,人至今传其廉谨惠爱,惇学好士。教谕禄入微,颇用周士乏。遇事率毅然,遇("遇",疑当作"偶")失礼上官,即引疾去,其行己为不负所学。而先府君昔亦与雅故,是以余家多藏其书。余少时恒乐观之,叹其繁富,而苦其说事《礼》,数立异,诋康成。夫康成尝疑传,又释经颇弃其师说。意苟乖违,非不可舍,抑何难度越哉?故余雅慕程氏学行,而于说《丧服》,不乐强附,与子升同焉。又尝录子升诸说入是书《集解》,以为世苟言服术,当宗尚其书,而辄非笑之,何也?岂余与子升说固非欤?则又不能无感。观此论,复姑识之如此,俾后贤者择焉。

案,生甫先生名岳生,宝山人。所著有《元史后妃公主补传》等书,别有《休复居集》,未知曾否刊行。此篇从钞本录出,亦说《礼》之文也。凌子升,即晓楼先生。光汉识。

跋丁俭卿与刘楚桢书

　　楚桢我兄阁下：昨阅邸钞，知阁下已移任三河。案牍之余，《论语》旧业，犹能略为理治否？弟近就盐城书院之聘，校士余闲，颇以读书为乐。《三礼》略有成书，近且从事于《春秋古传》（"春秋古传"，疑当作"春秋左传"）。杜预为篡贼之徒，故《注》中多党乱之言，大有害于人心世道。弟近著《左氏篡注》，已力斥其非。又，胡《传》喜言空理，略近迂谈。在胡氏处偏安之日，言之未为无裨，然以之为《春秋》本义，则未必然。且杂糅《三传》，素无家法。弟近亦作书辩之。俟书稿缮清，即寄上矣。弟晏顿首。

　　案，俭卿先生名晏，山阳人。著书二十余种，刻有《颐志斋丛书》，而《左氏篡注》一书，竟未刊入，仅有传钞之本。此书系载列卷首者。光汉识。

跋柳宾叔穀梁大义自序

　　《春秋》终于获麟，而托始隐公之元年。杜预曰："因获麟（"获麟"，据《春秋左传序》，疑当作"感麟"）而作。作起获麟，则文止于所起,为得其实。"其说允矣。至何以托始于隐元,则自十岁外读《左传》,即怀此疑。见杜预"平王东迁之始王,隐公让国之贤君"云云,窃以为支离蔓衍。嗣是博访通人,均无能恺切言之者。及年四十有四,奉讳居忧,向治《毛诗》,如毛公师荀卿,荀卿师縠梁,毛《传》常用《縠梁》之说,因即家弟所藏汲古阁毛氏初印《注疏》翻阅之,见范氏之《序》,亦以遭父大故而订《传》《注》,益觉与蒙之读《礼》同也,而专精治之。治之久,而不禁恍然释前数十年之疑也。曰:乌乎!《縠梁》之学之微也,久矣。乃今而知《春秋》托始于隐之旨,独具此《传》矣。何言之?公羊氏予桓公以宜立,縠梁氏罪桓公以不宜立。宜立,则罪在桓;不宜立,则罪在隐。《传》曰:"先君之欲与桓,非正也,邪也。"探先君之邪志以与桓,是则成父之恶也,则隐在惠公为贼子。《传》曰:"为子受之父,为诸侯受之君。"废天伦,忘君父,则隐于周室为乱臣。《孟子》曰:"孔子成《春秋》,而乱臣贼子惧。"夫所谓贼者,岂待剚刃而后为贼哉?成父之恶,即贼子矣。所谓乱者,岂待犯上作逆而后为乱哉?废伦而忘君,即乱臣矣。乌乎!以轻千乘之国者,而不能逃乱贼之大防,则千秋万世臣子之惧心,必自隐公始矣。况《传》曰:"先君既胜其邪心以与隐。"是先君未失正也。隐不行即位之礼以启桓,是隐公纳于邪也。然则隐之元年,尤邪正绝续之交。《春秋》之托始于此,即于不书公即位见之。此《春秋》之微言,即《春秋》之大义也。乌乎!自仲尼没而微言绝,七十子丧而大义乖。縠梁子亲受子夏,见郑康成《六艺论》。数传至汉,开宗明义,首发此《传》。《春秋》之旨,炳如日星,以视《左氏》曰:"不称即位,摄。"《公羊》曰:"《春秋》何以始乎?隐祖之所逮闻也。"其于惧乱贼之旨,果孰当乎?故郑康成《六艺论》独曰:"《縠梁》善于《经》。"此之谓也。范氏《序》袭杜预之意而小变之,谓孔子慨东周之变,于时则接乎隐公,故因之以托始,亦岂知《縠梁》之旨者哉?乌乎!自汉以来,言《縠梁》者无几家,其末又哓哓于废疾、起废疾之辨。近仪征阮相国刊《皇清经解》千四百卷,凡一百八十余种。其经师不下八十人，而及《穀梁》者只数家，又匪专门，皆沿其支流，未能通其大义。蒙故发愤卒业于此，所望同志者，匡其不逮焉。柳兴宗叙。

案，宾叔先生名兴宗，镇江丹徒人。著有《谷穀大义述》，以倡明鲁学，殆能成一家之言者。此《序》所言，见其一班。光汉识。

跋张石洲与刘孟瞻书

孟瞻先生执事：穆定于下月三日，偕茗香同舟北上。兹将拙著《延昌地形志》前八卷才三分之一。呈诲，并求赐叙。鄙著此书，因魏收《书》乃东魏之志，与北魏无涉。读《水经注》者，偶一援及，辄成歧误。且于道武、太武建国之模，孝文、宣武创垂之业，一字不纪，而徒以贡谀东魏，张贡谀高齐之本。自来志家，无此荒谬。故为博采旁稽，稍还元魏旧观。于司州、恒朔、十二镇三事，盖殚三年之力，然后得其梗概焉。竹汀詹事谓《地形志》当断自太和，穆乃断自延昌者。案，《初学记》引《括地志》云："魏孝文帝都洛阳，开拓土宇。明帝熙平元年，凡州四十六，镇十二，郡国二百八十九矣。"熙平者，宣武延昌四年后之一年也。元魏之盛，至此已极。又，《通鉴》"梁天监十年"下云："是时，梁之境内，有州二十三，郡三百五十，县千二百二十二。是后州名寖多，废置离合，不可胜记。魏朝亦然。"案，梁天监十年，为魏宣武永平四年，次年遂改元延昌，故订《志》以断自延昌为允。今本收《志》，讹字不可胜校。穆以郦《注》为经，各地家言为纬，订其讹脱，已得十之七八。此书为读《水经注》者通其郦，故凡与郦《注》相涉者，每不惜词费，然不敢意存左袒。如言太仓翟泉，则《伽蓝记》是而《水经注》非，故即奉羊以订郦也。戴氏校《水经注》,妄改最多。如收《志》石沃县有后父城,即《漯水注》之后辅城,近本"后"讹作"右"。戴氏不知取证收《志》,而改"右"为"左"。戴氏又托言据《永乐大典》,实则《大典》并不作"左"。穆尝检《大典》而知之。此不可不订正也。若西北陂唐("陂唐",疑当作"陂塘")堰泽,中尉纪叙最详。今并考其兴废及现今情形,冀后来者取法焉。又,穆著此书,凡古书、金石遗文有涉及魏事者,必详采之,故有总图,有各州郡图,以载于每卷之首。谨陈著书大旨如此,伏望裁其违谬而赐之叙,幸甚! 感甚! 穆再拜。

案,石洲先生此书,系癸卯过扬州时所作,而《延昌地形志》之体例,悉载于书中。先生又有《延昌地形志自序》,刊入《冃斋文集》中,可与此书参观也。光汉识。

跋吴南屏与戴子高书

子高二十九兄经席:晓岑回湘,备悉起居无恙。敏树老矣,幸复睹中兴,获优游以终老。况流离转徙,学殖荒落。近以乡居多暇,稍得从事于治《经》,试陈其一得之愚,以备采择。《春秋经》书"用田赋",《公》《穀》无所指解,惟《左氏》有"丘亦足矣"之言。是田赋名从丘甲上增加,而所谓"赋"者,军赋也。《鲁语》又曰:"先王制土,籍田以力,而砥其远迩;赋里以入,而量其有无;任力以夫,而议其老幼。于是乎有鳏、寡、孤、疾,有军旅之出则征之,无则已。其征岁收,田一井,出稯禾六百四十斛,秉刍二百四十斗,缶米十六斗,不是过也。"详文之意,谓赋本以里计,不以田征;而按亩起数,只是粟米一事,则赋为军赋,必矣。杜《注》谓:"丘赋者,因其田财,通出马一匹,牛三头。今欲分其田及家财,各为一赋,故曰田赋"。如杜说,"田赋"二字,殊不相属,且是骤加一倍,不合情理。考《经》书"用田赋",《左传》则云"以田赋","以"即"用"也,谓赋本不以田,而今以田起之也。"赋"之名义,虽通于租税,而在当时,则专指车乘、兵甲之事。《传》云"悉索敝赋",《论语》"可使治赋",皆是也。丘甸之赋,本自井田起数,而谓之"赋里"者,"里"者,民居也。井为田九百亩,耕者只八家。赋者但按其邑、其夫家而征之,所以谓之"赋里"也。鲁自作邱甲后,丘出一甲,凡十六井、一百二十八夫而供一甲。今田既起赋,将公田一百亩亦充一夫之数,计一丘余十六夫,合二甸可更得一甲,六甲可得一乘也。以千乘计之,当增百六十余乘之多,而八家共增一夫之费,又似不大为民虑者。此冉子所以欲行此法也。弟尝作《用田赋解》一篇,引伸此义。又如《中庸》"唯天下至诚"一节,此指物性言,非指物言。万物既受治于人,则一切所以生成之而制用之也,皆属于人。故知察物性,仍在人性之中,于物仍无预也。又,《中庸》言:"君子之道,造端乎夫妇。"盖人道始于夫妇,而父子、兄弟从焉。其先仅知男女焉耳,而圣人为之制夫妇。虽有恶人,皆不得不私其妻子,此其本与禽兽异者。及徒党既众,则择能者为之主;至侵陵不均,则相诉。又,出入作息,必欲有与之偕者,君臣、朋友之伦由此起。故凡人之事,皆由性善而生也。若《孟子》"尽其心也"章,当以赵《注》为正。尽其恻隐之心,是推性之仁;尽其羞恶之心,是推性之义。辞让、是非,皆然。《公孙丑篇》言:"凡有四端于我者,知皆扩而充之矣。""尽"即"扩而充之"之谓也。《孟子》:"君子之于物也,爱之而弗仁。"物非仁也,未可以与我同也;民则同乎我矣,乃仁之而弗亲者。民各自有其亲,仁之,使皆各亲其亲,即文王"导其妻子,使养其老"是也。若《孟子》所言布缕、粟米、力役三者之征,即后世租、庸、调之法也。粟米为租,力役为庸,布缕为调。郑康成解《周礼》"九赋",如汉法口算钱,盖口钱实自布缕之征来。古者计夫授田,匹夫兼匹妇,夫有田亩之税,妇有桑麻之税,《闾师》

所谓"任农以耕事,贡九谷;任嫔以女事,贡布帛"。但布帛之敛散,若尺寸零截,则使物无用,故必以钱通之。故有"泉布"之称,而"泉"亦通称为"币"。及井田法废,此匹妇之税,亦约其数而散取于民,则为汉之口钱矣。唐调法犹用布帛,即古法也。赵《注》以此三者为军旅横兴之赋,似未必然。略举数端,即乞教正。他日溯江东游,即当面聆清诲也。弟敏树顿首。

案,南屏先生名敏树,巴陵人,为湘楚古文大家,而说经之作,罕传于世。观于此书,知先生治经,会融汉、宋,兼通性理、典章之学,亦晚近之巨儒哉! 光汉识。

跋陈卓人上刘孟瞻先生书

夫子大人函丈:昨接赐书,励以通经致用,立何足以当此? 犹忆前数年间,随夫子及楚桢、秬庵两先生同试金陵,立著书之约。夫子任治《春秋左氏传》,楚桢先生任治《论语》,秬庵先生任治《穀梁》,而以《公羊》属立。窃思徐氏作《疏》,只知疏通字义,于《公羊》家法,昧乎未闻。近儒孔巽轩专治《公羊》,为汉学家专门之学,然三科九旨,语稍立异,非复劭公之家法矣。大约《公羊》一《经》,多言礼制,而礼制之中,有周礼,有殷礼。以孔子有"舍文从质"之说,故言礼多舍周而用殷。殷、周典制,既迥然不同,故欲治《公羊》,必先治《三礼》,而《白虎通德论》一书,实能集礼制之大成。且书中所列,大抵皆公羊家言,而汉代今文、古文学之流别,亦见于此书。昔人有言:"非通全经,不能治一经。"若《白虎通德论》者,诚可谓通全经之滥觞矣。立欲治《公羊》,拟先治此书,将古代典章制度，疏通证明，然后从事于《公羊》，则事半功倍。不知夫子以为何如。前闻孟慈先生言，称夫子近治《左疏》，长编已具，明春即可从事编纂。又闻治经之余，颇留心乡邦利害，已成《扬州水道记》一书，未知曾刊行否？敬请钧安。受业陈立叩禀。

案，卓人先生著有《公羊义疏》《白虎通疏证》。所著杂文，复刻有《句溪杂著》，而此书仅有传钞之稿。然先生治经之大略，具于此矣，故摘录之。光汉识。

跋成心巢与刘恭甫书

恭甫世兄足下：自尊公即世，窃叹吾郡失一经师。令世兄克绍先人之学，锲而不舍，前程正未有限也。仆老矣，所著《大清学案》，粗具凡例，未遑编纂，惟《宗派表》有写定之稿耳。又拟编《论语类释》，仅释"义""理"等字，略如《五礼通考》。一类之中，又分子目，采经、子之文入之。闻定海黄君式三，亦有此著，不知曾有刊本否？书不尽意。蓉镜顿首。

案，心巢先生名蓉镜，晚年名孺，宝应大儒。说《经》之书，已刊入《续皇清经解》，而《大清学案》《论语类释》二书，均无传本，其体例仅见于此书，惜哉！光汉识。

跋成心巢禹贡今地释序例

释《禹贡》者，以孔安国为最古，然孔《传》出于赝作，不足征信。司马子长从安国问故，故《夏本纪》所载，皆系古文家说。桑君长治今文《尚书》，《水经》所载，多今文《尚书》家言。班孟坚世传《尚书》之学，故《汉书·地理志》以今证古，禹域昭然。郑君注《书》，许君作《说文解字》，于《禹贡》地理，咸有证明。近世治《禹贡》者，以胡氏《锥指》为最，惟卷帙浩繁，读之匪易。然欲治《禹贡》，又舍此末由。不揣固陋，拟作《禹贡今地释》一书。然去三代最近者，莫若两汉。迁书、桑《经》、班《志》，皆以汉地释《禹贡》。汉代之地理苟明，则《禹贡》之地理亦明。故撰辑此编，首以今地释汉地，复以汉地证禹迹。此则区区一得之愚也。今将略例列于下。

一、此书专以考地名为主，非地名则不释。如"禹敷土"三句，以及"五百里纳粟"各节，皆所不录。

一、考释地名，皆以今证古，仿江慎修先生《春秋地理考实》、戴东原先生《楚辞释地》之例，先证明《禹贡》某地在今某省某府某县，复参考各省志书，以昭征实。

一、凡《经》文，则书大字，而所加按语，则以双行之式书之。所引书籍亦然，仿江先生《春秋地理考实》之例也。

一、江先生《春秋地理考实》，体例谨严，然征引前籍，失之过简。此编虽以今地为主，然当由今地上溯古地，如某地在某朝为某地，并引各史《地理志》及各代地理专书，以互相考释。盖历代地理既明，则《禹贡》地理自明。诚以古代考地之书，莫不溯源于《禹贡》也。故汇录其文，不啻为《禹贡》增数十家注解焉。

一、此书当考水道。水道不明，则古地所在亦不明。今拟另编《释水》为一卷，庶九州岛水道，得以昭然。

一、郡县水道，历久皆有迁移，惟山则千古不易。今拟另编《释山》为一卷，执山名以考地名，则古地之所在，益了然可考矣。

一、凡古说有不同者，如"三江""九江"之类，必折衷一是。纷如之说，则姑存而不论，可也。

一、此编所引今地，咸以《大清一统志》及近世所刊《皇朝一统舆图》为凭。

一、地理非图不明。今拟以《皇朝一统舆图》为主，摹为全图，而《禹贡》地名，则以朱笔书其上，以昭区别。

案，心巢先生著有《禹贡班义述》。此书之作，系在晚年。盖《班义述》为考古之学，而此书则为知今之学也。惜全书未成，仅存《序例》。然后儒有作，正可循此例以著一书也。光汉识。

跋刘叔俛与刘伯山书

伯山宗兄足下：久未通函，思念无已。冕少小失学，自从家大人至文安任所，始锐志读书。窃思段懋堂先生拟以《史记》《汉书》《说文》诸书，与《五经》并列学官。惜当时之读书者，咸宥于所习，未克行先生之意。冕尝推其意而论之，以为今之列学官者当有二十一经，不当仅列十三经。《大戴礼》中多记孔子、曾子之语，其精言粹义，多与《表记》《大学》相出入，故《汉·志》《隋·志》，咸以《大戴记》与《小戴记》并列。今人只知习《小戴记》，而读《大戴记》者千不得一。此当补列为经者，一也。荀子亦传孔门之学，遍治群经。西汉之学，皆荀子一脉之传，其功不在孟子下。后儒徒以其反悖孟子，遂并弃其书，不使与孟子并列。此当补列为经者，二也。太史公作《史记》，备列古今兴废之迹，以论其得失，而"八书"尤足与《礼经》相辅。盖史公本治《易》《书》之学，俨然西汉之经生。班氏以先黄老而后《六经》斥之，非通论也。此当补列为经者，三也。孟坚《汉书》，乃断代作史者之祖。后世史家，咸禀其法，故后世皆以"马、班"并称。此当补列为经者，四也。温公《通鉴》，备列古今之政事，乃古代论治之书也。其所论断，悉取法于《春秋》，足以善善恶恶，儆戒百世。此当补列为经者，五也。《楚词》为词章之祖，然讽一劝百，怨而不怒。史公称《离骚》一篇，兼有《小雅》《国风》之旨，可谓知言。此当补列为经者，六也。《说文解字》，集小学之大成。古今以来，欲通经学，悉以小学入手，而此书实经学之津梁。故近代治经之儒，咸先从事于此书。此当补列为经者，七也。《九章算法》，亦为西周旧籍，乃商高甲以授周公者也。古人书、数二端，列于六艺，而此书实为算法之祖。此当补列为经者，八也。以此八书与十三经相合，共成二十一经。倘能家弦户诵，则人人皆可为通儒矣。家大人近治《论语》，已编至《雍也》。冕治《毛诗》，亦拟小有撰述。附呈《龙山碑》一纸，系家大人令元氏时所获者，乞加考证，不胜盼祷。弟刘恭冕顿首。

案，叔俛先生著有《广经室文集》，而《集》中有《广经室记》一篇，与此篇小有同异。盖此书作于作《记》之前也。光汉识。

跋刘叔俛与刘恭甫书

　　恭冕顿首，恭甫世大兄经席：昨奉手札，并大著《南史校义》，援证精确，虽顾、卢，不能逮也。弟近作《古文通假释》，凡经、传、《史》、《汉》、诸子，钟鼎、碑版、文、诗，唐、宋人《音义》《释文》及说经家凡有通用、假借者，皆采入，依今韵为次，先列本字、本义，次列通用之字。其于音韵皆不相涉，则六朝人妄造之俗字也，皆不载列。不知尊意以为云何。近日里居多暇，喜玩《易象》。近儒喜斥宋儒先、后天之说，然《易·系辞》言《乾》为西北之卦，而《先天图》谓《乾》南《坤》北，盖西北之说，中国小地球也；《乾》南《坤》北，则合大地球为之，似"先天"之说不诬。族弟佛青极然鄙说。特此奉闻，并问近佳。

　　案，叔俛先生此书，系晚年之笔。书中所发明二义，皆极新颖。光汉识。

跋梅延祖续汉学师承记商例

　　嘉庆间，甘泉江郑堂先生著《汉学师承记》，纪国朝讲汉学诸儒，有专传，有附传，凡若干卷。而儒先学业，藉以考见。今又数十年，宜有续纂，以彰我朝儒术之盛。有循用江氏旧例者，亦有略加变通者，为发凡例十则，幸共正之。

一、《汉学师承记》卷首载《诸经源流》，并各家著述书目，裁别至当，今宜仿之。

一、各传必叙其人之授受及擅长何学，固也。然或其师传不甚纯，而其学反优于师，则所授之人，似宜从略。至撮举学术，亦宜指其荦荦大者言之。若无迥绝于人之处，而所著之书雅有门庭，则但录其书名而已。

一、前书叙次各传，率以年世为后先。今拟仿《汉书·儒林传》例，以所习之经为类。类分之中，略以时之远近相次。此于专经之人如此。若博通诸家者，亦汇聚为一类，庶眉目清晰，不致杂糅。

一、立传体例，凡现存之人，概不列入。前书附传诸人，其时多有存者，又有并无学术而亦得列入者。在受者固为侥幸，而作者未免太滥。试取前书阅之，江氏颇不能免此失，非故为轻议乡先辈也。

一、此书首卷所列书目，不拘刊刻与否，凡书成者皆著录，未成书者概不列入。

一、国朝讲汉学者，盛于乾、嘉。迩年流风余韵，不绝如缕。强识博闻，虽世不乏人，而求其笃守汉学，无畔嗓之习者，往往难之。故诠别诸书，凡矜奇炫异者，宜加详慎。

一、汉学所以可贵者，在有家法，《汉书·儒林传》所述是也。自有划除门户之说，而著书家法不纯者多矣。更有似是而非者，每寻一最大议论，以今时人之识见，臆谓古人定当如是。于是痛斥传、注，一似千古不传之秘，至今始发其覆。大言不惭，谬妄已极。今凡遇此等书，概不录入。

一、为各家作传，自叙述学业而外，但记其名字、乡贯；及有爵职者，记其最后所终之秩。余如言论、事迹，俱不旁及，以其与师承无涉也。前书于士之不遇而有学者，多记其言论丰采，今亦不必。

一、为人立传，其人著述已有成书，尚矣。或其人书未成而没，或其人并未著书，确宗汉学，必取其遗文一二篇于学确有发明者，列入传中，以传其人，始为信而有征，否则从略。至所录诸书，必须亲见，不以序文、传志为据。

一、此次续纂，较江氏为难。江氏所处之时，讲汉学者，实不乏人。今则同志寥寥，而书籍零落。非四方有好学之友，襄助蕆事，敢信其无脱漏乎？

案，延祖先生名毓，扬州江都人，稽庵先生子也。治《穀梁》、《毛诗》郑《笺》、《小尔雅》，书皆未成，惟《刘更生年表》行于世。此书亦未著成，惟后儒有作，正可循此例以从事纂述耳。光汉识。

跋袁季枚刘张侯传

君名师苍，字张侯，姓刘氏，仪征人，世家扬州。曾祖文淇，祖毓崧，皆优贡。考寿曾，两中副贡。三世治经，入国史《儒林传》，海内荣之，方吴门惠氏。母氏李，江都方闻士宾崵次女。君幼负异禀，读书过目成诵。五岁，所属诗有"山外夕阳多"之句，君考恭甫欣然为足成一绝句，而督课益严。九岁而孤，叔父良甫抚同己子，以养以教，无一日之离，深恐以恭甫之疏放遭忌。每应小试，虽已补廪饩，犹亲送至泰州。最喜吾乡六朝松，笑谓："此百读不厌者。"为余题二律，有"睹物思耆旧"句，因恭甫以松况吾伯氏也。光绪丁酉，选拔贡生，名满江淮间。是秋，中式举人，益以经策淹通负重望。尤有著作才，能传家学。已著有《国语注补辑》《元代帝王世系表》数种，皆未卒业。家无余财，资馆谷为养。余为钱侍郎襄校时，尝叹为奇才。律诗用回易使事，阅者不知其出于张循王也。诗宗杜工部，所作《浣花宴歌》有云："诗成谁摘骊龙珠？江声笔底风云趋。"又云："诗史不作可奈何，纷纷过眼烟云多。"其诗甚豪，而谦抑不自炫，无子弟过，并无名士气。气貌秀伟而短视，衣履朴素，不类扬人。居平无他好，惟多蓄古泉，暇则以析疑问难为乐。每发一义，辄惊其长老。偶见友人有《王逢原集》，即借钞之。其留心文献，劬学嗜古如此。故经术、词章，艺无不精。熟《元秘史》，于历代西域地舆，了如指掌。仪征训导、常熟丁国钧荐君经济特科，辞不就。壬寅科，送良甫子及诚甫子应省试，过江乘轮船，于八月初三日夜半溺，即君生日也。年二十有九。士林识与不识，无不痛惜之。明日，起君于焦山之右，面如生，惟双手握固。哀哉！娶甘泉胡氏、龙泉县知县文渊女。子曰葆儒，遗腹子曰崇儒。叔父谦甫为铭墓，而良甫子光汉有《行状》甚详。

袁子曰：余往哭恭甫、哭良甫，近又哭君，不幸如汪悔翁之哭。君家三世焉，夫以文中子之德，而水死比子安，固属恨事。然文行卓卓，高于子安，名传千古，儒门所重，难为庸庸多福者道也。去岁踪迹尤密，尝语余："西人不信中国有屈原，有出《离骚经》为讲说者。"窃叹滔滔江流，陨此国宝，君乃亦从彭咸之所居乎？惜更无能为贾生《赋》者。

案，袁先生季枚，名镳，泰州人。博学工文。此《传》于先兄学行，纪载甚详，因特录之，庶先兄勤学嗜古之功，不致归于湮没耳。光汉识。

跋陈竞全读说文杂记

　　《尔雅·释诂》训"林""烝"为"君",《释言》复训"林""烝"为"众"。盖"林"之本义为多木,"烝"之本义为火气上升。古代之时,能取火于木者,即为帝王。焚伐林木,则名烈山;光融天下,则名祝融;炮燔食物,则名燧人:皆古代帝王发明用火之术者也。且古代民事狩猎,聚合之地,必于林木丛生之区,故"林"训为"众"。众必有长,故"林"复训为"君"。后世以人君所居之所曰宫禁,亦曰禁苑。"禁"字从"林",犹之汉以天子之苑为上林也。此亦"林"字训"君"之旁证。

　　"穷""富"二字,含义甚深。古代人民,或事田猎,或事力田,故生计之贫富,悉视劳力之勤惰以为衡。"宀"象家屋之形,而"穷"字从"躬","富"字从"田",则以身居室者身必惰,惰则必贫;身力田者身必勤,勤则必富。《左传》曰:"民生在勤,勤则不匮。""不匮"者,犹言不困乏也。不匮由于民勤,即致富由于力田之确证也。

　　中国"祥"字从"羊",与"羊"字通用,故"美"字、"善"字、"养"字,其偏旁悉从"羊"。盖游牧之民,视羊性为最驯,而其味亦至美,故以"羊"为美畜,而一切从"羊"之字,皆含有美善之意。又,"麤"字从三"鹿",而"尘"字亦从"鹿"、从"土"。"麤"为劣物之称,"尘"亦至污之物。盖古代之民,视鹿性为至野,而恶之亦至深,故刺无礼者咏《野有死麕》,言走险者曰"鹿死不择音",而一切从"鹿"之字,皆含有恶劣之意。此亦古人造字之微意也。

案，竞全殚精小学，偶发一意，恒出桂、段诸家之上。惟不事撰著，故无成书。前月卒于沪，海内惜之。以上三则，系为光汉校订《小学发微》时所作者。光汉识。

跋柯凤荪郑母张夫人墓志铭

夫人讳素琴，山西临汾县人，阳城县典史郑君道湜之妻，而民国和顺县知事裕孚之母也。郑君，广西桂林县人。为典史，悯恤狱囚，曲施恩贷，夫人实佐之。光绪二十六年，阳城县石臼村拳匪作乱，大府檄知县勘其事。知县懦，不欲行。君奋然请往，竟为乱众所戕。奉旨赏恤银，予云骑尉世职。夫人嫠居，裕孚幼，卒教之成立。裕孚历任神池、清源、和顺、崞等县知事，当官莅事，一禀夫人之训，故乡人称贤母，必首举张夫人。近世仕宦者，服官之地，往往去其乡绝远，风土异而习俗殊，下之情不易达于上，亦其势然也。裕孚粤人，官于晋，屡宰繁剧，有循良之誉。其吏能固殊绝于众，亦因为夫人父母之邦，恒以习见、习闻者教其子，易于得民故也。呜呼！可谓贤矣。夫人以捐赈奖三等慈惠章褒扬，案给褒章、褒词、"令问孔修"匾额，准立碑坊。生于某年月日，卒于某年月日，年八十。子一，裕孚也。孙二，植昌、树昌。曾孙一。夫人祔葬于典史君之新阡。裕孚走京师，来请铭。铭曰：

粤有仁贤，兄公是虔。朝夕饔飧，儿幼母嫠。朋僚赙之，述志以辞。拯难赒贫，施于六亲，逮于乡邻。媞媞德徽，勒碑铭诗，永表母仪。

案，夫人聪明顺善，动有礼法。值事变，能处以镇静。余居晋时，犹及见之。师培识。

读道藏记

西晋以前，道书篇目，略见《抱朴子·遐览篇》，次则甄鸾《笑道论》颇事甄引，均属汉、魏、六朝古籍。晚近所存，什无二三。即《崇文总目》《中兴书目》所著录，亦复十亡其六。今之《道藏》，刊于明正德间，经箓符图，半属晚出。然地志、传记，旁逮医药、占卜之书，采录转众，匪惟诸子家言已也。故乾、嘉诸儒，搜集旧籍，恒资彼《藏》。顾或录副未刊，致鲜传本。迄于咸、同之际，《南藏》毁于兵，《北藏》虽存，览者逾尠。士弗悦学，斯其征矣。予以庚戌孟冬，旅居北京白云观，乃假阅全《藏》，日尽数十册。每毕一书，辄志其序、跋，撮其要旨。若鲜别刊，则嘱仆人迻录，略事考订。惟均随笔记录，未足为定稿。兹先差拣若干条，录成一帙，以公同好之士云。庚戌孟冬，刘师培记。

元始无量度人上品妙经四注
寒字号一至寒字号四

《元始无量度人上品妙经四注》四卷，宋陈景元集注。"四注"者，齐严东，唐薛幽栖、李少微、成玄英四家注也。首列《宋真宗御制灵宝度人经序》，次列景元《集注序》，题"右街道录真靖大师陈景元撰"。作于治平四年；次列薛《序》，作于甲午岁庚午月。案，甲午，乃唐天宝十三年。据赵道一《历世真仙体道通鉴》三十九《薛幽栖传》言，薛为开元进士，天宝初居南岳，则此《序》作于居南岳后。首卷题"太上洞玄灵宝无量度人上品妙经"，自"道言昔于始青天中"起，至"东向诵经"止。二卷以下，均题"元始无量度人上品妙经"。二卷自"元始洞玄"起，至"列言上清"止；三卷自"元洞玉历"起，至"普渡天人"止；四卷自"道言凡有是经"起，至"大量玄玄也"止。盖首卷为道君《序》文，卷二、卷三均元始所说也。据《通志·艺文略》所著录，有《灵宝度人经》一卷，别有两四卷本，一为李少微《注》，一为道士成玄英《疏义》。知李、成二释，其单行本均四卷。陈作《集注》，卷帙与符，则所据即系李、成二本矣，故与晁《志》三卷本不同。又据刘元道《无量度人上品妙经旁通图》元道，宋人，书列本《藏》"调"字号。卷下"引证"章所列书目，有严东《灵宝经注》、薛幽栖《灵宝经注》、李少微《灵宝经注》、成玄英《度人经疏》。是严、薛二释，宋代亦有单行本；严、薛、李三家均省称"灵宝经"，惟成本独标"度人经"，而注体、疏体，亦各不同。陈本于成说，均称"玄英曰"，亦有称"《疏》曰"者。今四家之书均亡，赖此仅存梗概。据陈《序》言："今于四家之说，删去重复，精选密义，纂成四卷。"则陈于四家之说，删划颇多。惟就其所采审之，卷一之《注》，仅有薛、李、成三家，知严氏未注道君《前序》。即后三卷所录，严《注》亦均简要，且训诂一宗《苍》《雅》；薛《注》亦然，兼明通假。如卷一"无鞅"，《注》云："鞅者，央也。古字少，以'鞅'为'央'。央，尽也，已也。"卷二"眇眇劫刃"，《注》云："刃者，仞也。古之字少，以'刃'为'仞'。"李《注》恒引古籍，间存佚书。如卷二引张衡《灵宪》，卷三引尹氏《玄中记》。卷一所引，复有《字林》一则。卷一引《字林》云："悉，详尽也。"与《说文》同。此均有资于捃佚者也。要之，此经为《道藏》古经，《广弘明集》引甄鸾《笑道论》所举《度人妙经》，悉与此同。又，《初学记》廿三引"上皇所歌隐"章及"空洞灵"章，亦本此经。严《注》乃南朝旧帙，《历世真仙体道通鉴》二十八云："道士严东，不知何许人。年四十余，齐高帝建元中，诣晋陵。一云：一日将别，援笔注《灵宝度人经》，辞不停翰，穷日而终。"陈本经本，又系唐以前故本，与宋、元各《注》之本殊。如卷一"为国王帝主"，他本多作"帝王国主"；卷二"眇眇劫刃"，各本"刃"均作"仞"；"永度三徒"，各本均作"途"、作"涂"；卷三"斩馘六鬼峰"，各本"峰"均作"锋"是也。又，各本下卷，有附《元始灵书下篇》及《太极真人颂》者，更有列《灵书上篇》及《太极真人跋》者，均出宋人所益。惟张宇初《通义》及薛季昭《注解》，与此本同。若六十一卷本，则又后人规仿此经，演为六十卷者也。《道藏》此本，又据宋刊；"匡"字缺笔。末附

《经说》一篇，辨此经所分章节，与张万福《洞玄灵宝无量度人经诀音义》所录同。《音义》一页，有直音而乏解释。亦陈氏所采。赵道一《历世真仙体道通鉴》四十九《景元传》云："集注《灵宝度人经》，传于世。"即此书也。

上清大洞真经玉诀音义

藏字号四

　　《上清大洞真经玉诀音义》一卷，题"大洞三景弟子真靖大师、赐紫陈景元撰"。前有《自序》，言以朱自英本、皇甫希本、茅山藏本勘对隐书，此即书中凡例。皇甫希本，今失传；朱自英本，即本《藏》"荒"字号所收《上清大洞真经》六卷本也。此亦道家古经，计三十九章，与《四极明科经》《真人周君内传》及《茅山志·道山册》所举篇数均符。又，《真诰》引《大洞真经》"扶晨始晖生"一节，今在第三章中，则为六朝旧本，甚明。晁氏《读书志》作"三十七章"，"七"乃"九"讹。据赵道一《历世真仙体道通鉴》、四十八。刘大彬《茅山志》，十一。均言"自英亲往濑乡，校勘太清宫古本"，则此经各本，自以朱本为优。陈氏于朱本而外，复广采各本异文，上及史崇《音义》。校勘而外，兼诠字训。所引《说文》，恒与二徐本异，则有资小学，与玄应、慧琳佛经《音义》同。又，史氏全书，今久湮佚，仅存《妙门由起》一卷。得此尚存厓略。赵道一《历世真仙体道通鉴·景元传》谓所著之书，有《大洞经音义》，即此书也。《宋·志》有《上清大洞真经玉诀》一卷，不著撰人，似亦此书。

黄帝阴符经集注

藏字号六

　　《黄帝阴符经集注》一卷,题云:"伊尹、太公、范蠡、鬼谷子、诸葛亮、张良、李筌注。"前有蜀相诸葛亮《序》,不分篇章。经至"进乎象矣"止,《注》及前《序》,与何镗《汉魏丛书》本同。惟彼仅题"汉张良注",《序》无亮名;又分《经》文为三篇,文字亦多互异。此疑"七注"本旧式。晁氏《读书志》有"《七贤注阴符经》一卷",《通志·艺文略》所录"七家注",亦系一卷,即此书也。

黄帝阴符经疏

闰字号一至闰字号三

　　《黄帝阴符经疏》三卷,题曰:"少室山李筌疏。"前有《序》文,记受道骊山老母事。上卷曰"神仙抱一演道"章,至"谓之圣人"止,计一百五字;中卷曰"富国安人演法"章,至"小人得之轻命"止,计九十二字;下卷曰"强兵战胜演术"章,至"我以时物文理哲"止,计一百三字。"自然之道静"以下七十字,亦附下卷之末。每卷之中,先《注》后《疏》。《注》与"七注"本筌说不同,《疏》则分析经义。每章之末,各有赞词八语。《疏》至"文理哲"三字止，以下仅引张良诸《注》，末节《注》云："此七十言，理尽，不疏也。"是即本书略例。所据之本，与"七家注"本及各本，互有异同。据《新唐书·艺文志》，有李筌《骊山母传阴符玄义》一卷，《注》云："筌号少室山达观子，于嵩山虎口岩石壁，得《黄帝阴符》本，题云：'魏道士寇谦之，传诸名山。'筌至，骊山老母传其说。"《志》注所云，即本筌《序》。又，《崇文总目》有《阴符大丹经》一卷，骊山老母传。《通志·艺文略》同。别有《骊山母传阴符妙义》一卷，唐李筌撰；案，《总目》又有《阴符经玄义》一卷，释云："张鲁撰。"此即《唐·志》《张果传》《阴符经玄解》。"鲁"乃"果"讹。《通志》列《妙义》一卷，"妙义"即《唐·志》"玄义"也。《阴符经》一卷，唐李筌注；复有《李筌传阴符经序》一卷。又，《玉海》卷五云："《黄帝阴符经》，《中兴书目》一卷，分上、中、下篇。骊山老母注，少室山布衣李筌撰序"云云。晁氏《读书志》于"七贤注"外，亦有李筌《注》一卷，所述与《书目》略同。盖李《注》有二种：一称自注，即"七家注"本所采是也；一托之骊山母所传，此本之《注》是也。观《玉海》及晁《志》并引"阴者，暗也"一条，与此本合，则此《注》即宋人所传筌《注》，确然可征。《唐·志》所云《玄义》，亦即此书，《通志》析《妙义》与《注》为二，则考之未审。所云"《序》一卷"，盖《序》之单行本。惟均不言《疏》为筌作。即筌《序》，亦仅言"筌注《阴符》"，不言作《疏》。又，本《藏》"余"字号袁淑真《阴符经集解序》云："唐陇西李筌，尤加详释，亦不立章疏，何以光畅玄文？"此尤筌不作《疏》之确征。袁《序》又云："今辄叙三章之要义，以为上、中、下三卷，各述其本，因义亦有等威。光当作"先"。《注》，略举其纲宗；后《疏》，冀陈其周细。"是为经作疏，仅袁氏耳。《通志》列袁淑真《注》一卷，《疏》三卷；《玉海》云："《阴符经疏》一卷，袁淑真疏，有《序》，有《赞》。"是袁《疏》兼有《赞》文，且无"集解"之名。乃本《藏》所收袁淑真《集解》，既无注、疏之分，章末无赞；各节之首，虽冠"淑真曰"三字，然其下悉与此《疏》同，惟小有损益。以是知此本之《疏》，乃后人取袁《疏》附李《注》，因以《疏》文为李作，强加改窜，致失袁《疏》旧名。袁氏之例，虽于《疏》首冠"淑真曰"三字，然《疏》中凡引他书加以诠释者，亦标

"淑真曰"或"袁氏曰"为别。此本悉删其文,强相联属。如袁本上卷所引诸葛亮语,每语加以引伸,各冠"淑真曰"三字;此本乃改为郦山母语,并删"淑真曰"各文,致袁氏释词亦为郦山母语,其诞妄有若此。并移袁《赞》为李《赞》。即"自然之道静"以下所引旧注,及"不疏"云云,亦即袁《注》之文。袁《疏》"自然之道静"以下,无复释词,与此本《注》文"经尽不疏"合,故定为袁《注》。今袁本有《疏》无《注》,遂弗克考。据《通志》所著录,袁书《注》《疏》各单行,故《玉海》所记,有《疏》无《注》。今之《集解》,即系单疏本。改题"集解",不知出自何时?据《宋·志》,于袁氏《注》《疏》外,别列《集解》五卷,则宋代已有此题,惟作《志》者不知《疏》即《集解》耳。此则亟当辨正者也。宋人伪《疏》,不仅一本。《玉海》五"阴符经"条云:"又有六注,谓太公、范蠡、鬼谷、张良、诸葛亮及筌也。系以《正义》,不言谁作。《后序》中谓出于郦山老母,亦间有无主名者,略计太公之言八,张良之言九,鬼谷六,诸葛五,范蠡才一见,而筌及《正义》尤详。后有断章三《赞》。又,道士希严作《赞》三十九首,可谓备矣。"据王说,是当时"七家注"本亦附《疏》文。依"后有三《赞》"推之,当亦袁《疏》。所云"希严《赞》",今不克考。《宋·志》列李筌《阴符经疏》一卷,疑即王氏所见《正义》也。阮氏芸台《揅经室外集》四,有《李筌黄帝阴符经疏三卷提要》,谓与《道藏》本分目相符。所据之本,盖从此本转录。阮氏未知其出自袁氏,则考之未审也。

黄帝阴符经注

闰字号五

　　《黄帝阴符经注》一卷,题曰"张果先生注",不分篇章,与"七注"本同,惟字句稍异。前有《自序》,深以李《注》为非。又谓:"偶于《道经藏》中得《阴符传》,不知何代人制。臣遂编之,附而入《注》。"此即作注凡例。故《注》中于伊尹、太公、鬼谷三家《注》,颇有所采;于筌说，则力加辨斥。所引之《传》，即本《序》所云"得自《道藏》"之书也。据《唐·志》，有张果《阴符经太无传》一卷，《通志》云："《阴符经》一卷，唐张果注，《阴符经太无传》一卷，唐张果得自《道藏》，不详作者。"是《唐·志》所标"太无传"，即果《序》所称"阴符传"。惟据果《序》言"附《注》入《传》"，则《传》非离《注》单行。又据《旧唐书·张果传》，谓"尝著《阴符经玄解》，尽其玄理"。《崇文总目》有《阴符经玄义》一卷，张鲁撰。"玄义"即"玄解"，"鲁"乃"果"讹。似果之所作，别有《玄解》。岂《注》即《玄解》异名，而《唐·志》所录，别为单传本；抑系后人因《传》由果得，伪作果《注》及《序》文，以《传》附《注》，其异名则为《玄解》？今不可考。然《注》文昭朗，迥出他《注》上。其解"禽之制在炁"，易"禽"为"擒"，亦足备一解也。

黄帝阴符经解

闰字号六

　　《黄帝阴符经解》一卷，题云："同知建隆观事、赐紫道士、保宁大师、臣蹇昌辰解。"此书，《通志》有其目，亦作"一卷"。宋有两建隆观，见《玉海》二十四。蹇昌辰事迹无考。据宋有蹇序辰、《宋史》三百二十九。蹇逢辰，《通志·氏族略》。均成都人，昌辰殆其同族。又，道士称"知宫观事"，始于政和三年，则昌辰乃北宋末之人矣。此本所标之章，约同李本，惟分章不分卷。又，"哲人以愚虞"以下，别标"黄帝阴符演章"，字句亦间殊他本。前有《自序》及《阴符经事迹》一篇，定此经出自玄女，且以前三百言为玄女所授，后百言为黄帝演释之词，均与分章旨合。《注》就道家之旨立说，颇仿《文子》诸书。

黄帝阴符经注解

闰字号七

《黄帝阴符经注解》一卷，题云："绥德军道民任照一注。"不分篇章。经至"文理哲"止，文字亦间殊他本。前有《自序》。《注》于旧说，亦颇事采录，惟均没其名；且多主养生立说，饰以内丹家言。此书《通志》有著录，亦作"一卷"。照一事虽无考，然其书之出，必在夏宗禹《讲义》前，乃以丹术注斯经，与沈亚夫所《注》旨同，未知授自谁氏也。

悟真篇注释

吕字号一至吕字号三

《悟真篇注释》三卷，题曰："象川无名子翁渊明注。"前有《自序》。末标"无名子"。上卷七言诗十五首，五言一首；中卷绝句六十四首，续添绝句五首，《西江月》词十三首；下卷《读周易参同契》一首。《悟真篇》作于张平叔，自晁氏《读书记》以下，均有著录。《四库》所收，为翁葆光注、戴起宗疏合编本，称为"悟真篇注疏"。据戴《疏·自序》及《悟真篇本末事迹辨》，谓宋时所传无名子《注》，即葆光《注》。有改标"薛道光"者，有分象川翁及无名子为二人者。案，石泰《修真十书·悟真篇注》

本,或引无名子《注》,或引象川翁《注》,或并引二《注》。是宋代翁《注》,确有仅题"象川翁"及"无名子"。二本所采,互有异同,故石本以为二书。若戴氏谓翁《注》或题"薛道光",则本《藏》"律"字号所收《悟真篇》"三注"本,所列薛《注》,与翁《注》不相同,当系别一薛《注》伪本也。所辨至析("析",疑当作"晰")。戴氏又跋翁《序》云:"别本无名子,字渊明。"与此册标题合,则此即宋代所传"无名子注"本。而戴《疏》所采,则为标题"翁葆光"之本,故诗词次第不同,字句亦多歧异。《注》文较戴本所录,虽大旨略符,然异同损益,难于缕计。即《自序》一篇,亦较戴氏所录者,删改近半。其孰为翁氏旧本,今弗克知。惟各本七言律均十六首,此仅十五,缺"人人尽有长生乐"一诗。据戴《疏》所录翁《注》,此首确有《注》文。又,戴本所录翁《序》云:"首立七言四韵一十六首,以表真阴、真阳之数。"则翁本确为十六首,昭然甚明。乃此本之《序》,易"六"为"五",与下句"二八"不符。盖流传之本,偶脱此首及《注》文,妄者据以改《序》。又,《序》言"《西江月》一十二首",不言续一首;此本作"十三首",盖翁氏取张氏续添一首,亦为作《注》,附入卷末,与《读参同契》一首同。今与十二首并列,似亦非翁本之旧也。据张氏《悟真篇自序》,则张氏旧本,仅七律十六、五言一、绝句六十四、词十二,别无他篇附入,与夏宗禹《讲义》本同。惟注者恒取张氏他作,附入本书,故各本不同。翁氏事迹,今无可考。惟本《藏》"调"字号《金液还丹印证图》,为龙眉子所著。其《后识》一篇,颇述翁氏事,盖张氏再传弟子。《后识》云:"余师若一子尝曰:'曾闻我师无名子翁先生云:吾师乃广益顺理子刘真人。真人祖偕悟真仙翁,肄业辟雍,惟翁不第。凤植灵根,学道道遂。后因念其同舍之有孙时,在绍兴戊午,刘遇悟真,得其道愿,力不能成。遂刊彭真人《参同契义疏》,隐于市朝,方便接引。既谐同志,乾道戊己岁,成道于虎邱山之下。叩窃仙恩,悟蒙真荫。绍兴中,于浙江跨浦桥,承真人之颜陶铸,资力素无,未克成就,日夜遑遑,已逾三纪。尝因《中秋有感》云:手握天机六六秋,年年此夕不胜忧。神功妙道三人就,黍粒灵元二八修。信道灶炉须腹地,要知钱鹤上扬州。谁能假我扶摇便?一举同迁在十洲。我之志,概可知矣。"因授道,实淳熙庚戌岁也。由"我之志,概可知矣"以上,均翁氏语。由"叩窃仙恩"下,又翁自述。"若一子"不可考,"刘"即白龙洞道人,"悟真仙翁"即张平叔。盖翁为若一子之师,刘为翁之师,而张又刘之师也。戴

《疏·自序》谓无名子"亦真人的派"，殆以此欤？

周易图

阳字号一至阳字号三

　　《周易图》三卷，不著撰人名氏。上卷首《太极图》，次《周氏太极图》，后录周说。次《郑氏太极贯一图》，后录郑少枚说。次《河图之数》，即刘牧《图》。次《洛书之数》，后录聂麟说。次《天地自然十五数图》，后录聂说。次《日月为易图》，后录郑厚说。次《六才三极图》，后录郑少枚说。次《先后中天总图》，次《先天数图》，次《先天象图》，与邵子所传同。次《六十四卦阴阳倍乘图》，后云："此图出于洪紫微迈。"次《乾坤六子图》，次《浑天六位图》，次《六十四卦生自两仪图》，次《先甲后甲图》，后录汉上说。次《八卦纳甲图》，次《乾坤交成六十四卦图》，次《六十四卦万物数图》，次《六十四卦气候图》，次《八卦本象图》，后录郑少枚说。次《八卦生六十四卦图》，次《李氏六卦生六十四卦图》，次《八卦推六十四卦图》，与《京氏易》合，后录郑说。次《帝出震图》，后附希夷说。次《卦配方图》，后录郑说。次《乾坤不居四正位图》，后录石氏说。次《坎离天地之中图》，次《六十四卦大象上、下图》，次摘录郭京《周易举正略》。卷中所录，均郑少枚《六十四卦图》，自《乾坤易简》至《萃聚》，凡四十图。首《乾坤易简》，次《屯象》，次《蒙养正》，次《需须》，次《讼象》，次《师比御众》，次《大小畜吉凶》，次《履虎尾》，次《否泰往来》，次《同人》，次《大有守位》，次《谦象》，次《豫象》，次《随系失》，次《蛊象》，次《临象》，次《观国光》，次《噬嗑身口象》，次《贲天文》，次《剥为阳气种》，次《复七日》，次《无妄本中孚》，次《颐灵龟》，次《大过栋隆桡》，次《习坎行险》，次《离继明》，次《咸朋从》，次《恒久》，次《遯象》，次《大壮羊藩》，次《晋康侯》，次《明夷箕子》，次《家人象》，次《睽卦象》，次《夬决》，次《解出坎险》，次《损益用中》，次《蹇往来》，次《姤遇》，次《萃聚》。卷下前半所录，仍系郑图，自《升阶》至《既济未济合律》，计十六图。首《升阶》，次《困蒺藜葛藟株木》，次《井鼎水火二用》，次《革炉鞴鼓铸》，次《震动心迹》，次《艮背象》，次《鸿渐南北》，次《归妹君娣袂》，次《丰日见斗》，次《旅次舍》，次《巽床下》，次《兑象》，次《涣躬》，次《节气》，次《中孚小过卵翼生成》，次《既济未济合律》。次《方以类聚图》，次《物以群分图》，次《参伍以变图》，后录王大宝说。次《参天两地图》，后录耿南仲说。次《乾坤合律图》，后录《周礼》郑《注》。次《卦分律吕图》，次《四象八卦图》，后录范谔昌说。次《用九用六图》，后录郑厚说。次《乾坤大父母图》，次《复姤小父母图》，次《三变大成图》，次《八卦司化图》，次《五位相得各有合图》，后录聂说。次《十有八变成卦图》，次《十三卦取象图》，次《陈氏三陈九卦图》，次《序卦图》，后录汉上说。次《杂卦》，同上。次《大衍数》，次《揲蓍法》，次《邵氏皇极经世图》，次《太玄准易图》，次《关子明拟玄洞极经图》，次《皇极经世全数图》上、下，次《皇极经世先天数图》，综计一百一十四图。按，朱氏竹垞《经义考》四十一所录，有《周易图》三卷，《注》云："未见。"又引陈弘绪《跋》云："《周易图》三卷，出《道藏》，不详作者何人。其书杂取诸家图而为之。中一卷，则宋儒郑少枚之《卦图》也。少梅名东卿，此作'少枚'，录者之误耳。"又云："少梅《图》有五行、卦气之说。此书亦有之，或即录其原本而为之附益耳。"据陈《跋》，是此《图》略本郑东卿。今考陈振孙《直斋书录解题》，有郑东卿《易卦疑难图》二十五卷，谓"其书以六十四卦为图，外及六位、皇极、先天、卦气等图，各附一《论说》，末附《系辞解》。"是东卿所图，不仅六十四卦。此册于"太极""贯一"五图，既明系少枚之说，必系由郑书转录。又，"六位""皇极""先天""卦象"诸图，以直斋之说推之，或亦本自郑书。《宋·志》录东卿所著，又有《先天图注》一卷，《经义考》录其《自序》云："今予作《方圆相生图》，为《先天图》注脚。"今此册无《方圆相生图》，则于郑《图》有取舍。郑书今鲜传本，得此可窥厓略。又，册中《日月为易》《用九用六》二图均引郑厚说，《四象八卦图》附录范谔昌说，而《乾坤不居四正位图》复附录石氏说。据《宋·志》所著录，有谔昌《大易源流图》一卷，又有石汝砺《乾生归一图》一卷,而《闽书·郑厚传》亦言"厚作《存古易》"。厚为兴化军人,绍兴五年奏赋第一。此册各说,必自彼书转录。今三书均佚,说亦赖此仅存。又,《乾坤大父母》二图,以沈括《梦溪笔谈》证之,似出郑夬书。卷末各图,有与《大易象数钩深图》相合者,或从杨甲《六经图》转录。详下条。虽编纂之人,姓氏不著,然宋、元之际,各《易图》未及辑录,则固出自南宋矣。

大易象数钩深图

阳字号四至阳字号六

《大易象数钩深图》三卷,不著撰人名氏,即宋人《六经图》之第一卷也。《玉海》四十二"绍兴六经图"条,引《中兴书目》云:"六卷,绍兴中,布衣杨甲撰。乾道中,毛邦翰复增补之。《易》七十,《书》五十有五,《诗》四十有七,《周礼》六十有五,《礼记》四十有三,《春秋》二十有九,合为图三百有九。"又,陈氏《直斋书录解题》云:"《六经图》七卷,东嘉叶仲堪思文重编。案,《馆阁书目》有六卷,昌州布衣杨甲鼎卿所撰,抚州教授毛邦翰复增补之。《易》七十,今百三十;《书》五十五,今六十三;《诗》四十七,今同;《周礼》六十五,今六十一;《礼记》四十三,今六十二;《春秋》二十九,今七十二。"然则仲堪盖又以旧本增损改定者耶?是南宋《六经图》,有杨甲、毛邦翰、叶仲堪三本。今世所传,有明代新都吴氏本,标题"宋杨甲撰,毛邦翰补"。其本由南宋抚州陈森本覆刊,前有宋苗昌言、乾道中。明顾起言万历时。二《序》,《图》计三百有九。曰《大易象数钩深图》,七十;曰《尚书轨范撮要图》,五十有五;曰《毛诗正变指南图》,四十有七;曰《周礼文物大全图》,六十有五;曰《礼记制度示掌图》,四十有三;曰《春秋笔削发微图》,二十有九。与《中兴书目》合,则为毛氏之图,甚明。自是以外,一为《四库》所收《六经图》本,计《易图》七十,《书》五十五,《诗》四十五,《周礼》六十八,《礼记》四十一,《春秋》四十三,乃毛《图》经明人窜乱者。一为信州石刻《六经图》本,石存江西上饶县学,计《周易》之图六十一,《书》五十四,《诗》三十八,《周礼》六十四,《礼记》四十二,《春秋》四十三,计三百三图。近陆氏耀遹《金石续编》,据《明一统志》,谓即元信州守卢天祥所刊。一为明章章甫所刊《五经图》本,前有李维桢《序》,作于万历甲寅。谓庐江卢侍御仕江右信州,归以遗其邑令章章甫,章甫更为木本。是章本即据信州石本,惟并《礼记》《周礼》为一经,于旧图亦多损益。此别一本也。此三本者,惟石刻本出于元代,陆氏《金石续编》谓"信州石刻,即《舆地纪胜》所载昌州《六经图碑》,出于杨甲",亦无确证。然亦非毛《图》之旧。此册虽仅《易图》,然标题"象数钩深",与吴本毛《图》宛合。卷上,首《太极贯一图》,毛《图》无,石刻有。次《易有太极》二图,毛《图》一,石刻有。次《太极函三自然奇耦图》,毛《图》无,石刻无。次《德事相因皆本奇耦图》,毛《图》无,石刻无。次《说卦八方图》,毛《图》无,石刻无。次《乾知太始》,毛《图》二,石刻无。次《坤作成物》,毛《图》三,石刻无。次《天尊地卑》,毛《图》四,石刻无。次《参天两地图》,毛《图》五,石刻有。次《日月为易图》,毛《图》六,石刻有。次《河图数图》,毛《图》七,石刻有。次《洛书数图》,毛《图》八,石刻有。次《河图始数益洛书成数图》,毛《图》无,石刻无。次《河图八卦图》,毛《图》无,石刻无。次《乾元用九坤元用六图》,毛《图》无,石刻无。次《天地之数》,毛《图》九,石刻有。次《乾坤之策图》,毛《图》十,石刻有。次《河图天地十五数图》,毛图无,石刻无。次《其用四十有九图》,毛《图》无,石刻无。次《六子图》,毛《图》十一,石刻有。次《六位图》,毛《图》十二,石刻有。次《六位三才图》,毛《图》无,石刻无。次《伏羲先天图》,毛《图》十三,石刻有。次《方圆相生图》,毛《图》十四,石刻有。次《仰观天文图》,毛《图》十五,石刻有。次《俯察地理图》,毛《图》十六,石刻有。次《伏羲八卦图》,毛《图》十七,石刻有。次《八卦取象图》,毛《图》十八,石刻有。次《文王八卦图》,毛《图》十九,石刻有。次《八卦象数图》,毛《图》二十,石刻有。次《四卦合律图》,毛《图》廿一,石刻无。

次《八卦纳甲图》，毛《图》廿二，石刻无。次《刚柔相摩图》，毛《图》廿三，石刻无。次《八卦相荡图》，毛《图》廿四，石刻无。次《六爻三极》，毛《图》廿五，石刻无。次《五位相合》，毛《图》廿六，石刻有。次《帝出震图》，毛《图》廿七，石刻无。次《蓍卦之德图》，毛《图》廿八，石刻无。次《序上下经图》。毛《图》廿九，石刻无。卷中，首《三变大成图》，毛《图》三十，石刻有。次《重易六爻图》，毛《图》三十一，石刻无。次《六十四卦天地数图》，毛《图》三十二，石刻无。次《六十四卦万物数图》，毛《图》三十三，石刻有。次《卦爻律吕图》，毛《图》三十四，石刻无。次《运会历数图》，毛《图》三十五，石刻有。次《乾坤大父母图》，毛《图》三十六，石刻有。次《复姤小父母图》，毛《图》三十七，石刻有。次《八卦生六十四卦图》，毛《图》三十八，石刻无。次《八卦变六十四卦图》，毛《图》三十九，石刻无。次《阳卦顺生》，毛《图》四十，石刻无。次《阴卦逆生》，毛《图》四十一，石刻无。次《复姤临遯泰否生六十四卦图》，毛《图》四十二，石刻有。次《六十四卦反对变图》，毛《图》四十三，石刻分二图。次即郑东卿《乾》《坤》以下各图。与《周易图》悉同。中卷至《升阶图》止，计四十一图。下卷自《困蒺藜葛藟株木图》起，计十五图，毛《图》无，石刻仅有末一图。次《六十四卦象图》，毛《图》四十四，石刻无。次《日月运行一寒一暑卦气之图》，毛《图》无，石刻无。次《十三卦取象图》，毛《图》四十五，石刻有。次《三陈九卦图》，毛《图》四十六，石刻无。次《参伍以变图》，毛《图》四十七，石刻有。次《十有八变图》，毛《图》四十八，石刻无。次《一阴一阳图》，毛《图》四十九，石刻无。次《先甲后甲图》，毛《图》五十，石刻有。次《阴阳君民》，毛《图》五十一，石刻有。次《阴阳奇耦图》，毛《图》五十二，石刻有。次《二仪得十变化》，毛《图》五十三，石刻无。次《十日五行相生》，毛《图》五十四，石刻无。次《大衍数图》，毛《图》五十五，石刻有。次《揲蓍法图》，毛《图》五十六，石刻有。次《河图百六数》，毛《图》五十七，石刻无。次《八卦司化图》，毛《图》五十八，石刻有。次《类聚群分图》，毛《图》五十九，石刻无。次《通乎昼夜图》，毛《图》六十，石刻有。次《阳中阴》，毛《图》六十一，石刻无。次《阴中阳图》，毛《图》六十二，石刻无。次《序卦图》，毛《图》六十三，石刻有。次《杂卦图》，毛《图》六十四，石刻有。次《太玄准易图》，毛《图》六十五，石刻有。次《太玄准易卦象图》，毛《图》六十六，石刻无。

次《皇极经世数图》,毛《图》六十七,石刻有。次《邵氏皇极经世图》,毛《图》六十八,石刻有。次《温公潜虚拟易玄图》,毛《图》六十九,石刻有。次《潜虚性图》,毛《图》无,石刻无。次《说卦配方图》,毛《图》无,石刻无。次《古今易学传授图》,毛《图》七十,石刻无。计一百三十九图,较之毛《图》,数虽增倍,然次第略同,与石刻则多歧异。石刻有《四易之易图》、《中天图》、《先后中天总图》、《象形一致图》、《乾坤合律图》、《咸艮取诸身图》、《井鼎取诸物图》、《八卦因重图》、《八卦相推图》、《六爻定位图》、《古占例图》、《八卦体用图》、《关子明拟玄洞极经图》、《释爻图》、《释象图》上下,及《总括象数图》,此册均无,或实同名别。以是知此《图》及石刻,其源均出毛《图》。彼于毛《图》有损益,此则有增补而无删划。即"象数钩深"之题,亦沿其旧,疑即叶仲堪之书也。虽陈氏《解题》谓叶《图》一百三十,此增其九,然不标"图"字者计十一。或陈氏计数之时,疑其与下图并合,致遗其九,则此固南宋之书矣。惜《易图》仅存,而《五经》之图尽佚。乃近人考此书者,多昧源流。或以书名属张理,《通志堂》以下均然。或改题刘牧之书,此均弗足置辩者也。

元始上真众仙记

腾字号三

《元始上真众仙记》一卷,次行题"葛洪枕中书"五字。中志各仙官位号及治所,即今所传《枕中记》也。据嘉定《赤城志》三十三引《夷齐治天台》,称"众真记"。又,《上清众经诸真圣秘》卷第五,诠录此书,书名与此同。自《说郛》所采,仅称"枕中记"。明人所刊,均沿其名,而此书之旧题遂沦也。

三茅真君加封事典

致字号二至致字号三

　　《三茅真君加封事典》二卷，每卷标题均二行，上行题"特赐洞微先生、鉴义、主管教门公事、佑圣观虚白斋高士、臣司徒师坦，恭承"，下行题"特赐冲真明真微妙大师、特差充茅山山门道正、权知崇禧观、管辖本山诸宫观事、赐紫、臣张大淳编"。卷中所记，均宋理宗加封茅山事。前有大淳《序》，作于丁卯。据张《叙》，盖张为师坦弟子。理宗之朝，师坦以祷祈响应，拜左街洞微，辞不受，乞加封三茅君，理宗允之，是即加封始末。故上卷所录，均告敕、表状、省札之属，至《三峰祝文》止。下卷首录《庆礼科仪》，次录《谢表》《进碑表》，文词典制，均彬蔚可观。宋代茅山各宫，总以崇禧观。理宗之时，屡颁宸翰。其书赐师坦者，别有"玉气凝润、鹤情超逸"八大字，具详《江宁志》。加封在淳祐九年。敕末四行，首署"签书枢密院事兼权参知政事谢押"，次署"同知枢密院事兼权参知政事应押"，次署"枢密使兼参知政事赵督视"，次署"太傅、右丞相、越国公押"，是即谢方叔、应[??]、赵葵、郑清之也。刘大彬《茅山志》亦录敕文，与此间有异字，要当以此为主。盖此卷"圣朝"诸语，字均提行；其他标题，一沿宋刊之式。所据之本，固出宋季也。

金莲正宗记

致字号四至致字号八

　　《金莲正宗记》五卷，题"林间羽客樗栎道人编"。前有平水长春壶天《序》，作于元代辛丑。《记》即全真派各师之《传》，由东华帝君至清静散人，计十四人。较刘志玄所撰《金莲正宗仙源像传》，仅省《混元老子传》；文较之《像传》，约详三倍。长春一《传》，足校《西游记》同异。《传》各有《赞》，亦均真实可观云。

陶真人内丹赋

果字号七

　　《陶真人内丹赋》一卷，《赋》前有《叙》，《赋》中有《注》甚详。《叙》末云："又缘《赋》内沈论秘义，潜匿幽词，注解玄言，附成其旨。"是《赋》及《注》文，均出一人。以《注》引吴筠、李淳风之言证之，"真人"当即陶植。《通志·内丹类》有《陶真人内丹赋》一卷，即此书也。惟《崇文总目》及《通志·外丹类》，又有《金丹赋》一卷，本《藏》"果"字号九有之，题"大道弟子马菱昭注"。前有马氏《自序》，谓此《赋》不知谁作，然文与此《赋》实同。盖陶《赋》又二本：一为标姓氏及有

《注》之本,名曰"内丹";一为不标姓氏及无《注》之本,题曰"金丹"。学者览其外词,遂入之"外丹类"。马氏为金人,未见标题"内丹"之本,因云"不知谁作",实则亦出陶植也。惟马氏《注》本,篇末约增二百字;《赋》中文字,与此异者又百余。或此篇亦非足本欤?

谷 神 赋
果字号十

　　《谷神赋》一卷,题"天水逸人大信注"。《注》于每句之下,舍各系七绝一诗外,别无释词。据《崇文总目》及《通志》,均有"《谷神赋》一卷,赵大信撰",即此篇也。或彼目"赋"下挩"注"字。

灵 台 经
姜字号九

　　《灵台经》,不分卷,不著撰人。前八章俱缺,所存四章,由第九至第十二,曰《定三方主》,曰《飞配诸宫》,曰《秤星力分》,曰《行年灾福》,亦星命书之近古者。

广黄帝本行记

海字号一

　　《广黄帝本行记》一卷，题曰："唐阆州晋安县主簿王瓘进。"平津馆所刊，以壹是堂抄本为据，又借朝天宫藏本对勘，故悉与此同。惟亦有数处不同者，如彼刊第二页"昆阊滑稽后从"，此本"昆"系小字，在上《注》"明"字下，其误显然。若"女娲"之"娲"作"蜗"，或由古字通假，均阅彼刊者所宜知也。又，此书所记各事，均有所出。《庄》《列》而外，间本《列仙传》《山海经》《史记》，惟帝访皇人受道事，学者鲜谙所本。今考"黄帝得道之要"以下，"帝受道毕"以上，均本《太上灵宝五符序》下卷，舍删节百余字外，大抵悉同。其中异字，如"今犹未去，子可问之"，彼作"今犹未去矣，子可问之"。又，"发才长数寸"，"才"字作"则"；"匍匐既至"，"至"字作"到"；"子既官四海"，"官"字作"君"；"此天仙之真"，"此"字作"其"，"真一食五牙之文"，"之"字作"天"；"皆不得背科而往泄"，"往"字作"妄"；"封以丹芝光华"，"华"字作"草"；"芝""光"倒文。"幸今运会"，"运"字作"遭"；"归于一身"，"于"字作"此"；"了可长存耳"，"了"字作"便"；"而却众恶"，"却"字作"御"；"而"作"以"。"坚守之于无事之时"，"坚守"作"医"；"吾受此经于九天真王"，"吾"下有"先师正"三字。凡文字损益异同者，均有资于考证。盖《五符序》出隋、唐以前，所述黄帝事，仍系汉、魏古说，故王氏据之。本书"东过庐山"一段，本古《五岳真形图》，亦系古籍。附记于此。余详孙氏渊如《平津馆鉴藏记》及顾氏千里所作《序》，兹不赘述。

穆天子传

海字号二至海字号三

《穆天子传》六卷，晋郭璞注。前有北岳王渐玄翰《序》，作于至正十年，则此本所据，亦即刘庭干本，故所录荀勖《序》及所分卷目，悉与明刊各本同。明刊惟吴琯本、程荣本有荀《序》，余挩。正文及《注》，异字亦稀。间有异字，具详洪氏颐煊校本，然所举或未尽。如卷二"封丌璧臣长绰于春山之虱"，"绰"上有"季"字，与吴琯本、何镗本同；卷四"犬戎胡觞天子于雷水之阿"，"水"字作"首"，与何本及《水经注》《北堂书钞》所引合；"□羝之队"，"羝"字作"羝"，与程荣本合。卷三"硕鸟解羽"，"解"字作"物"。卷六"□壬寅，天子命哭"，"壬"上无"□"；"命终丧礼"，"丧"字作"哀"；"韦谷黄城三邦之事辇丧"，"事"字作"士"；此文以《藏》本为长，各本均误。洪校乃云："当作'众'。"翟云升校本亦云："'士'、'事'同。"均未考《藏》本。"匠人哭于车上"，"匠"字作"臣"；此当作"匠"。"是曰圜车"，"圜车"作"囧单"；均误。"乃吊太子"，"吊"字作"即"；"即"字亦较"吊"字为长。"以赤下棺"，"赤"字作"亦"。作"亦"是也。"亦"即"帝"字之省。又，各卷古字，如"嵜"、各本多作"嵓"。"邅"、各本多作"邅"、作"遑"。"醞"、各本多作"醞"。"璿"、各本多作"璿"。"无"、各本多作"无"，"齓"各本多作"齓"。之属，字画亦殊他本。卷二"糜胄"作"麋"，卷三"阳纡"作"于"，犹其小焉者也。郭《注》亦然，如卷二"此"字作"草"，"草"字作"草"。正文"所草"，本当作"草"，此与各本均误，惟《注》则不误。因《注》文之不误，可证正文本系"草"字，"草"与"卓"同。卷五"故其上有启石也"，"石"字作"室"；卷六"敦似盘"，"盘"字作"盘"，是也。

此均洪校所未引。孙氏渊如《平津馆鉴藏记》评《藏》本《穆传》云："末卷多未刻字，又阙'曰口袒大哭'以下并《注》二十字。"所据当系南本。此本末卷因无缺字及挩文，惟间有别字。如"鹽"字作"盐"是。又，各卷字体亦未画一，如"丌""其"，"祭""郯"，"宝""珤"互异是。或系沿刘本之旧也。此本"恒"字缺笔，是刘本亦出自宋刊。

汉武帝内传

海字号四

　　《汉武帝内传》一卷，不著撰人。守山阁所刊，即据此本；又取本《藏》《汉武帝外传》刊入《内传》后，称为"附录"。别刺取他籍所引，校其同异，撰为《校勘记》，为此书第一善本。今考杜光庭《墉城集仙录》卷一《金母元君传》中，记武帝遇王母事，悉据此编。又，《灵宝无量度人上经大法》卷廿一《五岳真形品》，其首段亦录此文，惟略有删节。二书一出自唐，一出自宋，《大法》中各字，如"匡"、如"恒"，均缺笔。颇足考此《传》异文。如"墉宫玉女王子登"，《录》作"墉城"，《大法》又作"墉城宫"；"遥趋宫庭"，《录》作"径趋"，《大法》又作"径趣"；"腰分头之剑"，《大法》作"分景"，《录》作"腰分景"；"色履玄璃凤文之舄"，《录》作"蹑方琼"，《大法》又作"蹑玄琼"；"紫芝菱蕤"，《录》作"菱蕊"，《大法》又作"玉蕊"；"纷若填樏"，《大法》作"填裸"，《录》作"填螺"；"大如鸭子"，《大法》"鸭"作"鹎"，《录》又作"鹎"。《注》云："音保"。此二书，各与此《传》异文者也。"闻子轻四海之尊"，二书"轻"上有"欲"字。此二书文同，均异此《传》者也。其与《集仙录》异者，如"弹八琅之璈"，"琅"字作"球"；"击昆庭之钟"，"钟"字作"玉"；"阮灵华附五灵之石"，"灵华"作"凌华"，"五灵"又作"吾陵"；

"大者侈其性"，"其"上有"恣"字；"恣则裂身之事"，"恣"则作"侈者"；"有似无翅之莺，朝生之虫"，"莺"字作"鹦"，"虫"作"又菌"；"拨秒易韵"，"韵"字作"意"；"后天而逝"，"逝"字作"老"；"盛次金兰"，"次"字作"以"；"长光绿草"，"绿"字作"绛"；"刍草泽泻"，"刍草"作"菊华"；"桃胶朱英"，"朱"字作"木"；"子善录而循焉"，"而循"作"修之"；无"录"字。"宝旧长生"，"生"字作"龄"；"夫始学道符者"，"符"上有"受"字是也。其与《大法》异者，如"降帝王之位"，"帝"字作"尊"；"不闲人事"，"闲"字作"交"；"张云锦之帐"，"帐"字作"帷"；"县投殿前"，"投"字作"头"；"光曜庭宇"，"光曜"作"充满"；"从官不复所在"，"所"上有"知"字；"别有五色天仙"，"别有"作"列有"；"咸住殿前"，"咸住"作"倚柱"；"神姿清发"，"姿"字作"爽"；"不审其目"，"目"字作"自"；"昔上皇清虚元年"，"虚"字作"灵"；"然数访山泽"，"访"字作"诣"是也。若是之属，或足证此《传》挩讹，或与各籍所引文合，均足补钱校之缺，因附记之。赵道一《真仙体道通鉴后集·金母元君传》，悉同《集仙录》，间有一二字不同，不足记也。

列仙传

海字号六至海字号七

　　《列仙传》二卷，题"汉光禄大夫刘向撰"。上卷由"赤松子"至"崔文子"，下卷由"赤须子"至"玄俗"，与吴琯诸刊同。惟各传以后，均有《赞》文，均四字八句，其式每行三句，每句之间空一字。为吴琯诸刊所无。又，《江妃二女传》，诸刊均有"《诗》曰"下十四字，此本独无。毛子晋所刊，即此本也。其异同，具详王圆照校本。王本亦附《赞》文，惟《园客赞》"采采文蛾"，误"蛾"作"娥"；《溪父赞》"溪父何欲"，误"欲"

为"故"，已失此本之真。此本亦多误字，然《王子乔传》"桓良"作"栢良"，必系所据乃作"桓"之本，则其源亦出宋刊矣。

历世真仙体道通鉴

醎字号一至羽字号十一

　　《历世真仙体道通鉴》五十三卷，《续编》五卷，《后集》六卷，题曰"浮云山圣寿万年宫道士赵惟一修撰"。前有《自序》、刘辰翁《序》、邓光荐《序》及某氏《序》，次《进书表》，次《编例》。大抵《正编》止于两宋，《续编》补其缺，兼及金、元间七真事，《后集》均女仙。道一字全阳，元代人。所据之书匪一，然语均有本。如卷三多据《列仙传》，卷五以下多据葛洪《神仙传》，其足校二书讹脱者，不下数百十事。此均有裨于校勘者也，今不具论。惟此书首卷为《轩辕黄帝传》，即钱遵王《敏求记》所著录，亦即孙渊如所刊之书。孙刊据壹是堂抄本，具详顾千里《序》文。顾《序》以此书曾引《蜀梼杌》，知出宋英宗后。孙氏《平津馆鉴藏记》亦未详道一为何人，盖未知彼《传》即此书首卷也。今取此书首卷校孙刊，孙刊《注》均另行，此均夹行小字；孙刊系《注》文于各段之后，此系《注》文于各句之下。舍是而外，略相符合。其与孙刊殊异者，如"其母西乔氏"，孙刊作"桥"；"始学于大项"，孙刊挽"大"字；"得火封辨乎西方"，孙刊"火"作"大"；各书亦均作"大"。"垂衣裳而天下理也"，孙刊挽"也"字；"以济万人，取诸《小过》。《小过》者，过而通也"，孙刊不叠"小过"二字；"以取诸《暌》。《暌》，乖也"，孙刊不叠"暌"字；"齐文曰仁智"，孙刊"齐"作"膺"；"齐"疑误。或与"脐"同。"有九苞"，孙刊挽"有"字；"六冠巨锐钩，七金目鲜明"，孙刊作"六冠短丹，七距锐钩"；"有臣沮颂"，孙刊"颂"作"诵"；"黄帝修德义,大理",孙刊无"黄"字,"理"下有"天下"二字;"故有衮龙之颂",孙刊挩"故"字;"所谓黄帝理天下,便民心",孙刊挩"心"字,"便"字又误"使";"谓十日一小雨",孙刊挩"一"字;"谓之大禾也",孙刊作"谓木禾";孙刊误。"大禾",皆("皆",疑"见"字之讹)《白虎通义》。"美味如酒",孙刊作"味美";"故有黄星之祥",孙刊"黄"作"皇";"此始为观象之法",孙刊"法"下有"也"字;"麋身牛尾",孙刊"麋"作"麏";"帝以景星之瑞,庆云之祥",孙刊"瑞""庆"误倒;"帝乃修神农所尝百草性味",孙刊作"味性";"撰《素书》上、下经",孙刊"素"作"脉";"吐水则生风,两目光如日月",孙刊"两"作"雨";此以"风"字绝句,彼刊"风雨"联文。"帝令军人吹角",孙刊"人"作"士";"黄帝之言也",孙刊"之"作"知";"冀力能远者也",孙刊"冀"误"异";"有勇有义",孙刊缺"勇"字;"五牙旗引之",孙刊"五"上有"张"字;"黄帝即与蚩尤大战于涿鹿之野",孙刊无"黄"字、"即"字;"帝乃战未胜",孙刊挩"乃"字;"乃"与"仍"同。"披玄狐之衣,以符授帝",孙刊挩"以"字,"衣"又误"依";"欲一战而必胜也",孙刊"一""必"俱作"万";"演《河图》而为式",孙刊"图"下有"法"字;"得西王母兵符",孙刊挩"西"字;"又有《出军》《大帅》《年命》《立成》各一卷",孙刊挩"命"字;"及天下女袄以止雨",孙刊"天""下"互倒,"袄"又作"被";"北极至于南极",孙刊挩下"极"字;"帝制作礼乐之始也",孙刊挩"礼"字;"天帝之女也",孙刊挩"也"字;"坐于少广之山""后为蒙氏之女奇相氏",孙刊并挩"之"字;"得白獝神兽",孙刊"獝"作"泽";"又禅于几几山",孙氏"几"作"丸";"黄公托拔",孙刊作"拓跋";"有神人过,教火法",孙刊"过"作"至";"张若、谬当从孙刊作"謵"。廖导焉",孙刊"焉"作"马";"黄帝以雄黄却逐之",孙刊挩"之"字;"频相反复而复授道",孙刊挩"而复"二字;"著体用之诀于岐伯、雷公",孙刊"用"作"诊";"昆仑之上",孙刊"仑"作"台";"自择日,卜还宅升仙之日",孙刊"卜"误"之";"总一百二十年云云",孙刊无"云云"二字;"名此当从孙刊作"含"。枢纽之神为佐",孙刊"佐"误"位";"都商丘濮阳",孙刊挩"濮阳"二字;"都偃师,寿一百五岁",

孙刊二句互倒;"都平阳,在位七十年,寿一百一十八岁",孙刊前三字在"岁"下;"帝舜,有虞氏",孙刊挩"帝"字;"入九嶷山,仙去",孙刊"去"上有"飞"字;"姓子,居帝位,都亳",孙刊挩"居帝位"三字;"周发,黄帝二十九代孙",孙刊"二"作"一";"出黄帝之后",孙刊挩"之"字;"然后垂衣裳而天下治",后论语。孙刊挩"而"字。若是之属,或与《云笈七签》《帝纪》文符,均足正孙刊挩讹。《传》文而外,《注》文亦然。如"龙翼而马身",孙刊挩"马"字;"取其坚贞廉润也",孙刊"坚贞"作"体含";"谓之啖沙吞石故也",孙刊挩"吞"字;"地名,在上谷郡",孙刊挩"地名"二字;"一奏,云从西北起",孙刊挩"从"字;"示不可也",孙刊"示"作"亦";"见中黄真人",孙刊挩"中"字;"亦非止一处",孙刊"非"误"一";"在召陵长沙也",孙刊缺"也"字。又,"张若、谬寥导焉"之《注》,有"谬当作"謵"。音习。寥,舒氏切,一作'朋'"十字;"姓申屠"之《注》,有"一云姓姚"四字;"帝推律定姓者十二"之《注》,有"具在前"三字,孙刊均挩。此均亟当校补者也。因阅是书,并记之。

华阳陶隐居传

翔字号二至翔字号四

《华阳陶隐居传》三卷,题"薜萝孺子贾嵩撰"。前有《序》文,略言:《梁书》本传及谢瀹所作《传》,均失之简,故取《登真隐诀》及《真诰》、《太清经》、先生《文集》,揣摩事迹,作为三卷。《序》有《注》文,辨证亦析。前二卷均《传》文:上卷述世系,及在齐各事;中卷自立华阳馆起,至赐谥止,末列所著书目及佚事。正文而外,均有《注》文,大抵旁采各书,以补正文之缺。卷下首录《宋宣和封诏》,次梁邵陵王纶

《解真碑铭》，附唐司马子微所撰《碑阴》。次昭明太子所撰《墓志铭》，次沈约《酬华阳先生诗》，次苏庠所作《像赞》，均录全文。此书著录，始于《通志》，卷数及撰人悉符。此本则固宋代故籍也。

紫阳真人内传

翔字号十

《紫阳真人内传》一卷，不著撰人。真人即周义山，为汉代人。《传》中所记，首名氏、里居、世系，次义山隐德，次述遇仙人授经各事，次述位真人及与苏子玄问答，次记所受经目，次裴、周二真人诗，次《裴、周二真叙》。《叙》言江乘令、晋陵华侨，奉道数年，见二人往来其家，一人姓周，其一姓裴，先后教授侨经书。周自作《传》，裴作未成。裴所作《乐序》及《周传》而别。据此文，是《传》乃义山自作。所云"裴君"，即清宁真人；苏子玄，又即玄洲上卿，事迹见《真诰》《登真隐诀》诸书。隋、唐《志》并有周季通所撰《苏君记》一卷，其略见《云笈七签》。季通即义山，与此《传》问答语相出入。并有事迹可征。虽说邻荒渺，然新、旧《唐书》及《通志》，均有《紫阳真人周君传》一卷，下标"华峤撰"。"峤"乃"侨"讹。盖据《后序》标题，华侨事迹亦见《真诰》，并与《后序》文合。此书自《艺文类聚》七十八已加甄引，称《真人周君传》，文与此本首段悉同。《白帖》八十六所云周季通事，亦据此《传》。王松年《仙苑编珠》、李昉《太平御览》，引称尤众，固隋、唐以前古籍。据《传》文末行云："晋隆安三年，太岁己亥，正月七日甲子书毕。"或此书竟出东晋也。张君房《云笈七签》所录，与此本间有同异。然彼系节录，此乃完帙，尤足珍也。

西岳华山志

帝字号十

　　《西岳华山志》一卷,题"莲峰逸士王处一编"。前有泥阳刘大用《序》,作于大定癸卯。其述处一撰此书云:"公遂取旧藏《华山记》一通,虑有阙遗,更阅本郡图经,及刘向《列仙》等传有载华山事者,悉采拾而附益之,俾各有分位,不失其序。"是处一此书,以旧藏《华山记》为本。故刘《序》以后,次以唐明皇《御制序》,盖即《旧序》之弁言也。《志》虽一卷,然峰峦、坛洞及古迹,所记昭明。以地为纲,事各附地而着,均有资考证。处一号玉阳子,宁海东牟人,为全真派七真之一。所著别有《云光集》。事迹、学术,具详刘志玄《金莲正宗仙源像传》、李道谦《七真年谱》及《甘水仙源录》,然均不云撰此书,或系同时同名之人也。

太华希夷志

帝字号八至帝字号九

　　《太华希夷志》二卷,题"登仕郎、河中府知事、讷斋张辂纂集补撰"。前有《自序》,作于延祐甲寅七月。此《志》所述,均陈抟事。盖采自旧文，加以编订，较《宋史》及《真仙通鉴》，约详数倍。卷上至徙居华山止，下卷记居华及所言休咎。然序事之中，间附论断，兼引晦庵《纲目》之评。末附种放、穆修、李之才、邵雍、魏野言行。惟记魏事，《注》云："出《归田录》。"疑卷中每事，均注所出，刊本削之。

金篆斋三洞赞咏仪

鸟字号二至鸟字号四

　　《金篆斋三洞赞咏仪》三卷，题"通奉大夫、守尚书右仆射、兼中书侍郎、上柱国、清河郡开国公张商英奉敕编"。上卷标"宋太宗皇帝御制"，计《步虚词》十首，《白鹤赞》十首，《太清乐》二十首。中卷标"宋真宗皇帝御制"，计《步虚词》十首，《玉清乐》十首，《太清乐》十首，《白鹤赞》十首，《散花词》五言、七言各十首。下卷标"宋徽宗皇帝御制"，计《玉清乐》十首，《上清乐》十首，《太清乐》十首，《步虚词》十首，五言《散花词》十首，《白鹤赞》十首。据《宋史·商英传》，其拜尚书右仆射，在大观四年，卒于宣和三年，则下卷"徽宗"二字，必系后人所改题。《通志》有太宗、真宗、徽宗《御制金篆斋道词》各一卷，即系此书。《宋·志》作《太宗真宗三朝传授赞咏仪》二卷，此疑舍徽宗一卷计之。然既曰"三朝"，或挩"徽宗"二字，"二"为"三"讹。与此标题尤合。此词三卷，虽系道场所讽，然词藻雅丽，于宋诗尚称佳什。又，中卷七言《散花词》及下卷各词，均为《玉音法事》下所采，而《灵宝济度金书》卷十所录《玉清乐》诸词，亦悉与下卷相同。盖徽宗之词，用者尤广也。持以相校，各得异文数十字。《法事》所录，尚有《宣和续修步虚诗》十三首。《金书》于五言《散花词》以上，别有七言八首，疑亦徽宗所制，均足补此编之缺也。

宋真宗御制玉京集

官字号一至官字号六

　　《宋真宗御制玉京集》六卷，上四卷为《表》，下二卷为《词》。卷一自《谢瑞麦表》以下，计二十六首；卷二自《真游殿祥瑞表》以下，计二十五首；卷三自《谢皇子加恩表》以下，计二十五首；卷四自《天贶节表》以下，计二十五首；卷五自《谢圣祖降临词》以下，计二十四首；（《道藏》本卷五自《告谢词六首》始，次乃《谢圣祖降临词》。"谢圣祖降临词"疑当作"告谢词"，"二十四首"疑当作"三十首"）卷六自《为皇子事词》以下，计二十九首。首三卷，各《表》之首，均云"嗣天子臣某诚感诚庆，顿首顿首，再拜上言"，卷四则仅云"臣某言"，均系俪文。各《词》亦然。据《玉海》二十八谓，天禧五年，辅臣集御制为三百卷，有《玉京集》二十卷。王氏自注云："《实录》三十。"又云："《书目》：《玉京集》二十卷。"是此书在宋，其卷帙多寡，各本不同。惟此仅六卷，则非足本，甚明。彭元瑞《知圣道斋读书跋》有此书，亦云"六卷"，所藏当与此本同。彭云"非足本"，其说是也。

太上灵宝五符序

衣字号一至衣字号三

　　《太上灵宝五符序》三卷，不著撰人。卷上首段，志藏《符》、得《符》始末，由黄帝、颛顼、帝喾及大禹治水始，至吴王阖闾得包山《隐书》止；次记华子期遇甪里先生事，次《仙人挹服五方诸天气经》，次《灵宝五帝官将号》，次《灵宝要诀》，次《太清五始法》，次《食日月精之道》，次中黄道君语。卷中所记，均服食各方。卷下首记各符，次《皇人太上真一经诸天名》，次记黄帝受《天宝符文》事，次志禹言。寻绎此书之旨，盖以大禹所藏《隐书》，即黄帝、帝喾所得《符文》，亦即华子期、乐子长所受《经方》。故上、中两卷，均列各方，下卷列符。惟上卷自华子期以下，即非《序》文。据甄鸾《笑道论》第十一章引《五符经》云："中黄道君曰：'天生万物，人为贵也。今无"也"字。人身包含天地，无所不法。立天子，置三公、九卿、二十七大夫、八十一元士，九州、百二十郡、千二百县也。胆为天子大道君，脾为皇后，心为太尉，左臂为司徒，右臂为司空；封八神及脐为九卿；珠今作"环"。楼神十二、胃神十二、三侍一神三，合为二十七大夫；四肢神为八十一元士。合之百二十，以法郡数也。又，肺为尚书府，肝为兰台府。'"今此语具见"食日月精"章。《笑道论》十七又引《五符经》云："三仙王告皇人曰：'人之所以寿者，以不食五谷故也。'"《太平御览》六百七十三引《五符经》云："《九天灵书》封于石匮。"又，六百七十四引云："皇人在峨嵋山北，绝山岩之下，青玉为屋。"今三条均见下卷，惟"匮"字作"硕"，"青"字作"苍"，"谷"上无"五"字，则此书即古《五符经》，惟上卷首段为《序》。今以三卷均

《序》文，乃标题之讹也。特《御览》六百五十九又引《五符经·二十四真图》，今无其文，或亦书有缺残，然究系六朝以前古籍。贾善翔《犹龙传》五云："张鲁著《老君内传序》《灵宝五符序》，载之石室。"以书《序》为鲁作，当系道家相传之说。观此书"五帝官将号"章，详析五方帝名及方色；"太清五始法"章，以五藏、五常配五行，并及孤虚、王相之法，是均汉人遗说。即出自汉季，亦未可知。故末志黄帝受书事，即王瓘《本行记》所本，惟稍事删易。首段志吴王得书，亦与《吴越春秋》相出入。又，所志黄帝、颛顼、帝喾、大禹事，悉本《史记》，然与今本《五帝纪》《夏纪》，文字多殊，如《黄帝纪》"以征不享"，此作"不廷"；"莫能伐"，此作"莫之能伐"；"侵陵诸侯"，此作"侵凌"；"教熊罴貔貅貙虎"，此作"教熊罴狼豹貙虎攫天"；（"天"字误）"咸尊轩辕为天子"，此作"因尊"；"常先大鸿"，此作"恒先"；"幽明之占"，此作"之故"；（与《大戴》合）"水波土石"，此作"水泥"；"水火材物"，此作"什物"。《颛顼纪》"静渊以有谋"，此作"渊淳有良谋"；"疏通而知事"，此作"而智"；"养材以任地"，此作"养财"；（与《大戴》合）"依鬼神以制义"，此作"依神灵以信义"；"治气以教化"，此作"教民"；（与《大戴》合）"絜诚以祭祀"，此作"祭祠"；"莫不砥属"，此作"称属"。《帝喾纪》"普施利物"，此无"物"字；"取他之财"，此作"之物"；"其色郁郁"，此作"恢恢"；"其服也士"，此作"也工"；"莫不从服"，此作"从助"。《夏纪》"下民其忧"，此作"斯忧"；"治水无状"，此作"无功"；"于是舜举鲧子禹能"，此则"举"下有"言"字；"可成美尧之功"，此则"成"下有"业"字；"女其往视尔事"，此作"往亲"；"敏给克勤"，此作"敏给聪济"；"称以出"，此作"以士"；"父鲧功之不成"，此作"之功"；"山行乘桴"，此作"乘樏"；"治梁及岐"，此作"断梁"；"又怀山襄陵"，此易为"山坏陵崩"；"负命毁族，不可"，此作"负命毁族，心有缺殇，恐不可用"。若是之属，非唯足校《史记》之挽讹，即《尚书》旧义，亦赖以可征。至可宝也。

登真隐诀

逊字号一至逊字号三

　　《登真隐诀》三卷，题"华阳隐居陶弘景撰"。卷上为《玄洲上卿苏君传诀》；卷中为《众真哎诀》，三条，五十二事；卷下为《诵黄庭经法》及"入静""章符""请官"三章。正文之下，间以夹注，与《真诰》同。据陶翊所作《本起录》，谓"《登真隐诀》三帙二十四卷"，见《云笈七签》一百七。贾嵩《华阳陶隐居传》亦云"二十四卷"。《唐·志》《宋·志》及《崇文总目》所记卷数，乃各不同；晁氏《读书志》又云"二十五卷"，均此书不仅三卷之征。此仅三卷，盖系残书，故唐、宋诸道书所引，其为此三卷所无者，不下数百则。又，本《藏》"逊"字号六，列《上清明堂元真经诀》一卷，与此书体例悉同；此《诀》前半为《茅传诀》，后半为《王传诀》。《茅传诀》夹注有云："此诀，《真诰》别授。"则书出隐居明甚。"逊"字号四，列《上清三真旨要玉诀》一卷，亦与此书例近，惟无夹注，疑均缺卷之别标书名者。附志于此。

黄庭内景五脏六腑补泻图

国字号四

　　《黄庭内景五脏六腑补泻图》一卷，题"太白山见素子胡愔述"。前有《自述》，末题"大中二年戊辰岁"。本《藏》《修真十书》，亦采此册，称《黄庭内景五脏六腑图》，下标"太白山见素女胡愔撰"，然详略互殊。此本《自述》以后，次以《总论》一节，彼本在卷末，题曰"五脏图文备记"。前有引《素问》一段，此无。次《肺脏》、兽形。《心脏》、鸟形。《肝脏》、龙形。《脾脏》、鸟形、《肾脏》、鹿形。《胆腑》龟形。六图，图各系《说》。彼本《说》存《图》亡，《说》间较此为详。每图《说》后，首《修养法》，次《相病法》，或作"想"。次《六气法》，次《月食禁忌法》，次《导引法》，彼文或挩所标之题，合二法、三法为一条；或分《相病法》下半，别标"治病方"。又，《六气法》均作"吐纳法"，《月食禁忌法》或省作"食忌"，文迥不同。惟《胆腑图》，《说》后标目稍殊。首《修养法》，次《相病法》，次《导引法》，次《吐纳用嘻法》。彼本第次及标目略同。末附《释音》，彼本无。次第均无乱紊，惟文较彼本似有删节。盖此系节本，彼据原本而误有省并也。据《唐·志》所著录，有"女子胡愔《黄庭内景图》一卷"，《崇文总目·道书类》有《黄庭内景》《外景图》各一卷，均标"胡愔撰"；《医书类》中，又有《黄庭内景五脏六腑图》一卷，题"女子胡愔撰"。《宋·志》名亦两见，一题"黄庭内景五脏六腑图"，列《神仙类》；一无"内景"二字，列《医书类》。郑樵《通志略》有《黄庭内景五脏六腑图说》一卷，撰人亦题"胡愔"。合诸家著录观之，《总目》所云"内景图"，当即《内景五脏六腑图》，不当析分为二，《宋·志》亦然。惟《内景图》而外，或别有《外景图》一书，今弗可考。此题"补泻图"，又题"见素子胡愔撰"，"子"上当据《宋·志》补"女"字，或刊本之挽也。此书明代有刊本，题"五脏六腑图说"，附《内景》《外景》二经，梁丘子注本，后末有万历间王圻《跋》，具详孙氏星衍《廉石居藏书志》，惟世鲜传本。若得彼刊校此本，兼以《修真十书》本补此本缺句，庶几克为善本乎！

上清后圣道君列纪

有字号一

《上清后圣道君列纪》一卷，次行题云："方诸东宫青童君传弟子王远游"。经首述道君姓名及字，以为玄帝时人，盖仿《史》传纪体为之，惟中多俪词，备述受经、游仙及大降各事；次为《后圣彭君传》及道君四辅名氏；末记青童君语，以为得仙与否，悉由骨相。惟文藻并丽绮可观。后圣道君，据道家所传，或谓即老君，说概荒渺无据。然此书之出，实在唐代前。知者，《太平经·甲部》，今已不存，而《经抄》尚在，所述与此《纪》多同，知此《纪》即从《太平经·甲部》节录也。虽隋、唐两《志》并未著录，然《初学记》廿二引《后圣九玄道君列纪经》云："后圣君之母，先梦玄云、日月缠其形，乃感而孕也。"今本"孕"作"怀"，余同。又引《道君列纪经》云："若三元宫，有琳札、绿肠、朱髓。"又云："玄都丹台，有皇天金字者，今作"有白玉金字"。则青肝、紫络、苍贤、今作"肾"，是。绫文。"《御览》六百六十引《后圣列纪》云："上清金阙后圣君，少好道，乐真天帝玉清，赐紫蕊刚丹今作"玉"。凤玺，得在今作"上升"。上清中游太极，今本下有"宫"字。下治诸今作"十"。天，封掌兆民。"六百七十三引《道君列纪》云："若三元宫，有珠今作"琳"。札、青书者，则紫脑、金今作"锦"。舌。此为仙相也。"此句约引。六百七十六引《后圣九玄道君列纪》云："《大阴法》今作"注"。有死生，有黑箓、今作"录"。白簿，真今挩。青今作"赤"。丹，编简受生先后之相次也。"又引《后圣君列纪》云："玉清君赐道君玉凤玺。"今本同。六百六十又引，"玉"作"丹"。所引之语，并见今册。又，《混元圣纪》卷九、《要修科仪戒律抄》卷一并引此书，亦与今本大同，则此非后出之书矣。惟《御览》六百七十二引《后圣君列纪》云："龟母按笔，玉童结编，名曰'灵书紫文上经'。"六百七十九引《后圣君列纪》云："道君命五老上真，开紫府玉笈云锦囊，出《灵书紫文上经》，以付青童君。"今此《纪》并无斯语，或非完本。

洞玄灵宝三师记

有字号二，与《洞玄灵宝三师名讳形状居观方所文》同册

　　《洞玄灵宝三师记》，题"广成先生刘处静撰"。前有《自序》，末标"唐龙集庚辰中元月甲辰"。"三师"者，田虚应、冯惟良、度夷节也。《传》体仿各史《列传》为之，简明有法。《传》各有《赞》。赵道一《历世真仙体道通鉴》卷四十，有虚应、惟良、夷节三《传》，即约此《传》为之。夷节殁于乾宁甲寅，处静乃夷节门人，则甲寅为唐□□□年（据前文"乾宁甲寅"，可知为"乾宁元年"，可补"乾宁元"三字）。

孝道吴许二真君传

虞字号五

　　《孝道吴许二真君传》一卷，不著撰人，所记均吴猛、许逊事实。《传》仅一篇，以猛事夹入逊事中。考道书记吴、许事者，有《许真君仙传》一卷、《西山许真君八十五化录》三卷、《许太史真君图传》二卷，均见本《藏》"虞"字号、"国"字号。别有白玉蟾所作《传》，亦列《修真十书》中，然其书均成于唐后。此《传》之出，迥在其前。《传》末云："从晋元康当作"宁康"。二年真举家飞升之后，至唐元和十四年，约五百六十二年，递代相承，四乡百姓，聚会于观。"则此《传》作于元和时，故文体绝类唐人小说。且避"治"为"理"，避"世"作"代"，均其证也。又，《传》末所记许氏世系，为他《传》所无。他《传》均言逊为旌阳令，此云"咸宁元年，征为氏阳令"，地迥不同。又，化炭作美女，他《传》均言逊试弟子，此云猛试弟子，惟逊弗染，与段成式《酉阳杂俎》说合。盖说均有本，与宋人所据不同也。

太极葛仙公传

虞字号六

　　《太极葛仙公传》一卷,题"青元观谭嗣先造"。前作("作",疑当作"有")朱绰《序》,作于丁巳二月。《序》言:嗣先字道林,先世家丹阳於溪。其师贡惟琳,号竹岩翁,得阁皁山所记《仙公传》,病其弗备。竹岩既殁,道林以此书示绰,乃重加编次,为书一卷。是此《传》本属旧籍,而重加编次,则出绰手。今题"嗣先造",非其实也。此书出自元代,与隋、唐《志》所录《仙公传》,名同实异。然《传》文之例,与贾嵩《陶隐居传》略同。正文之外,别有《注》文,详标各事之所出,兼以考释异同,至为赅博,未可以其晚出而蔑之也。末附《仙公炼丹井铭》、宋莆川方峻景通撰。《吴太极左仙公葛公碑》梁华阳陶隐居撰。及崇宁、淳佑两《封册》,并足与《传》相辅。

南岳九真人传

虞字号八

　　《南岳九真人传》一卷,题"奉议郎致仕、骑都尉、赐绯鱼袋廖侁撰"。侁为宋人。前有《自序》,不标年月,略言:"道士欧阳道隆家藏道书,惟《南岳九仙传》存。余疾索之,削其叙说稠叠者十有一处,正其字体谬误者三十有一。又校升举年月不同者四,取旧碑为定。"是此《传》本系古籍,惟订正出自廖氏。九真人者,陈兴明、施存、尹道全、徐灵期、陈慧度、张昙要、张始珍、王灵舆、邓郁之也。李冲昭《南岳小录》,亦有《前代九真传》,与此多同。

太极祭炼内法

此字号一至此字号三

《太极祭炼内法》三卷,题"三外老夫郑所南编集"。中、下两卷均标"太极祭炼内法议略",盖就《内法》推演之。上卷书名题"太极祭炼内法,郑所南编集卷上","郑所南编集"五字,当在次行;中、下两卷均标"太极祭炼内法议略卷第几",次行标"三外老夫郑所南编集",今从之。前有张宇初、徐善政、张逊、侯以正四《序》及《自序》。据诸《序》观之,知此书刊本有三。一为郑氏所自刊,板毁于火;一为王道珪所重刊,盖当元至正七年,徐、张、侯三氏所《序》,均此本也;一为袁静和所刊,盖当明永乐初年,张宇初氏所《序》,即此本也。徐、张、侯三《序》均标至正丁亥,张《序》标永乐四年丙戌。然撰述大旨,具详《自序》。上卷撮记仪式,兼及符箓、咒文之属,末录《度人经》《灵书中篇》,乃内法也。卷中、卷下,均为《议略》。卷中为杂论之体;卷下前半均答问,计十四条;次杂论二十则。其末四则,或标名字,或标年月,其第一则云:"此祭炼说,在胸中久矣。集而成《祭炼议略》,则庚午岁也。"第二则云:"予始于儒,中于道,终于释。又著《释氏施食心法》《施食布施支说》几二万言,惟好事者参错详观之。"末标"越六载,所南郑思肖书。"第三则均记马行之受法事,其末云:"丙子九月二十一日,正予三十六岁前辛丑初度之辰也。所南隐者书。"第四则均记沈之我受书事,末标"所南隐者书"。盖一为《后序》,

余均成书后所增。末附沈之我《跋》,作于至元辛卯。沈亦郑氏门人也。此书大旨,于炼、度各仪,以葛仙公所传为准桌,其源亦出《灵宝法》。然就《议略》两卷寻绎之,盖以此法为炼心之用。卷中之言曰:"故一切事,无大小,悉以至诚为主。一念不诚则伪,一事不成则败,况于鬼神之际乎?"又云:"《孟子》曰:'操则存,舍则亡。'其心之谓欤?行祭炼者,宜察此语,先立至诚为本。至诚者,无毫发杂念,极纯一之心也。"又云:"天尊即是自己元神。"又云:"未能炼神,安能度鬼?全仗真心内事。其符、其事,乃寓我之造化耳。"又云:"他本祭炼,例用科仪,只事文饰。向来苦好祭炼,先传得数本,皆无内事。率是取外炁、想外境者,以讹传讹,误人多矣。"又云:"心之广大,渺无边际,与大道周流于无穷无碍之天,岂可短智狭量以自小之?'一日克己复礼,天下归仁焉。'当剖破藩篱,作大家看。或使一夫向隅而不被其泽,则吾仁亦阙然耳。"卷下之言曰:"我之祭炼,专主于深静之域,开自己泰定之天。"又云:"万物纷纭,悉从心出。"又云:"心真则物妙,心伪则物坏。心正境亦正,心变境亦变。"又云:"世人信符咒,信外物,信华饰,却不信自己之天理。"合观所言,论"心"、论"仁",并与《心史》他篇相合,即张宇初《序》所云"首主于诚"也。岂得以忏仪之属例之哉?要之,北宋之后,道家之书渐显,直指本心之理。北有七真诸《语录》,南有郑氏之书,派别虽异,其意或相近也。

黄帝太乙八门入式诀

五字号八

　　《黄帝太乙八门入式诀》三卷,同册。不著撰人。所述均九宫之法,以为黄帝受之玉女。说虽依托,然孤虚、王相之说,与《史记·龟策传》

多合，则此书或出唐、宋前。本《藏》"五"字号，别有《黄帝太一八门入式秘诀》一卷，《黄帝太一八门逆顺生死诀》一卷，与此略同，亦术数书之近古者也。

敦煌新出唐写本提要

　　法人伯希和于敦煌所得唐写本，其数至多。近阅其印片若干种，各为提要一首，以寓目后先为次。依类编集，俟诸异日。庚戌十二月，师培记。

毛诗诂训传国风残卷

　　《毛诗诂训传·国风》五百八十一行，行字多少不等，多者三十余字，少者十余字。从《周南·汝坟》首章"室如毁"起，至《陈风·宛丘》第二章《经》文止。《唐风》以下，有《传》《笺》，《传》《笺》文均夹行。《唐风》以前，仅《经》文、《小序》及篇末《章句》而已。《正义》云："定本《章句》在篇末。"此卷之式，与定本同。每什之首，均题"某国某篇诂训传第几"，"诂"或作"故"。《王风》《郑风》作"故"。《释文》云："古本多作'故'，今或作'诂'。"下标"毛诗国风"四字，《召南》、《鄁》、《陈》。或仅标"国风"二字，《鄘》《卫》。或挩而弗标。《王》《郑》《齐》《魏》《唐》《秦》。惟《卫风》、《陈风》兼标"郑氏笺"三字。每什之末，或总标篇数，《召南》。或兼标章句之数，《周南》《魏》。或并标字数，《鄁》《唐》《秦》。或均挩略弗标。《鄘》《卫》《王》《郑》《齐》。此由钞胥之挩，非标题之例有参差也。又，《周南》之末注"第一"，《鄁风》之末注"第二"，《鄘风》之首注"三"字，《卫风》之末亦注"第三"；《王风》之首注"四"字，《郑风》之末亦注"卷第四"。《魏风》之末注云："卷第五。"《唐风》之首注云："卷第六。"《秦风》之末，亦有“卷六”二大字；《陈风》之首，别注“卷七”。此志所分之卷也。盖《周南》卷一，《召南》《邶》卷二，《鄘》《卫》卷三，《王》《郑》卷四，《齐》《魏》卷五，《唐》《秦》卷六，《陈》以下卷七。以唐《石经》校之，分卷悉符，则亦隋、唐《志》二十卷之本矣。惟唐讳之字，其缺笔者，仅“世”字；“民”字虽间更“人”字，然为数甚稀。其为何时所书，今弗可考。书法弗工，然确出唐人之手。《经》文多异唐《石经》，与《石经》合而字异各本者，如《齐风》“总角丱兮”之“丱”是也。或与《释文》本合，如《召南》“白茅苞之”之“苞”，《邶风》“我心匪监”之“监”、“遘闵既多”之“遘”、“自贻伊戚”之“贻”、“无发我苟”之“无”、“瑑兮尾兮”之“瑑”，《鄘风》“其之狄兮”之“狄”，《郑风》“将叔毋狃”之“毋”、“叔马慢忌”之“慢”、“东门之坛”之“坛”，《唐风》“见此解覯”之“覯”，《秦风》“鸿彼晨风”之“鸿”是也。或与《释文》所引或本、一本、俗本合，如《召南》“有斋季女”之“斋”，《邶风》“栢舟”之“栢”、“以遨以游”之“遨”、“实劳我心”之“实”、“死生挈阔”之“挈”、“吹𣗥彼心”之“𣗥”、“人涉仰否”之“仰”、“僶俛同心”之“僶”、“燕尔新婚”之“燕”、“昔育恐育鞠”之“鞠”、“褎如充耳”之“褎”、“间兮”之“间”、“忧心殷殷”之“殷”、“悦怿女美”之“悦”，《鄘风》“不谅人只”之“谅”、“中遘之言”之“遘”、“升彼墟矣”之“墟”，《卫风》“领如蝤齐”之“齐”、“税乎农郊”之“税”、“无食桑椹”之“椹”、“桧檝松舟”之“檝”、“丸兰”之“丸”，《王风》“嘅其叹矣”之“叹”、“条其啸矣”之“啸”、“尚寐无讹”之“讹”，《郑风》“弊予又改为兮”之“弊”、“不寁好兮”之“兮”、“聊乐我云”之“云”、“聊可与虞”之“虞”、“零露团兮”之“团”，《齐风》“并驱从两豣兮”之“豣”、“艺麻如之何”之“艺”、“未几见之”之“之”、“垂辔泲泲”之“泲”、“巧趍跄兮”之“趍”，《魏风》“行与子旋兮”之“旋”、“胡取禾三百廛兮”之“廛”，《唐风》“见此解覯”之“解”，《秦风》“载猃歇猗”之“猗”、“游环胁驱”之“驱”，“有条有梅”之“条”是也。或与《释文》所引旧本合，如《召南》“委委蛇蛇”，与《释文》所引沈读合；《鄘风》“瑳兮瑳兮，其之狄兮”，与《释文》载沉重所引或本合是也。或与《释文》所云“误本”合，如《王风》“杨之水”，“杨”字从“木”；《郑风》“太叔于田，乘乘马”，“叔”上有“太”字；《唐风》“弗击弗考”，“鼓”字作“击”是也。或与宋人所引《释文》合，如《鄘风》“委委他他”之“他”，《唐风》“羔裘豹褎”之“褎”，并与吕氏《读诗记》所引《释文》合。或与《释文》所引或本字形差异而实符，如《召南》“骝虞”，“骝”即《释文》所引或本之

"𦥯"字,《邶风》"顾我则嘁","嘁"即《释文》所引俗本"嘆"字;《郑风》"无我䜣兮","䜣"即《释文》所引或本之"獻"字;《唐风》"菀其死矣","菀"即《释文》所引或本之"苑"字。或与《正义》所引定本合,如《卫风》"总角之宴"之"宴",《齐风》"突而弁兮"之"而","顾而长兮"之"而",《秦风》"有纪有堂"之"纪"是也。或与山井鼎《考文》所引古本合,如《召南》"薄言旋归"之"旋",《卫风》"如珪如璧"之"珪",《郑风》"使我不能飡兮"之"飡"、"维士与女"之"维",《齐风》"不能晨夜"之"晨",《魏风》"谁之咏号"之"咏"是也。或与《三家诗》合,如《召南》"蔽芾甘棠"之"芾",与《韩诗外传》一合;《邶风》"出宿于济"之"济",与《列女传》一引合是也。或与古籍所引合,如《召南》"硠其雷"之"硠",与《文选·景福殿赋》《注》引合;"棠棣之华"之"棠",与《太平御览》一百五十二引合;《邶风》"如有殷忧"之"殷",与《文选·谢瞻诗》《注》引合;"嗈嗈鸣雁"之"嗈",与《尔雅·释诂》《疏》引合;《卫风》"一苇航之"之"航",与《白帖》九引合;"邦之杰兮"之"杰",与《玉篇·人部》引合;《齐风》"娶妻如之何"之"娶",与玄应《音义》廿四引合;"簟笰朱鞹",与《玉篇·竹部》引合;"齐子恺悌",下二字与《尔雅·释言》《注》引合。或与唐《石经》初刻合,如《邶风》"不遐有害"之"遐"是也。或与宋本合。如《卫风》"如切如瑳"之"瑳",与宋小字本、岳本相合;《王风》"黍离"之"黍",与北宋钞本合是也。其与各本并殊者,或系省形,如《周南》"父母孔尔"之"尔",《召南》"林有朴樕"之"樕",《鄘风》"言采其蚩"之"蚩",《卫风》"竹干"之"干",《齐风》"在我达兮"之"达"、"以御乱兮"之"御",《唐风》"首阳之巅"之"巅",《秦风》"四驖"之"四"、"惴惴其栗"之"栗"是也。或增偏旁,如《召南》"无憾我帨兮"之"憾",《鄘风》"不可攘"之"攘",《王风》"菀爰"之"菀"("菀",据"增偏旁"观之,疑字当作"菀"),《郑风》"子之偪兮"之"偪",《齐风》"无佃甫田"之"佃"、"卢铃铃"之"铃"、"驷骊济济"之"驷",《魏风》"宛然左僻"之"僻",《唐风》"绸缪束蒭"之"蒭"、"独行嬛嬛"之"嬛"、"锦衾烂兮"之"烂",《秦风》"蒙伐有菀"、《陈风》"菀丘"之"菀"是也。或异偏旁,如《王风》"诒我佩玖"之"诒",《郑风》"杂珮以赠"之"珮"、"挑兮达兮"之"挑",《唐风》"白石浩浩"之"浩"、"白石邻邻"之"邻",《秦风》"德音袚袚"之"袚"、"道岨且长"之"岨"是也。或系古字,如"邦"字作"邫",《卫》"漕邑"之"漕"作"曹"是也。或系别体俗书,如《召南》"召伯所茇"之"茇",《邶风》"绤兮纮兮"之"纮"、"其虚其耶"之"耶",《郑风》"缟衣"之"缟",《唐风》"山有涞"之"涞",《秦风》"㡘衣绣裳"

之"諕"是也。或系音形相近,如《召南》"素丝五绝"之"绝"、"壹发五豵"之"豵",《邶风》"击鼓其镗"之"镗",《齐风》"自公命之"之"命"是也。或系古字相通,如《邶风》"薄言往诉"之"诉"、"瞻望不及"之"不",《郑风》"彼己之子"之"己",《齐风》"无庶与子憎"之"与",《魏风》"犹来毋弃"之"毋"是也。或改用正字,如《召南》"谁谓汝无家"之"汝",《邶风》"与子成悦"之"悦"、"载脂载舝"之"舝"、"不遐有害"之"遐"、"泛泛其影"之"影",《卫风》"其隩"之"隩"、"曾不容刀"之"刀",《郑风》"匪我思徂"之"徂",《魏风》"殊异乎公辂"之"辂"是也。或助语不同,如《邶风》"曷云其已"之"云"、"叔也伯也"两"也"字,《鄘风》"乃如之人兮"之"兮"、"控乎大邦"之"乎",《卫风》"士之罔极"之"之",《郑风》"俟我于巷兮"之"于"是也。或字有损益。如《鄘风·墙有茨篇》无各"也"字,《君子偕老篇》"胡然"二句,无两"也"字是也。亦有初书与各本合,而后改之字不同者,如《邶风》"凄其北风",初书"北"作"以";"远送将之",初书"送"作"于";"方之舟矣"及"泳之游矣",初书两"矣"字并作"之";《王风》"右招游遨",初书"遨"作"敖"是也。改字不知据何本。亦有确为讹文如《召南》"肃肃宵征"之"霄",《邶风》"寤辟婟有摽"之"婟",《鄘风》"之死矢靡匿"之"匿"、"素丝诅之"之"诅",《卫风》"充耳琇莹"之"莹",《王风》"鸡栖于塒"之"塒"、"中谷有椎"之"椎"、"彼菜葛兮"之"菜",《郑风》"叔于田,巷无饮酒"之"田"、"茹芦在阪"之"芦",《齐风》"美目倩兮"之"倩",《秦风》"如何赎兮"之"何"是也。及挩字如《王风》"右招游遨",挩"我"字;《魏风》"十亩之间,桑者闲闲兮",挩上"兮"字;《唐风》"何不鼓瑟",挩"日"字;"悠悠天",挩"苍"字是也。者,亦有疑为讹文如《卫风》"焉能谖草"之"能",《秦风》"今我不乐"之"我"是也。及羡字如《邶风》"匪女之为美,美人之贻",此叠"人"字是也。者。惟《召南》"无使狵也吠兮","兮"与上两语"兮"字相应;《邶风》"济盈不濡轨",似即"轨"字,与毛《传》训合;《郑风·遵大路》次章"路"作"道",上衍"路"字。与下"好"字叶韵;《齐风》"其鱼鲂鲲",与郑《笺》"鱼子"训合;《御览》九百四十亦引作"鲲"。《唐风》"见此粲都"及"如此粲都何","都"有"美"训,似出他本之上。《序》文亦然,有与《释文》本相合者,如《卫风·氓序》"刺淫佚"之"佚",《王风·葛藟序》"刺桓王也"之"桓",《郑风·清人序》"而御狄于境"之"御"是也。有与《释文》所引他本合者,如《召南·鹊巢序》"鸣鸠"之"鸣",《郑风·叔于田序》"而好勇"之"好",《齐风·旋序》"而无赝"之"赝"，以及各《序》诸"刺"字是也。又，《卫风·有狐序》："所以蕃育民人也。"《魏风·陟岵序》："国小而迫，而数见侵削。"《鄘风·定之方中序》："卫为狄人所灭。"亦与陆氏所引他本合。有与《正义》本合者，如《郑风·山有扶苏序》"所美"非"美人"，以及《鄘风·日月序》无"之诗"二字是也。有与《正义》所引定本合者，如《鄘风·载驰序》"又义不得"是也。有与蜀《石经》合者，如《召南·何彼秾矣序》"以成肃雍"之"雍"是也。又与北宋钞本合者。如《郑风·将仲子序》"祭仲骤谏"，《女曰鸡鸣序》"陈古士义"；《齐风·东方未明序》"朝廷兴居而无节度"，《甫田序》"不修其德"；以及《魏风·葛屦序》"趋利"之"趋"，《唐风·杕杜序》"骨宾"之"宾"是也。其与各本均异者，或由字数损益，有较各本增字者，如《鄘风·匏有苦叶序》"并为淫乱焉"，《新台序》"久而要之"；《鄘风·桑中序》"而不可止然也"；《王风·君子阳阳序》"君子遭乱，伏"；《郑风·清人序》"文公恶之"及"翱翔乎河上"，《羔裘序》"大夫刺朝也"，《有女同车序》"而忽不取"；《齐风·卢铃序》"故陈古以刺风焉"；《魏风·陟岵序》"役乎大国之间"，《硕鼠序》"刺其君之重敛"是也。有校各本省字者，如《鄘风·雄雉序》无"而作此诗"四字，以及《召南·鹊巢序》"夫人起家而居之"；《鄘风·墙有茨序》"卫人刺上也"，《鹑之奔奔序》"刺宣姜也"，《相鼠序》"卫文公正其群臣"；《卫风·竹竿序》"适异国而不答，思而能以礼也"，《王风·黍离序》"大夫行役"，《杨之水序》"周人怨焉"；《唐风·杨之水序》"昭公微"，《椒聊序》"子孙将有国焉"；《秦风·渭阳序》"及即位"是也。有较各本实有增益，而文复互倒者，如《召南·羔羊序》"《鹊巢》，功之所致也"，《郑风·野有蔓草序》"君之泽不流于下，人民穷于兵革"，《齐风·甫田序》"所求之者，非其道也"是也。或由文字不同，如《召南·采蘋序》"供祭祀矣"之"供"，《江有汜序》"勤而不怨"之"不"；《鄘·柏舟序》"倾公"之"倾"，《式微》《旄丘序》"寓乎卫"之"乎"，《旄丘序》"连帅"之"帅"；《鄘·柏舟序》"恭姜"之"恭"，《桑中序》"至乎世族"之"乎"；《卫风·考盘序》"先君之业"之"君"，《有狐序》"无室家者"之"室"；《齐风·鸡鸣序》"惊戒"之"惊"，《南山序》"而去焉"之"焉"；《魏风·园有桃序》"而作是诗"之"而"；《秦风·四骥序》"菀囿"之"菀"，《小戎序》"则闵其君子"之"则"，以及"狄"恒作"翟"、"妃"恒作"配"、"杀"恒作"煞"，"猎"恒作"獦"是也。或由钞胥而讹挩，如《秦风·渭阳序》"未及而秦姬卒"之"及"，此字之讹者也。《鄘风·式微序》"其劝以旧也"，无"臣"字；《唐风·羔裘序》"不恤其也"，无"民"字，此字之挩者也。又，《唐风·椒聊序》无"盛强"，《绸缪序》无"国乱"，似亦传写之挞。然均校勘《毛诗》者所当首采也。自是而外，毛《传》固多异文，有字与各本悉不同者，如《唐风》"山有枢"、《传》"国君有贿货"，各本"贿"作"财"；"椒聊之实"《传》"椒聊，子也"，各本"子"作"椒"；《秦风》"阪有漆"、《传》"坡者曰阪"，各本"坡"作"陂"；"阴靷鋈续"《传》"阴掩，轨也"，各本"荫掩"作"阴揜"，"轨"或作"轨"；"在水之涘"《传》"涯也"，各本"涯"作"厓"；"与子同袍"《传》"能致其死"，各本"能"作"乐"是也。有字与今本不同，而与旧本相合者，如《秦风》"阴靷鋈续"《传》"靷，环也"之"靷"，"胁驱顺驾"之"顺"，"袾袾德音"《传》"有智也"之"智"，并与《释文》引各本合；"溯游从之"《传》"慎礼而未济"之"未"，与《正义》合；"锦衣狐裘"《传》"采衣也"之"衣"，与《考文》引古本合；《唐风》"山有枢"《传》"不能自用其材也"之"材"，"云胡其忧"《传》"言无忧也"之"无"，"王事靡盬"《传》"不攻致也"之"致"，"锦衾烂兮"《传》"斋则角枕锦衾"之"斋"，并与北宋钞合；"惴惴其栗"《传》"惴惴，惧也"之"惴"，与宋小字本合也。有所省之字与古本相合者，如《唐风》"弗击弗考"《传》"考，击也"，"击"上无"亦"字，与《正义》所引定本合是也。有较各本省字者，如《唐风》"采葑"《传》"菜也"，各本作"菜名也"；《秦风》"白露未已"《传》"未已，止也"，各本作"未已，犹未止也"是也。有较各本增字者，如《唐风》"有杕之杜"《传》"枝叶不相比近者"，各本"比近者"作"比也"；《秦风》"辎车"《传》"辎车，轻车也"，各本无二"车"字；"龙盾"《传》"骖内两辔也"，各本无"两"字；"厹矛"《传》"厹矛，三偶矛"，各本无"厹"字；"乘黄"《传》"四马黄也"，《陈风》"子之荡兮"《传》"卿大夫也"，各本无"黄"字、"卿"字是也。有增字独与古本合者，如《唐风》"其叶菁菁"《传》"叶盛皃也"，各本无"盛"字，此与北宋钞本同；"羔裘豹袪"《传》"袪，袂末也"，各本无"末"字，此与《正义》引定本合是也。《笺》文亦多歧异。有文较各本互有损益者，如《唐风·采苓》《笺》曰："皆云我时月而采之于首阳山之上，首信有苓矣。"今各本作"皆云采此苓于首阳山之上，首阳山之上，首信有苓矣"，与此多殊。有各本均挞、此卷独有者，如《秦风·车邻序》《笺》"秦仲为周宣王大夫也"，各本无此九字是也。有较各本增字而义较长者，如《唐风》"好乐无荒"《笺》"君子之好乐"，各本无"子"字，"乐"或作"义"；"彼己之子"《笺》"是谓桓叔也"，各本无"是"字；"人之为言"《笺》"无信言"，各本无"信"字。《秦风》"今我不乐"《笺》"今者不于此君子之朝自乐"，各本无"子"字；"言念君子"《笺》"我念君子之性"，各本无"我"字；"鋈以觼軜"《笺》"系于轼軝前者也"，各本无"軝"字及"者也"；"蒹葭苍苍"《笺》"喻众民之不服从襄公之政令者，至得周礼以教之，则皆服之也"，各本无"服"字、"至"字、"皆"字及两"之"字是也。有较今本省字、独与古本合者，如《唐风》"子兮子兮"《笺》"斥娶者也。子之娶后"，各本"斥娶"作"斥嫁取"，此与北宋钞本合是也。有较各本省字而义较长者，如《唐风》"舍旃"《笺》"旃，之也"，各本作"旃之为焉也"是也。有字异今本、独与古本合者，如《唐风》"白石凿凿"《笺》"波流遄疾"之"波"，与北宋钞本及《考文》所引古本合；"生于道左"《笺》"以其特生荫寡也"之"荫"，《秦风》"骐駵是中"《笺》"赤身黑鬣曰駵"之"駵"，均与《释文》引或本合。"颜如渥丹"《笺》"渥，淳渍也"之"淳"，与《释文》合；"与子同襗"《笺》"泽，亵衣"之"泽"，与宋小字本及北宋钞本合是也。有字与各本悉不同者，如《唐风》"日月其除"《笺》"日月将过去"，各本"将"作"且"；"椒聊之实"《笺》"将以日盛也"，各本作"将日以盛"；"白石凿凿"《笺》"民将以有礼义也"，各本"将"作"得"；"羔裘豹袪"《笺》"有怀恶之心"，各本"怀"作"悖"；"岂无他人"《笺》"菜邑之民也"。各本"菜"作"采"；"集于苞栩"《笺》"恨相迫连梱做也"，各本"做"作"致"；"彼君子兮"《笺》"至于此邦"，各本"邦"作"国"；"中心好之"《笺》"言心诚爱好之"，各本"心诚爱好"作"中心诚好"；"夏之日，冬之夜"《笺》"思者于昼夜长之时"，各本"长之时"作"之长时"；"并坐鼓瑟"《笺》"相宴乐之也"，各本"宴"作"安"；"今我不乐"《笺》"而去在他国"，各本"在"作"仕"；"乱我心曲"《笺》"妇人所以闵其君子"，各本"以"作"用"。《蒹葭序》《笺》"被周之德化日久矣"，各本"化"作"教"；"溯游从之"《笺》"以敬慎求之"，各本"慎"作"顺"。《黄鸟序》《笺》"自煞人从死"，各本作"自杀以从死"；"如可赎兮"《笺》"惜善人甚也"，各本"甚也"作"之甚"；"忘我实多"《笺》"汝忘我之事太多"，各本"太"作"实"；"夏屋渠渠"《笺》"犹勤勤也"，各本"勤"作"勤"；"今也每食无余"《笺》"裁足耳"，各本"裁"作"才"。《陈风》"而无望兮"《笺》"而则劾之"，各本"劾"作"效"是也。**所增语助，约及百余。**《唐风》《传》、《笺》计增"也"字三十九，"者也"五，"之也"一，"者"字四，"焉"字一；《秦风》《传》、《笺》计增"也"字四十，"之也"一，"者也"五，"者"字五，"之"字二，"乎"字一；《陈风》《传》、《笺》计增"也"字一，"之"字一。**惟挍衍之文，亦以百计。**如"载猃歇骄"《传》，有"载，始也"三字，据各本郑《笺》有此文，则此为衍字；"俴驷孔群"《笺》"孔，甚也，群者"，各本作"甚群者"。据毛《传》已有"孔，甚也"之文，则"孔也"二字均衍。"溯游从之"《传》云："道来迎，慎求之则近也"，下六字，各本无，乃涉郑《笺》而衍。又，《唐风》"苟

亦为言"《笺》，挩"苟，且也"三字；而"归于其室"下，并挩郑《笺》全文。此衍、挩之
显然者。篇末所标章句，兼有讹文。如《唐风·杨之水》"三章，章六句"，当作
"三章，二章章六句"；末行"十有一篇，卅五章，二百五句"，当作"卅三章，二百三句"。
《秦风·权舆》"二章，章二句"，当作"二章，章五句"；末行"百七十七句"，当作"百八
十一句"是也。又，《召南·行露》"三章，章三句"，当作"三章，一章章三句"；《野有死
麕》"三章，上章章四句"，当作"上二章，章四句"；《王风·君子阳阳》"三章"，"三"当
作"二"；《郑风·丰》"四章，一章三句"，"一"当作"二"；《东门之垣》"二章，章三句"，
"三"当作"四"。此均传写之讹挩也。又，《经》文之字，其旁间注读音，《王风》
以下无之。惟《召南》"维锜"及"釜锜"，旁注"绮"字；"宗室牖下"，"牖"旁注"酉"
字；"蔽芾甘棠"，"芾"旁注"庆"字；"何以穿我墉"，"墉"旁注"容"字；"素丝五绅"，
"绅"旁注"夷"字；"委委蛇蛇"，"蛇"旁注"驰"字。《鄘风》"愿言则嚏"，"嚏"旁注
"翄"字；"睍睆黄鸟"，上二字旁注"现肝"；"新台有泚"，"泚"旁注"词"字。《卫风》
"共伯蚤死"，"共"旁注"恭"字，"蚤"旁注"早"字；"之死矢靡它"，"它"旁注"他"
字；"玉之瑱也"，"瑱"旁注"田"字；"孑孑干旄"，"孑"旁注"结"字；"众稚且狂"，
"稚"旁注"池"字；"尤尤其麦"，"尤"旁注"蓬"字。《卫风》"赫兮咺兮"，"咺"旁注
"叹之"（"叹之"，据文意，疑当作"叹字"）；"终不可谖兮"，"谖"旁注"喧"字；"永矢
弗告"，"告"旁注"轴"字；"四牡有骄"，"牡"旁注"母"字；"螓首蛾眉"，"螓"旁注
"秦"字。"鳣鲔发发"，上二字字旁注"擅伟"；"葭菼揭揭"，上二字旁注"加淡"，均直
音也。又，《鄘风》"旭日始旦"，"旭"字旁注"子玉"二字，似系反切；"印须我友"，"印"
字旁注"印穹"二字，似备两音。亦偶与古音弗合，是在采其长而正其失耳。

毛诗故训传鄘风残卷

《毛诗故训传·鄘风》一百一十一行，由《栢舟小序》起，至《匏有
苦叶》篇末章毛《传》"我犹待"止。首行题"鄘栢舟故训传第三"，下

标"毛诗国风"及"郑氏笺"七字。"故训"不作"诂训",与《释文》所引旧本合。《经》文而外,《小序》《章句》及《传》《笺》均备。每行字数,由二十六字至二十字。《传》《笺》均夹行。唐讳之字,"治""豫"均弗缺笔,"民"字缺笔者仅一见。字迹弗工,校改之字,或黯晦不可识,文字多异他本。《经》与前卷合者,惟《栢舟》之"栢"、"以遨以游"之"遨"、"我心匪监"之"监"、"绤兮绤兮"之"绤"、此又作"绤"。"瞻望不及"之"不"、"顾我则嘆"之"嘆"、彼作"嘆"。"击鼓其铛"之"铛"、"与子成悦"之"悦"、"飑风"之"飑","吹彼棘心"之"棘","济盈不濡轨"之"轨"而已。《序》与前卷合者,惟《栢舟序》"倾公"之"倾"字不作"颓",《日月序》"伤己不答于先君,以至困穷也",无"见"及"之诗"二字;《飑风序》"犹不安其室","不"下无"能"字;《雄雉序》"刾卫宣公也","刾"不作"刺",及末无"而作是诗"四字而已。自是而外,文乃互殊,如"觏闵既多",不作"遘";"死生契阔",不作"挈";"自诒伊阻",不作"贻";"雍雍鸣雁",与《太平御览》九百十七引合。不作"嗈";"人涉昂否",不作"仰"是也,则所据别为一本,昭然甚明。其与古本相符者,如"寤擗有摽","擗"即《释文》所引或本之"擘",《玉篇·手部》正引作"擗"。"竚立以泣","竚""伫"古通,《楚词·九歌》王《注》正引作"竚"。"愿言则違","違"即"疐"字俗书,字不从"口",与《石经》以下依郑改毛者不同。"土国城曹","漕""曹"古通,字不从"水",与《水经注》诸书相合。又,《飑风序》"而其志耳",虽"其"上挩"成"字,然作"而"弗作"以",与《正义》所引定本合。此均有资于考证者也。惟"俾无讹焉",各本"焉"作"兮";"宁不我述",各本作"报我不述";"于嗟洵兮",各本"洵"作"洵";《燕燕序》"卫庄姜送归妾",各本下有"也"字;《日月序》"遭州吁暴之",各本作"之暴"。或系此卷挩讹,或此卷依据古本,今末由定。若"亦有兄第"之"第","睍睆黄鸟"之"睍",则别体也。"终温清且惠"之"清",则衍字也。"乃如之兮"句无"人"字,"不有瞻"句无"日"字,则挩文也。"深则励"之"励",乃讹字也。毛《传》之文,亦恒独符旧本。如《栢舟》"亦泛其流",《传》"泛,流貌也"及"亦泛其流,不以济渡各本作"度"。也",不叠"泛"字,与《释文》所据本合;"威仪棣棣"《传》"礼容俯仰,各有宜尔","宜"字不作"威仪"；"愠于群小"《传》"愠，怨也"，"愠"不作"怒"，并与《正义》合。《燕燕传》"燕，乙初书误"乞"。也"，"乙"不作"𠃬"，与《释文》引或本合。"其心塞渊"《传》"塞，实也"，"实"不作"瘗"；初书似亦作"瘗"，"实"系校改。《终风》"愿言则逮"《传》"欶也"，"欶"即"欬"讹，并与《释文》所引崔本合。《匏有苦叶》"浅则揭"《传》"揭，褰裳也"，不叠"揭"字，与《正义》所引定本合。其与各本均异者，亦较今本为长。如《柏舟》"泛彼柏舟"《传》"栢木，所宜以为舟也"，各本"宜以"作"以得"；《燕燕》"远送于野"《传》"郊外曰埛"，各本作"埛，郊外也"；"终温且惠"《传》"惠，慎也"，各本"慎"作"顺"；《终风》"顾我则嘅"《传》"嘅，侮慢之"，各本"慢之"作"之也"；《飘风》"棘心夭夭"《传》"成就貌"，各本"成就"作"盛"；《匏有苦叶》"浅则揭"《传》"安可以无礼仪"，各本"仪"作"义"；"卬须我友"《传》"我犹待"，各本"犹"作"独"是也。其他所增"也"字，约及二十。又，《燕燕》"实劳我心"，各本无《传》，此有"实，是"二字，与《考文》所引古本独符。岳本亦有之。惟钞胥多挩字，未可据依。如《柏舟》"逢彼之怒"《传》"彼，兄弟也"，不叠"彼"字；《燕燕》"下上其音"《传》"飞而上曰上音"，下无"飞而下曰下音"六字；《终风》"不有噎"《传》"阴而曰噎"，"曰"上无"风"字；"虺虺其雷"《传》"暴若震雷之虺虺然也"，"之"下无"声"字；《击鼓》"踊跃用兵"《传》"使皆踊跃用兵也"，"使"下无"众"字；"不我活兮"《传》"不我生活也"，"不"下无"与"字；《雄雉》"自诒伊阻"《传》"阻，难也"，上无"伊，维"二字；《匏有苦叶》"有鷕雉鸣"《传》"深水之所难也。鷕，雌声也"，"之"上无"人"字，"雌"下无"雉"字是也。郑《笺》亦多讹挩，如《柏舟》"亦泛其流"《笺》"俱流中"，各本"流"下有"水"字；"不可选也"《笺》"言德备而不遇而愠"，各本"而愠"作"所以愠也"；"愠于群小"《笺》"众人在君侧者也"，各本"人"上有"小"字；《绿衣》"绿衣黄里"《笺》"绿衣次之者"，各本叠"次之"二字；"女所治兮"《笺》"而乱之"，各本作"而女反乱之"，均此卷挩文也。《柏舟》"亦泛其流"《笺》"与群小人并烈"，各本"烈"作"列"；《绿衣》"绿衣黄里"《笺》"又以黄为里"，各本"又"作"反"；《终风序》《笺》"正犹正也"，下"正"字，各本作"止"；《击鼓》"于林之下"《笺》"军行必依此川"，各本"此川"作"山林"，均此卷讹字也。然有他本讹挩、此卷独否者，如《栢舟》"亦泛其流"《笺》"而与众物泛泛然"，各本多挩"众"字，或并挩"而"字；《绿衣序》《笺》"姓姜"，各本下衍"氏"字；"女所治兮"《笺》"亦喻其乱嫡妾之礼,责以本末之所行也",各本挩"所"字、"也"字,并挩"其"字;《燕燕序》《笺》"远送之子于野",各本挩"之"字;《终风》"顾我则喫"《笺》"其间又甚恶",各本"又"下衍"有"字;《击鼓》"与子成悦"《笺》"忧心恩志",各本"忧心"误"爱之";"于嗟阔兮"《笺》"故于嗟叹之",各本"于"误"吁";《匏有苦叶》"雄鸣求其牡"《笺》"而不自知也",各本"而"误"言"是也。又,《绿衣序》《笺》"谓公子州吁之母也",各本无"也"字;"绿衣黄裳"《笺》"不殊衣裳",古本或无"衣"字,此与《正义》引定本均合。"女所治兮"《笺》"后制衣",各本"制"作"製",此与岳本合。《日月》"宁不我述"《笺》"不循,不循",下挩"礼也"二字。各本上"循"字作"述",此与宋十行《注疏》本相合。《击鼓序》《笺》"公子凭出奔郑",各本"凭"作"冯";《凯风》"母氏圣善"《笺》"母有叡智之善德",各本"智"作"知";《匏有苦叶》"浅则揭"《笺》"为之求配偶也",各本"配"作"妃",此与《释文》引或本均合。其他异字,或义可两存,如《燕燕序》《笺》"作诗见己意",各本"意"作"志";《日月》"父兮"《笺》"言己尊之,又亲之也",各本作"言己尊之如父,又亲之如母";《终风》"中心是悼"《笺》"然而己不得而正之",各本"正"作"止";"终风且噎"《笺》"喻州吁之闇乱甚",各本作"喻州吁闇乱甚也";《雄雉序》《笺》"国人久役军旅之事",各本作"久处军役";"自诒伊阻"《笺》"此自遗以患难之事",各本作"此自遗以是患难"是也。或两字通用。如《燕燕序》《笺》"而州吁煞之"之"煞"、"庄姜无子"之"无","仲氏任只"《笺》"睦因"之"因",《凯风》"睍睆黄鸟"《笺》"以兴颜色悦也"之"悦",《雄雉》"展矣君子"《笺》"诉于君子"之"诉"是也。所增"也"字,亦三十余。且"忧心悄悄"《笺》"悄悄,忧貌",各本均误为毛《传》,此独上冠《笺》云",千年疑蕴,至是始诠。虽字多讹挩,夫固瑕弗掩瑜矣。

左传杜预集解昭公残卷

　　《左传》杜预《集解》一百二十二行,第一行、第一百二十一行均有漫灭之字。末行仅存两半字。由《昭公二十七年传》"兴谤讟"起,至《二十八年传》"无赗乃命"句"赗"字止。每行字数,由十四字至十三字,《集解》均夹行。唐讳之字,其缺笔者仅"丙"字。"民"字则否。文字多异宋本,如《廿七年传》"以灭三族。三族,国之良也",各本不叠"三族";"是瓦之罪也",各本无"也"字,此与《金泽文库》本独合。又,《廿七年传》"温惠恭俭"之"恭",与唐《石经》初刻合。《廿八年传》"民之多僻"之"僻","恭子之废"之"恭",与《释文》所引或本合。"魏子谓成鱄","鱄"字从"専",亦与《释文》所引《音附》本合。又,"邬臧"之"邬"不作"鄢",与《释文》旧音合。"扬食我"之"扬"不作"杨",与《六经正误》说合。"言之不可以已也如是","言"下有"之"字;"今汝有力于王室","力"字不作"功",足证俗本讹挩。其与各本均异者,如《廿七年传》"楚之谗人","人"下无"也"字;《廿八年》"是郑穆公少妃","穆"下多"公"字;"子貊之妹也","貊"字不作"貉";"孟丙为孟大夫",上"孟"字不作"盂"。初书作"盂",后改"孟",与《汉书》合。顾炎武所说,与此暗符。其他异体,亦以数十计。如《廿七年》"戌也或之"之"或";《廿八年》"其造于境"之"境","不敢娶"及"强使娶之"之"娶","其德克明"之"克","昭临四方"之"昭",此偏旁互有损益者也。《廿七年》"藉秦"之"藉";《廿八年》"豺狼"及"狼子"之"狼","乐宵"之"宵","扬氏大夫"之"扬","惟此文王"之"惟","无赗"之"赗",此偏旁互有异同者也。"王此大邦"之"邦",乃古字也。《廿七年》《廿八年》"杀"均作"煞",《廿七年》"辜"字作"辜"、《廿八年》"祸"字作"福","羹"字作

"聂"，"强"字作"彊"，"皋"字作"睪"，"笑"字作"咲"，则别体及俗字也。讹挩之字，尤属众多。如《廿七年》"彊场日骇"之"彊"，《廿八年》"人熟矜之"之"熟"，"憖使吾君"之"憖"，均误字也。《廿八年》"分羊氏之田"，"羊"下无"舌"字。此挩字也。又，"三年不言"，"言"下无"不笑"二字；"汝遂不言"，"言"下亦无"不笑夫"三字，其为钞胥之挩，抑系古本实然，今不可考。《注》文多增"也"字，较之《金泽文库》本增多四十余；或并增"者"字、"之"字。增字而外，亦恒与各本异文。如《廿七年》"齐侯请飨之"《注》"设享礼也"，各本"享"作"飨"。《廿八年》"煞三夫"《注》"时巫臣以死也"，各本"以"作"已"；"昔有仍氏"《注》"有仍氏，古诸侯也"，各本无"氏"字；"扬氏大夫"《注》"阳氏，县也"，各本"阳"作"杨"；"近不逼同"《注》"不迫同位"，各本"迫"作"逼"是也。又，《廿八年》"恶直丑正"《注》"言害直正者"，与《金泽文库》本合；"恭子之废"《注》"以姻姬废也"，与《释文》本合。"名曰玄妻"《注》"以发黑故也"，不作"黑发"；"昔贾大夫恶"《注》"恶亦丑也"，"亦"不作"且"，并足正俗本之讹。其他别体，不可胜校。使全帙具存，当与《金泽文库》本媲美矣。

左传杜预集解定公残卷

《左传》杜预《集解》一百四十二行，九十八行及九十九行并漫灭其半，并为一行。由《定公四年传》"王寝，盗攻之"起，至《定公七年传》"阳虎若不能居鲁"句"阳"字止。《集解》均夹行。每行字数由十七字至十三字，文字多与宋本异。有与《金泽文库》本相合者，如《五年传》"告公山不狃，公山不狃曰"，各本不叠"公山"二字；"子西问高厚大小焉"，各本无"大小"二字，《金泽文库》本与此合。有与《释文》本如《四年》"将杀王"，各本作"弑"，《释文》云："杀，如字。又，申志反。"是所据之本与此同。及所引他本合者，如《定四年传》"鑢金"之"鑢"，"越在草茅"之"茅"是也。有与唐《石经》初刻合者，如《四年传》"初，窜于子期氏"之"窜"、"五员"之"五"是也。有各本所有之字而此卷独无者，如《四年传》"谓申包胥"，下无"曰"字；《五年传》"可歆旧祀"，"歆"上无"以"字；"岂惮焚，焚之又战"，无上"焚"字及"而"字；"必有乱，乱则必归"，无下"有"字；"申包胥曰：吾为君"，"君"下无"也"字；"祖而示之"，"示"下无"背"字；《六年传》"献俘也"，"俘"上无"郑"字是也。有各本所无之字而此卷独有者，如《五年传》"夫概王师归"，各本无"师"字；"焉能定楚？楚王之奔随也"，各本不叠"楚"字是也。有与各本异字如《四年传》"非智也"，各本作"知"；"以随之僻小"，各本作"辟"；"而密尔于楚"，各本作"迩"；"若鸠楚境"，各本作"竟"；《五年传》"将以舆璠敛"，各本作"玙"；"为唐溪氏"，各本作"堂"；"囚阍舆罴"，各本作"罢"；"脾泄之事"，各本作"洩"是也。及字用别体者，如《四年传》"王篖"之"篖"、"申包胥"之"胥"、"吴为封豕、长虵"之"虵"，《五年传》"公矞"之"矞"、"蓝尹亹"之"亹"、"王欲煞之"之"煞"、"君何效焉"之"效"是也。有确为讹字如《四年传》"疆场之患也"，字不作"场"；《五年传》"吴师居麇"，字不作"麇"是也。及挩文者。如《五年》"不可以远征"，上挩"不和"二字；"王将季芋辞曰"，不迭"季芋"二字；"人各有能"，下挩"有不能"三字是也。《注》文句末，多较各本增"也"字；亦或各本有"也"字，此卷独无。其他异文，亦以数十计。有文字不同者，如《四年》"非孝也"《注》"罪当灭宗"，各本"当"作"应"；"吴为封豕、长虵"《注》"言吴贪虐"，各本"虐"作"害"；《五年传》"改步改玉"《注》"则亦当去舆佩"，各本"舆佩"作"玙璠"；"告公山不狃"《注》"子泄也"，各本"泄"作"洩"；"遂逃归"《注》"言楚虽得楚大夫"，各本"虽"作"唯"；《六年传》"匡，郑邑"，各本"邑"作"地"是也。有较各本省字者，如《四年传》"实与随人要言"《注》"要无以楚王与吴"，"要"下无"言"字；《五年传》"改步改玉"《注》"复位，改君步"，"位"上无"臣"字；"且吾尤子旗"《注》"求无厌"，"厌"下无"欲"字是也。有较各本增字者，如《五年传》"将以舆璠敛"《注》"美玉名"，各本无"名"字；"遂逃归"《注》"而复失之"，各本无"而"字是也。有较各本其文互倒而其义较长者，如《五年传》"大德灭小怨"《注》"终其从兄，免王大难"，各本作"终从其兄"是也。其余讹字、挩文，不可胜举。惜中多漫字。又，唐讳不缺笔，未知书自何时。字体较前卷稍小，当非一人所书也。

穀梁传范宁集解残卷

　　《春秋穀梁传》范宁《集解》二百七十六行,由《庄公十九年》"滕浅事也"起,至《闵二年集解》末止,其下别缀六行。其第一行云:"《春秋穀梁》庄公第三、闵公第四,合为一卷。"与唐《石经》庄公标"卷三"、僖公标"卷四"相合,此仍《汉·志》十一卷之旧式也。其第二行云:"龙朔三年三月十九日,书吏高义写。""龙朔"为高宗年号,"高义"不可考。第三行云:"用小纸卅三张。"第四行云:"凡大小字一万二千二百四言。"此四行均大字。第五行云:"五千六百四言本。"第六行云:"六千五百言解。"此二行小字。"本"即《经传》,"解"即《集解》,足证唐人写书,详计字数及纸数。此卷而外,其式罕窥。又,《闵公经传》之前,题曰"春秋穀梁传闵公第四",下标"范宁集解"。凡《集解》,均夹行。每行字数,由十六字至十三字。《注》文或至十八九字。书法至工。舍首行而外,亦鲜漫灭。"治""民"诸字,均缺末笔。其与各本异文者,如《庄十九年》"不以难介我国也","介"不作"迩";《廿三年》"曹伯亦姑卒","亦"不作"射";《卅二年》"以斋终也","斋"不作"齐";《闵元年》"盟于路姑","路"不作"洛";《二年》"夫人姜氏逊于邾","逊"不作"孙",并与《释文》所引或本合。自嗣("自嗣",疑当作"自是")而外,或字有损减,如《庄十九年》"国重也",各本"重"上有"之"字;《廿四年》"不正其迎于齐也",各本"迎"上有"亲"字;"以宗庙弗受",各本"受"下有"也"字;《廿七年》"来者接内",各本"内"下有"也"字;《廿八年》"于伐战安战",各本"伐"下有"与"字,"安战"下有"也"字;"会齐人、宋人伐郑",各本"会"上有"公"字;"所与民共也",各本

“所”下有“以”字；“国非其国”，各本“其国”下有“也”字；《卅年》“伐山戎，危之也”，各本“伐”上有“北”字；《卅二年》“莫如深”，各本“深”下有“也”字是也。若《庄廿三年》“朝于庿”下无“正也”二字，《廿五年》“言朔”之上无“言日”二字，《廿六年》“贤也”之上无“而曰大夫”四字，此捝文也。《庄卅年》“则非之子”，“子”当作“乎”；《闵元年》“即位也也”，上“也”字当作“正”，又误文也。或字有不同，如《庄廿年》“齐人伐**戎**”，各本“**戎**”“**戎**”即“戎”字。全卷均然，与二《传》合。故《释文》不云异二《传》。今本作“我”，均杨《疏》本也。作“我”；《廿四年》“其义不可受命”，各本“命”作“也”；此疑误。《廿七年》“癸未朔”，各本“未”作“亥”；《廿八年》“古之君民者”，各本“民”作“人”是也。若《庄廿四年》“暇修”之“暇”，《廿八年》“郳子璅”之“璅”，《卅年》“越千里之崄”之“崄”，均通用之字也。“辟”字作“避”，“竟”字作“境”，“災”字作“灾”，“庙”字作“庿”，“饑”字作“飢”，“戎菽”之“菽”作“叔”，均古字、正字也。“杀”字作“煞”，“寝”字作“**寑**”，“尔”字作“尒”，“饰”字作“餝”，“庄”或作“荘”，“枣”字作“**棗**”。或互有损益，如《庄廿三年》“未爵者也”，各本均作“未爵命也”；或文有倒乙，如《庄廿七年》“会桓不致”，各本均作“桓会”。此均《释文》所未载，杨《疏》亦未引也。《注》文亦然。有较各本省字者，如《庄十九年》《注》“要二国盟”，各本“盟”上有“之”字；《廿二年》《注》“有罪当治理”，各本“理”下有“之”字；《廿四年》《注》“有列也”，各本“列”上有“行”字；《廿六年》《注》“又褒而名”，各本“名”上有“书”字；《廿七年》《注》“交政中国，虽欲勿哭，焉得勿哭”，各本“政”下有“于”字，“得”下有“而”字；《廿九年》《注》“六闲之旧也”，各本“旧”下有“制”字；《卅二年》《注》“贤也”，各本“也”上有“之”字；《卅二年》《注》“庄太子也”，各本“庄”下有“公”字；《闵二年》《注》“时立庿”，各本“立”上有“别”字；“使高克将”，各本“将”下有“兵”字是也。其确为捝文者，如《廿八年》《注》“未能信，与人战”，“与”上捝廿八字；又，《庄廿二年》《注》“问女而卜之”，“女”下无“名”字；《廿四年》《注》“取介”，“取”下无“其耿”二字；“为社稷之主，宗庙之重”，“为”上无“君”字，“宗”上无“承”字；《廿七年》《注》“陈庄子死于鲁”，“死”上无“赴”字，均捝字也。有较各本增字者，如《庄十九年》《注》“故知避要盟故也”，各本无下“故”字；《廿四年》《注》“是无以见微之之义也”，各本不叠“之”字；《廿九年》《注》“谓冬大及可用城”，各本无“大及”二字；《卅二年》《注》“子野卒是正日也”，各本无"正日"二字是也。自是而外，《庄公经》《传》《注》计增"也"字九十五，"者"字、"耳"字、"焉"字各一；《闵公经》《传》《注》所增"也"字一十三，"者也"一。合计所增之字，约一百二十。有上下倒易者，如《庄廿六年》《注》"秦爵伯"，各本作"秦伯爵也"；《闵二年》"高克之进"，各本作"进之"是。有互有增损者，如《庄廿二年》《注》"不治民也"，各本作"不治其民"；《廿七年》《注》"而爱民不征伐也"，各本作"而不用征伐"；《廿九年》《注》"贤录之之"，各本作"贤而录之"是也。有与各本异字者，如《庄廿三年》《注》"与公敌礼"，各本"礼"作"体"；《廿三年》《注》"独於此夺之，何也"，各本"於"作"于"、"也"作"耶"；《廿四年》"以密石磨之焉"，各本"密"作"细"；"言瞻见夫人乘车也"，各本"见"作"望"；"而微之也"，各本"微"作"惩"；《廿六年》《注》"推衡抗礼"，各本"推衡"作"权行"；"班例中夏"，各本"例"作"列"；《廿七年》《注》"不道兵革也"，各本"革"作"车"；"焉得勿哭"，各本"焉"作"安"；《廿八年》《注》"《传》明不收故也"，各本"故"作"甚"；《卅一年》"筑台于薛""筑台于秦"《注》"鲁邑也"，各本两"邑"字均作"地"；"恶内依倚齐桓"，各本"恶内"作"讥公"；《卅二年》《注》"宁所未详也"，各本"宁"作"某"；《闵元年》《注》"故继之齐也"，各本"继"作"系"；《二年》《注》"郑伯使其弟御"，各本"御"作"禦"；"鲁重罗罪"，各本"罗"作"罹"；"卫狄乎境"，各本作"御狄于竟"是也。又，"陵"字作"凌"，"据"字作"据"，"克"字作"尅"，"弑"字作"煞"，"杀"字作"𣀷"。若是之属，尤属不胜枚举。惟《庄廿三年》《注》"采择女之德姓也"，"姓"当作"性"；"主为女住耳"，"住"当作"往"，乃讹文也。然均小异，非大殊。惟《庄十九年》《注》"否则此行也有辞"，各本作"不则止此行有辞也"。《廿八年》《注》"筑非正"，各本作"筑例时"。《卅二年》《注》"所辞齐桓遇，所不遇，谓远遇宋也"，各本作"而不之遇，所不遇，谓远遇宋公也"。《闵二年》《注》"不复见矣，讳也"，各本作"不书弑，讳之"。则与各本迥别。若《廿三年》《注》"非夷狄不待再"，各本"不待再"作"非所能"；《廿六年》《注》"此皆因事曹羁崇也"，各本下四字作"而为义"，文均弗误，此涉《传》文而讹。然《廿四年》《注》"取断断自修敕也"，"敕"不作"整"；《廿七年》《注》"越疆逆女"，"疆"不作"竟"；"盖时王所黜也"，"黜"不作"绌"，并与《释文》引或本合。《廿七年》《注》"会于打"，又与《释文》本符。奚得执杨《疏》之本，而议此卷之讹哉！

文选李注卷第二残卷

　　《文选李注》卷第二，三百五十三行，由《西京赋》"井干"井"字漫，"干"字仅存左旁。叠而百增"起，至《赋》末李《注》止，末标"文选卷第二"五字，别有"永隆年二月十九日弘济寺写"一行。"永隆"为高宗年号，弘济寺在唐长安，或此卷书自寺僧手也。"世"字、"虎"字，弗尽缺笔。书法弗工，介楷书、行书之间。每行字数，多寡弗齐。由十五字至二十六七字。第一行、第二行、第六行均有漫字，正文及《注》字多校改。此乃李《注》未经紊乱之本也。考今世所传《文选》，有吴郡袁氏翻雕《六臣》本，有茶陵陈氏所刊《增补六臣》本。茶陵多从李本，间注五臣异文；袁以五臣本为主，间注李本异文。近汲古阁毛氏所刊宋本、鄱阳胡氏所刊南宋尤延之本，均仅李《注》。然李与五臣，亦相羼杂，近儒勘校已详。今以此卷证之，如"瞰冤虹之长鬐"，"冤"不作"宛"；"墱道丽倚"，"丽"不作"逦"；"濯灵芝之朱柯"，"之"不作"以"；"采少君之端信"，"以"不作"之"；"美往昔之松桥"，"桥"不作"乔"；"期不陀陊"，"陀"不作"陁"；"非石非董"，"非"不作"匪"；"隗货方至"，"隗"不作"瑰"；"丽靡奢乎许史"，"靡"不作"美"；"趫悍虓豁"，"趫"、"豁"不作"趫"、"豁"；"所恶成创痏"，"创"不作"疮"；"群兽否骇"，"否"不作"骇"；"泱莽无强"，"莽"不作"漭"；"乃振天维"，"乃"上无"尔"字；"螭魅蜩蛦"，"蜩蛦"不作"魍魉"；"缇衣秣靾"，"靾"不作"韐"；"失归忘趣"，"趣"不作"趋"；"白日不及移晷"，"移"下无"其"字；"乃使中黄"，"黄"下无"之士"二字；"襢裼戟手"，"襢"不作"袒"；"揸釁彙"，"釁"不作"狒"；"凌重甗"，"甗"不作"巀"；"般于游畋"，"般"不作"盘"；"槁勤赏功"，"槁"不作"犒"；"方驾授邕"，"邕"不作"饔"；"相羊五柞之馆，旋憩昆明之池"，"羊"下、"憩"下无"乎"字；"摸昆鲕"，"昆"不作"鲲"；"程角牴"，"牴"不作"觝"；"衡陾鷞濯"，"衡"不作"冲"；"跳丸剑之徽霍"，"徽"不作"挥"；"仓龙吹篪"，"仓"不作"苍"；"声清鬯而蜲蛇"，"鬯"不作"畅"；"被毛羽之襂襹"，下二字不从"衣"；"增蝉娟以此豸"，"以"上二字不从"女"；"壹顾倾城"，"壹"不作"一"；"声烈弥楙"，"声"、"楙"不作"馨"、"茂"；"前八后五"，"后"上无"而"字；"独俭啬以偓促"，"偓"不作"龌"，均与尤、毛二本不同。若"神山峨峨"之"峨"，"上林禁菀"之"菀"，"管蔽"之"蔽"，"弥皋被岗"之"岗"，"寒风肃煞"之"煞"，"凌峦"之"凌"，"突棘蕃"之"蕃"，"舟醵"之"醵"，"发引酥"之"酥"，或系古体，或系俗字，校不胜校。"鸒者兼赢"之"赢"，则误字也。又，"千里列百重"之"里"，则衍文也。而"增桴重芬"之"增"，"在于灵囿"之"于"，转与袁本相合。若"惊鹤之群罢"，各本"罢"作"羆"，此与尤本独合。又，"连阁云蔓"（"云蔓"，据下引文，当作"云曼"）之"连"，袁本校语谓"善本作'途'"；"望叫噪以径廷"之"叫"，袁本校语谓"善本作'吅'"；"集隼归凫"之"集"，袁本校语谓"善本作'奋'"；薛《注》："迅，奋声也。"乃释下句之词。"沸卉轩訇"之"轩"，袁本校语谓"善本作'骈'"；"盱睢跋扈"之"跋"，袁本校语谓"善本作'拔'"；"皇恩溥洪泽施"，茶陵本校语谓"善无此语"。由是而言，足证后世所传李《注》本，已失唐本之真。若夫"辣炰粿"，各本"辣"误"炙"；此卷薛《注》有"辣，炙也"三字，在"诗"字上。"缭亘绵联"，各本"亘"误"垣"；李《注》云："'亘'，当为'垣'。"此正文作"亘"之证。今本作"亘"，并以"亘"为"垣"，非李《注》。"乌获舡鼎"，各本"舡"误"扛"，其弗误者仅此卷。盖缮写之时，距李《注》成书未远，所据又非一本，如"长风激于列岛"之"岛"，初书作"隝"；"连阁云曼"之"连"，初书作"途"。初书之字，与尤、毛本合；继改之字，转合袁本。此亦李本混入五臣本之证。又，"传闻于未闻之者"，袁本作"口"，此卷"者"下《注》"口"字，盖兼志别本异文，亦李《注》有二本之证。惟"建玄戈"，各本"戈"作"弌"，此卷初书同，改"戈"不知何据。故各本舛讹，必资此卷相校正。李《注》亦然。此卷李《注》之首，必冠"臣善曰"三字,薛《注》则否。以之互勘各本,有李《注》误为薛《注》者,如"神山峨峨"《注》"峨峨,高大也"五字,"校鸣葭"《注》"杜挚《葭赋》曰"以下,"眇藐流眄"《注》"眇,亡挺切"四字,各本均为薛《注》,此独上冠"臣善曰"三字。有薛《注》误为李《注》者,如"植物斯生"二句,《注》云:"植犹草木,动谓禽兽。""皇恩溥"二句,《注》云:"皇,皇帝;曰普博。"尤、毛本以此二节正文合上节,以二《注》系上李《注》末;此独另节,《注》无"臣善曰"之文,则为薛《注》,甚明。又,"韩卢"句《注》"盖韩卢犬"四十字,袁本"盖"下衍"曰"字,他本均作"善曰",此独作"盖",无"曰"字,足正其讹。有各本薛《注》所挩字句而此独有者,如"珍台"二句《注》"乃从城西建章馆",各本挩"城西"二字;"旗亭"二句《注》"旗亭,市楼也。隧列,肆道也",各本无下五字;"远杜"《注》"远,苑道也",各本无"苑"字;"已狝其什七八"《注》"狝谓煞也",各本无"谓"字;"盘桓"《注》"便旋,如搏形也",各本无"如搏形"三字;"扰窳狻"《注》"类貏,虎爪",各本无"爪"字;"简缯红"《注》"其丝名缯红也",各本无下二字;"浮鹢首"《注》"船头象鹢鸟。鹢鸟厌水神",各本不叠"鹢鸟";"惮蛟虵"《注》"蛟、虵,龙类",各本无"虵"字;"璆瀱"二句《注》"谓一一周索也",各本或无"一"字;"黄公"《注》"有能持赤刀",各本无"持"字;"中堂"《注》"中堂,堂中央也",各本不叠"堂"字是也。有各本李《注》所挩字句而此独有者,如"玄渚"《注》"水一溢一否为渚",各本"一否"作"而为";"三辅三代故事曰",各本挩"三代"二字;"立修茎"句《注》"孝武又立柏梁铜柱、承露仙人之属矣",各本无"又""矣"二字;"若历世"句《注》"言若历世不死而长存",各本作"言若历世而不死";"廛里"《注》"以廛里任国中之地",各本无"里"字;"今也惟尉"《注》"为三辅,更置三辅都尉",各本无下六字;"许史"《注》"元帝母,生元帝",各本无下三字;"阳陵之朱"《注》"安世者,京世大侠也,遂从狱中上书",各本无"者"下六字;"群兽否骇"《注》"趚曰否否,行曰骇骇",各本二字均不叠;"楙爽"句《注》"楙音肃,椮音森",各本无上三字;"鼋鼍"节《注》"郭璞《山海经注》曰",各本无"注"字;"柞木"句《注》"贾逵《国语注》曰",各本无"注"字;"韝上"句《注》"韝音沟,绁音薛",各本无上三字;"乐贾民"节《注》"昔贾大夫恶",各本无"昔"字;"毛诗北风",各本无"毛"字;"其乐只且"《注》"只且,辞也",各本无"只"字;"犒勤赏功"《注》"杜预《左氏传注》曰",各本无"注"字;"鳏鲉"《注》"鳏,音偃;鲉,长由反",各本无上三字;"潜牛"《注》"角似水牛,一名沈牛",各本挩下四字;"乌获"《注》"皆至大官",各本无"至"字;"度曲"《注》"班固

《后汉书赞》曰"及"臣瓒曰",各本挩"赞"字、"臣"字;"闾阎"《注》"《字林》曰:'闾,里门也'",各本挩"《字林》曰"三字;"掩四海"句《注》"皇者,煌煌也。道烂,显明也",各本挩下五字是也。又,"翁伯"节《注》"作刀剑削也。晋灼曰:张里,里名也",各本互有挩字,惟此卷独完。有与各本李《注》迥不同者,如"井干"句《注》,各本作"《广雅》曰"以下十三字,此卷首二字作"汉书",下漫七字;其下作"又曰:'武帝作井榦'",下漫五字,则与各本迥殊。又,"城尉不弛柝"《注》"柝音托",各本作"柝与橐同音";"虹旃"句《注》"《高唐赋》曰:'蜺为旃'",各本作"《上林赋》曰:'拖蜺旃也'";"蟾蜍"《注》"蟾音詹",各本作"昌詹切",亦均弗同。有各本所有薛《注》而此独无者,如"结重栾"《注》"《广雅》曰"以下十三字(茶陵本作李《注》),"消雾埃"《注》"消,散也"三字,"将乍往"二句《注》"恨"下十字,"旗不脱扃"《注》"《尔雅》曰"三字,"横西洫"《注》"洫,城池也"四字,"街衢相经"《注》"街"下七字,"兰锜"《注》"锜,架也"三字,"通圚"《注》"崔豹"十四字,"何必"二句《注》"邪,伪也"三字,"左暨河华"《注》"华阴"七字,"筱荡"《注》"荡,大竹也"四字,"孟冬"《注》"无寒气"七字,"倚金较"《注》"古今注"上十五字,"建玄戈"《注》"今卤簿"十四字,"赴长莽"《注》"方言"十一字,"丧精"节"趣"下六字,"游鹔"《注》无"尾长"十字,"膳夫"《注》"贰为兼重也"五字,"翳云芝"《注》"为画"十三字,"发引和"《注》无"发引"八字及"和,胡卧切"四字,"怀湘娥"《注》"说文"七字,"平乐"《注》"袭服"廿一字,"黄公"节《注》"音咒,东海"四字,"若惊鹤"《注》"相鹤经"十五字,"唐诗"《注》"刺晋"十二字是也。又,毛本"缯红"《注》有"音曾"二字,"此豸"《注》有"音雉"二字,此卷亦无。自是以外,则"丽靡超乎许史"句,"尸僵道隅"句,"冠带交错"句,"右极鳌屋"句,"微行要屈"句,"王闳"句,凡各本所有薛《注》,此卷亦无。有各本所有李《注》而此独无者,如"察云师"《注》"广雅"三十字,"将乍往"句《注》"广雅"六字,"闲庭"句《注》"说文"六字,"城尉"句《注》"郑玄"十三字,"蹉跎"《注》"广雅"八字,"要羡门"《注》"要,乌尧切"四字,"北阙"《注》"北阙"八字,"通阛"《注》"苍颉"七字,"今也唯尉"《注》"然市"十六字,"蚩眩"句《注》"苍颉"二十四字,"张赵"《注》"一云"十七字,"阳石"《注》"阳石北海"七字,"五都"《注》"迁谓"十二字,"封畿"《注》"毛诗"十一字,"梅柟"《注》"郭璞"廿三字,"树以柳杞"《注》"山海"九字,"鸟则"节《注》"又曰"十字,"百卉"句《注》"礼记"十一字,"蒴棘"《注》"左氏"八字,"属车"二句《注》"古今注"二十一字,"赫怒"《注》"郑玄"十字,"吴岳"《注》"郭璞"七字,"百禽"《注》

"白虎通"十四字，"揎毕"《注》"又音笔"三字，"比诸东郭"《注》"环山"十二字，"威摄"《注》"郑玄"十字，"乃使中黄"节《注》"说文"二十八字，"邪睨"《注》"说文"八字，"千列"《注》"千列"六字，"升觞"《注》"升，进也"三字，"旋憩"《注》"憩，息也"三字，"泽虞"《注》无"周礼"十字，"逞欲"句《注》"广雅"二十七字，"涤薮"《注》"郑玄"九字，"张甲乙"《注》"音义"二十六字，"霏霏"《注》"毛诗"七字，"杳冥"《注》"楚词"八字，"要屈"《注》"要屈"九字，"捐衰色"《注》"捐，弃也"三字，"妖蛊"《注》"蛊，媚也"三字，"不营"《注》"说文"六字，"传闻"《注》"孔丛"二十字，"殷人"节《注》《广雅》"二十三字、"孔安国"十字(有《尚书》曰"三字)是也。又如"望北辰而高兴"句，"方轨"十二句，"木衣绨锦"二句，"掩长杨"句，"聚似京峙"句，"寒风肃煞"句，"冰霜惨烈"句，"虞人掌焉"二句，"从容之求"句，"燎京薪"句，"白日未及"句，"目观穷"句，"收禽举胔"句，"方驾授邕"句，"鉴戒《唐诗》"句，"不念《唐诗》所刺邪"句，此卷均无李《注》。又有字句较简者，如"茂陵之原"《注》无"外温仁"六字，"五县"《注》无两"五陵也"六字，"奏淮南"《注》《汉书》有淮南鼓员"，"有"上无"曰"字是也。自是而外，有尤本或毛本独有之《注》，而此卷亦无者，如"弥望"《注》"弥竟也"八字，"伯益"句《注》"夷坚"六字，"林麓"《注》"注曰"六字，"虞初"《注》"河南"二十三字及"应邵"十字，"青骹"二句《注》"礼记"廿六字是也。又如"消雾埃"《注》"雾，音氛"三字，"将乍往"《注》"怅"下六字，"诡异"《注》"移贱切"三字，"起西塍"《注》"塍，都亘切"四字，"清渊"节《注》"坙"下十字，"别岛"《注》"音岛"二字；"倚金较"《注》"音角"二字，"遗光"《注》"爚，音药"三字，"摩拉"《注》"拉，郎答切"四字，"蒲且"《注》"且，子余切"四字，"搰鲲鲕"《注》"搰，责交切"四字，"蚔蝝"《注》"取，苍苟切"四字，"倾阤"《注》"阤，音雉"三字，"寻撞"《注》"撞，直江切"四字，亦为尤本或毛本独有之文，此卷并无。有各本李《注》从省、此弗从省者，如"唐中"《注》云："《汉书》曰：'建章宫，其西则唐中，数十里。'"各本作"唐中，已见《西都赋》"。"太液"《注》云："《汉书》曰：'建章宫，其北有太液池。'"各本作"太液，已见《西都赋》"。"渐台"《注》云："《汉书》曰：'建章宫太液池渐台，高二十余丈。'"各本作"渐台高二十余丈，已见《西都赋》"。"松侨"《注》云："《列仙传》曰：'赤松子者，神农时雨师也，服水玉。'又云：'王子乔者，周灵王太子晋也。道人浮丘公，接以上嵩高山。'"各本作"松、乔，已见《西都赋》"。"九市"《注》云："《汉宫阙疏》曰：'长安立九市，其六市在道西，三市在道东。'"各本作"九市，已见《西都赋》"。"五都"《注》云："王莽于五都立均官,更名洛阳、邯郸、淄、宛、成都,市长皆为五均。市长,司市师也。"各本作"五都,已见《西都赋》"。"牵牛"二句《注》云:"《汉宫阙疏》曰:'昆明池有二石人:牵牛、织女。'"各本作"已见《西都赋》"。"鸹鸧"《注》云:"鸹、鸧,二鸟名也。"各本作"鸹、鸧,已见《西都赋》"。"灵囿"《注》云:"《毛诗》曰:'王在灵囿。'"各本作"灵囿,已见《东都赋》"。"属车"《注》云:"《汉书音义》曰:'大驾,属车八十一乘。'"各本作"已见《东都赋》"。"飞廉"《注》云:"《汉书》曰:'长安作飞廉馆。'《三辅黄图》:'上林为上蔺观。'"各本作"飞廉、上兰,已见《西都赋》"。"期门"《注》云:"《汉书》曰:'武帝与北地良家子期诸殿门,故有期门之号。'又曰:'武帝微行始出。'"各本作"期门,已见《西都赋》。《汉书》曰:'武帝微行所出'"。"列爵十四"《注》:"《汉书》曰:'汉兴,因秦之称号,帝正适称皇后,妾皆称夫人,称号凡十四等。'"各本作"列爵十四,见《西都赋》"也。有各本李《注》不从省、此独从省者,如"采少君"二句《注》:"少君,栾大,已见《西都赋》。"各本复注少君事。"虹游"句《注》云:"虹游,已见上《注》。"各本别有引《楚词》九字。有薛《注》之字与各本均异者,如"超西塘"《注》"似此山之长崖",各本"崖"作"远";"籓林籓"《注》"草木俱生也",各本"俱"作"丛";"竿殳"《注》"殳,枚也",各本"枚"作"杖";"乃使中黄"节《注》"露头结",各本"结"作"髻";"耆龟"《注》"龟之年者神",各本"年"作"老";"泽虞"句《注》"常误之也",各本"误"作"设";"既定"句《注》"贵且安乐",各本"且"作"在"是也。又如"被毛羽"《注》"被毛羽之襹褷,衣毛形也","神山"《注》"所作大兽从东来","百马"《注》:"于撞上作其形状","掖庭"《注》:"令官主后宫","眇藐"二句《注》"好眠容也。流盼,转眼视也","岂欲之"节《注》"反,去西京,徙东京",均与各本不同。有李《注》之字与各本均异者,如"屑琼蕊"《注》"《楚辞》曰:'精琼靡'",各本作"屑琼蕊";"非石非董"《注》"因显自决",各本"自"作"口";"翁伯"节《注》"常以十月",各本"月"作"日";"轻死"节《注》"《尚书》:'是烦有徒'",各本作"实繁";"接轸"《注》"隐轸幽辑",各本作"隐隐轸轸";"牛首"《注》"有牛首池",各本"池"作"山";"日月"二句《注》"日出汤谷",各本"汤"作"旸";"鲔鲵"《注》"鲵,似鲇",各本"鲇"作"鲇";"倚金较"《注》引《说文》"曲铜也",各本"铜"作"钩";"树招摇以起居坚劲",各本"居"作"军";"象天帝也",各本"帝"作"师";"弧旌"《注》"以象狐"(当作"弧"),各本作"以象牙饰";"奋鬣"《注》"长毛曰鬣",各本"长毛"作"毛芒";"跋扈"《注》:"《毛诗》曰'无然畔援'",各本"援"作"援";"铤不苟跃"《注》"《说文》

曰：'小矛也'"，各本"矛"作"戈"；"比诸东郭"《注》"东郭逡，海内之狡菟也"，各本"逡"作"勉"，"菟"作"兔"；"韩卢"《注》"韩国卢者，天下之壮犬也"，各本"国"作"子"，"壮犬"作"骏狗"；"圈巨狿"《注》"《说文》曰：'圈，养畜圈也'"，各本作"圈，畜闲也"；"般于游畋"《注》"文王弗敢"，各本"弗"作"不"；"磻不特续"《注》"《说文》曰：'以石缴也'"，各本作"似石著缴"；"为水嬉"《注》"则舫龙舟"，各本"舫"作"艕"；"齐栧女"《注》"鼓栧之子"，各本"子"作"女"；"潜牛"《注》"沈牛麈麇"，各本"麈"作"鹿"；"设罦麗"《注》"里革曰：'禁罝罦麗'"，各本"禁罝"作"罝禁"；"张甲乙"《注》"骔玉几"，各本"骔"作"冯"；"舡鼎"《注》"《说文》曰：'杠，横关对举也'"，各本"关"作"开"；"黄公"《注》"少时为幻，能制蛇御虎"，各本作"少时能幻"；"遂为虎所煞也"，各本"煞"作"食"；"百马"《注》"而行也"，各本"而"作"同"；"盘乐极"《注》"《孟子》曰：'般乐饮酒，驱骋田猎'"，各本作"盘游饮酒，驰骋田猎"；"一顾倾城"《注》"绝世称独立"，各本"称"作"而"；"桑门"《注》"诏楚王曰"，各本"诏"作"制"；"王闳"《注》"非陛下之有"，各本作"有之"；"易守"《注》"守而难攻"，各本"守而"作"易守"；"殷人"节《注》"率俞众戚"，各本"俞"作"吁"；"岂欲之"节《注》"非我求童蒙"，各本"非"作"匪"是也。若是之属，并足存所引他籍异文。窃以此卷所无薛《注》，均他《注》窜入之词；所无之李《注》，或李邕所增，或亦他《注》所窜入。若字句有损益，则由后儒所点窜，或传写挽讹。由此卷而推，则凡薛《注》之采及魏、晋诸书，以及李《注》依本文敷绎者，半非薛、李固有之文。惜乎！何、陈、胡三家之未睹此也。

文选李注残卷

《文选李注》一百二十二行，由东方曼倩《答客难》"不可胜数"起，上漫九字。至杨子云《解嘲》"或释褐而傅"止，乃李《注》本之第四十五卷也。每行字数，由十七字至十四字。《注》均夹行。书法至工，与前《穀梁》卷略同。前六行均漫其半，"世"字、"治"字、"虎"字，各缺末笔。此亦李《注》未经窜乱之本也，故文与各本多殊。如"鹄鸣于九皋"，各本作"鹤鸣九皋"。"得明信厥说"，各本无"明"字。"而雄解之"，各本无"而"字。"故当涂者升青云"，各本无"故"字。均较各本有增字；"封七百岁而不绝"，各本"封"下有"于齐"二字。"此士所以日孳孳敏行"，各本"日"下有"夜"字，"敏"上有"修学"二字。"人謿雄"，各本作"人有嘲雄"。"不知趺将赤吾之族也"，各本"趺"上有"一"字。均较各本有省词。又，"魁然无徒"之"魁"，"下谈公王"之"王"，"士亡常君"之"亡"，均与各本异字。又，"譬若鹍鸽"之"鹍"，"毋求备于一人"之"毋"，"计同范蠡"之"蠡"，"以筳撞锺"之"撞"，"而终或于大道也"之"或"，"画壹奇""出策壹"之"壹"，"目如耀星"之"耀"，"支叶扶疏"之"支"，"高者出仓天"之"仓"，"何为官之祐落也"之"祐"，"周冈解结"之"冈"，"骊衍"之"骊"，"右渠椴"之"椴"，"徽以纠墨"之"纠"，"制以锁铁"之"制"，"故当涂者"之"涂"，"勃澥之岛"之"勃"，"昔三仁去而殷虚"之"虚"，"当其亡事也"之"亡"，虽与各本亦异，然或系通用之字，或偏旁偶异，或偏旁有损益。且"黊纩塞耳"之"塞"，袁本校语谓"善本作'充'"；"爢者入无间"之"爢"，袁本校语谓"善本作'细'"；"客徒欲朱丹吾毂"，袁本校语谓"善本无'欲'字"；"往者周冈解结"之"者"，袁本校语谓"善本作'昔'"；"自以为皋繇"之"繇"，袁本校语谓"善本作'陶'"；"今世之处士"下，袁本校语谓"善本有'时虽不用'四字"，证以此卷，足证后世所传李本，均与唐本乖违。惟"时异事异"，下"异"字不作"殊"；"君子不为小人之匈匈"，"为"不作"以"；"骊食其之下齐"以上，无"汉用"二字，均与袁本校语所引善本合。试更即《注》文言之。此卷之例，李氏自注，均冠"臣善曰"三字；所引《汉书》旧注，则各冠姓名，在李《注》前。以之互勘各本，或彼有而此无，如"不可胜数"句，"或失门户"句，"时异事异"句，"朱丹其毂"句，"詥者莫当"句，"支叶扶疏"句，"爢者入无间"句，"何为官之祐落也"句，"失士者贫"句，"咸营于八区"句，均无李《注》。又，"孤豚"《注》"《说文》曰"十五字，"人纲人纪"《注》"尚书"十八字，"赤吾之族也"《注》"赤谓"五字，此卷亦无。其毛本独有而此卷亦无者，则"铁锁"《注》"音质"二字是也。即《汉书》旧注，亦或各本均有、此卷独无，如"曾不得掌故"句，无应劭《注》；"是故骊衍"句，无应劭、苏林《注》；"左东海"

句,无应《注》;"倚庐"《注》,无应《注》"结为倚庐"二句,是也。惟"孟轲"二句,则有苏《注》,无李《注》。或此省而彼弗省,如"李斯"《注》"李斯,已见上",各本作"又曰"十八字;"阿衡"《注》"阿衡,已见上",各本作"《诗》曰"十八字;"三仁"《注》"三仁,已见上",各本作"三仁,微子"九字;"五羖"《注》"五羖,已见李斯上书",各本作"《史记》曰"四十七字;"高枕"《注》"高枕,已见上",各本作"汉书"三十一字是也。又,"五尺童子"《注》云:"五尺童子,已见李令伯《表》。"与袁本同,他本作"《孙卿子》曰"十六字。或此分而彼合,如"鼓钟于宫"二句,《注》云:"《毛诗·小雅》文也。""毛苌《小雅》文也。毛苌曰:'有诸中,必形见于外。'""鹤鸣于九皋"二句,《注》云:"《毛诗·小雅》文也。""毛苌曰:'皋,泽也。'"各本合二注为一,文多省改。或此有而彼无,如"黈纩塞耳"《注》云:"黈纩,以黄绵为丸,悬之于冕,以当两耳。刘兆《穀梁注》曰:'黈,黄色也。土丩反。'"各本无此《注》,别有"薛综"二十一字,与此迥殊。又,"枉而直之"节《注》"赵岐《孟子注》曰"下,有"使自得之"四字;"计同范蠡"《注》"遂灭之"下,有"子胥,已见上"五字;"四分五剖"《注》"之国也"下,有"四分,则交午而裂,如'田'字也"十一字;"戴绖"《注》"《仪礼注》曰"下,有"纚,今之帻也"五字;"二老"《注》"二老者"上,有"太公避纣,居东海之滨,闻文王作,兴曰:'盍归乎来! 吾闻西伯善养老者'"廿七字;"蔡泽"《注》"而笑曰"下,有"先生昌鼻巨肩、魁颜蹙齃、膝挛"十二字,今本均挩。自此而外,如"郦食其"《注》"臣请说齐王",各本无"请"字;"以管窥天"节《注》"子乃规规",各本无"乃"字;"诸附离"《注》"《汉书音义》曰",各本无"曰"字;"不生则已"《注》"生则有云为于世者也",各本无"者"字;"玉堂"《注》"小玉堂殿",各本无"殿"字;"离为十二"《注》"十二,已见东方朔《答客难》",各本下六字作"上文";"东南一尉"《注》"在会稽回浦也",各本无下三字;"乐毅"《注》"而召乐毅,乐毅畏诛",各本无两"乐"字,惟此独完。或文字不同,如"鶺鸰"《注》"题彼脊令","无求备"句《注》"检身若弗及","枉而直之"节《注》"纵容使自得也","范蠡"《注》"以遗之","乐毅"《注》"闻燕昭王招贤"及"燕昭以礼待之","管窥"《注》"是直管窥天","孤豚"《注》"孤豚,豚子是也","合为六七"《注》"就秦而七也","凿坏"《注》"凿坏而遁之","渠搜"《注》"在金城河关之西","番禺"《注》"南海县","徽以"二句《注》"刑缚束之也"及"不忍加以铁质","结以倚庐"《注》"晏婴麤衰斩","皋繇"《注》"惟时楙哉! 禹让于稷、契暨咎繇","乐毅"《注》"遂西降赵",文均小异是也。均治《选》学者所当考及也。

文选白文残卷

　　《文选》白文六十七行，从沈休文《恩幸传论》"屠、钓，卑事也"句"事也"起，上漫九字。至范蔚宗《光武纪赞》之末止，末题"《文选》卷第廿五"。此即《梁书》《隋·志》所云"三十卷"之本也。考陈振孙《直斋书录解题》著录《五臣注》，亦云"三十卷"。盖三十卷为昭明旧本，六十卷为李氏所分，故旧本卷廿五，即李本之第五十。此卷前三行均有漫字，书法至工。每行十六字，"世"字、"民"字均弗缺笔。其与各本均异者，如"任子在朝"之"任"、"郡县掾史"之"史"，各本均讹。此与何、陈二校默符，亦与《宋书》文合。又，"未之或悟"之"悟"，与尤本、茶陵本合；"沈几先物"之"先"，袁本则云"善作'生'"。与袁本、尤本合。其他各文，多合尤本，惟"亦允不阳"之"亦"，"深略纬天"之"天"，转与袁本相合。自是以外，"逮于大汉"之"大"字不作"二"，"绾自闾阎"之"闾"字不作"同"，"九县风回"之"风"字不作"飙"，"貔虎为群"之"貔"字不作"貔"，"高锋彗云"之"锋"字不作"旗"，均与各本迥别。文属何本，今不克知。特"芮居江湖"，各本"居"作"尹"，李《注》亦以"正"训"尹"；"三象雾塞"，各本"象"作"精"，李《注》亦以"日、月、星"为"精"，则此卷所据之本，与李《注》之本不同。若夫文字小异，如"弹藉世资"之"弹"，"用相凌驾"之"凌"，"较然有辩"之"辩"，"出内王命"之"内"，"出乎言咲之下"之"咲"，"权幸之徒"之"宰"，"兴树祸陈"之"陈"，"镇我北壃"之"壃"，"民餍淫诈"之"餍"，"沈几先物"之"几"是也。余弗胜举。讹文、俗字，虽亦附见于其中，如"可归近习"之"可"，"又有倖幸传"之"倖"，"非昨唯殃"之"昨"，均讹文也。"构于床苇"之"苇"，"虔刘厎代"之"厎"，则俗体之讹者也。然视宋本经后贤改窜者，固弗同矣。

唐地志残卷

　　《唐地志》一十六行，中记姚、协、曲、急、字误。柘、静、保、霸、维、直、字误。恭、翼十二州。盖剑南道之残文也。其首行云："当、恙、即"悉"字，下误"急"。柘、静、直、当作"真"。恭、翼、保、霸、雄等十州并废"，下无"当州"，盖在"翼州"后。下记急、柘、静、保、霸、维、直七州，亦均注"废"字，前六字，"废"字在郡名下，直州在县名下，均大字。恭、翼二州，挽书"废州"。姚、协、曲三州独否。今考《唐书》《通鉴》《通考》诸书，均谓代宗永泰、大历间，以吐番数入，徙当、悉、柘、静、恭五州。五州之废，当在斯时。又，霸州陷吐番，在肃宗至德时；保州入吐番，在代宗宝应时；维州之没，《元和郡县志》以为乾元二年；惟真、翼二州之废，其年无考，当亦在肃、代之间。姚州由南诏内属，则在贞元时。又考《元和郡县志》，于当、悉、真、翼四州，并志元和时土贡，则元和之时，四州复立。又，宣宗大中三年，维州由吐番内附，具详《新唐书》及《太平寰宇记》，均不得直云"州废"。今云"十州并废"者，盖代宗以后、宪宗以前之地志也，当即《贞元十道录》之属。考贾耽《贞元十道录》四卷，载于《唐·志》。《权文公集》又有《十道录序》文，《序》称：《录》分四卷，下三篇，以十道为准，县距州、州距两都，书道里之数与其四鄙所抵。以此卷证之，舍每州弗标四至外，体略与符，或即彼编之节本。若以梁载言《十道志》当之，则《御览》一百六十六于悉、姚二州，并引《十道志》，其文较此《志》不同，似非一书。此《志》之例，凡州名均别行，州上标"下"字，唐州分上、中、下三等。此十一州均下州，与各书均合。下标郡名，如姚州下标"云南郡"，急州下标"归城郡"，柘州下标"蓬山郡"，静州下标"静永郡"，保州下标"大保郡"，霸州下标"静戎郡",维州下标"维川郡",恭州下标"恭化郡",翼州下标"临翼郡",协、曲、直三州,未标郡名。据各书所载,"归城"之"城"作"诚","静永"之"永"作"川","大保"之"大"作"天",此均误字。"柘州"之"柘",虽与《唐·志》合,然《御览》引《图经》云:"取其开拓封疆。"自以《寰宇记》作"拓"为允。均系大字。据各书,真州即昭德郡,曲州即朱提郡(见《元和志》)。此无郡名,弗详其故。次标距上都、东都里数,均系夹行小字:左行标"上"字,下志里数;右行标"东"字,下志里数。"上"即"上都"之省,"东"即"东都"之省。以《通典》《元和志》《旧唐·志》校之,或合或否。其与诸书合者,惟曲州《注》云:"上,三千三百。"协州《注》云:"上,三千一百;东,三千九百六十。"与《元和志》合。恭州《注》云:"上,三千一百二十。"与《通典》《旧·志》合。保州《注》云:"上,二千九百四十。"与《旧·志》合。自是而外,如姚州《注》云:"上,四千三十。"《元和志》作"四千三百",《通典》《旧唐·志》作"四千九百";急州《注》云:"上,三千九十五。"《元和志·悉州》作"二千三百",《旧·志》作"二千七百五十";柘州《注》云:"上,三千一百。"《通典》作"三千五百",《元和志》作"二千二百六十";静州《注》云:"上,二千四百五十。"《通典》作"三千二十",《元和志》作"二千二百九十";霸州《注》云:"上,二千一百二十。"《旧·志》作"二千六百三十二";维州《注》云:"上,三千七百四十。"《通典》作"二千七百一十",《元和志》《旧·志》作"二千八百三十里";直州《注》云:"上,三千六百。"《元和志·真州》作"二千一百八十",《旧·志》作"三千";翼州《注》云:"上,二千。"《通典》《元和志》作"二千四百二十"。此距上都里数之不同者也。又,姚州《注》云:"东,四千八百九十。"《元和志》作"四千八百九里";曲州《注》云:"东,四千一百六十。"《元和志》作"四千三百三十";急州《注》云:"东,三千九百卅五。"《元和志·悉州》作"三千二百一十",《旧·志》作"三千八百";柘州《注》云:"东,三千七百。"《通典》作"三千九百",《元和志》作"三千一百三十";静州《注》云:"东,四千二百五十。"《通典》作"四千二百",《元和志》作"三千一百五十";保州《注》云:"东,二千五百九十。"《旧·志》作"三千七百九十";霸州《注》云:"东,二千四百七十。"《旧·志》作"三千二百七十一";维州《注》云:"东,三千九百四十。"《通典》《元和志》作"三千五百六十",《旧·志》作"三千五百六十三";直州《注》云:"东,三千八百。"《元和志·真州》作"三千四十五",《旧·志》作"三千八百五十";恭州《注》云:"东,三千九百。"《通典》作"三千九百五十",《元和志》作"三千一百五十"；翼州《注》云："东，三千六百。"《通典》《元和志》作"三千二百七十"，《旧·志》作"三千二百七十八"。此距东都里数之不同者也。次标县名，凡废州所标"废"字，即在县名上，通州在县名下。计姚州县四，一曰姚诚，各书作"诚"，《旧·志》无；二曰长城，各书无，惟《元和志》有；三曰长明，各书同；四曰泸南，各书同，《元和志》无。据《新·志》，泸南即长城所改。此并列二名，不可考。协州《通典》《新唐·志》不载此州。县三，一曰安东，各书作"东安"；二曰西安，三曰湖津，各书并同。曲州《通典》《新·志》不载此州。县二，一曰朱提，二曰唐兴，各书同。急州县三，一曰识曰，《通典》《新·志》无，《旧·志》《寰宇记》谓天宝元年割属临翼郡，今不属翼州，或系天宝后仍属悉州也；二曰左封；三曰归诚；各书并同。柘州县二，一曰柘，《寰宇记》作"拓"；二曰乔珠，各书同。静州县二，一曰悉唐，各书同；二曰静居，《通典》"居"作"川"。《元和志》《新·志》又有清道县，此无。保州《元和志》无。《通典》作"奉州"，云山郡。据《旧·志》，奉州改保，在乾元二年。县四，一曰定廉，《元和志》属维州，《寰宇记·维州》复见此县，云"割属保州"；二曰归顺，三曰云山，《通典·奉州》并无；四曰安居，《旧·志》《寰宇记》及《通典·奉州》并无，惟《新·志》有。霸州《通典》《元和志》无。县四，一曰安信，《旧·志》作"信安"；二曰牙信，《旧·志》无，《寰宇记》"信"作"利"；三曰保宁，《旧·志》无；四曰舨代，《新·志》《寰宇记》作"归代"，《旧·志》无。维州县二，一曰薛城，《寰宇记》作"保宁"，云："旧名薛城。""保宁"与霸州县名复；二曰小封，《元和志》无，《新·志》云："通化，本小封。"《通典》又有定广县，《新·志》又有归化县，《元和志》又有定廉、盐溪二县。定廉，此及各书属保州。"广""廉"字近，或系"廉"讹。直州《通典》无。县四，一曰真符，各书同；二曰维川，各书"维"作"鸡"，《通典》属翼州，《寰宇记》于翼州复见；三曰照德，各书"照"作"昭"，《通典》属翼州；四曰照远，《旧·志》《寰宇记》无，《元和志》《新·志》"照"作"昭"。恭州县三，一曰和州，二曰博恭，三曰烈山，各书同。翼州县三。一曰卫州，二曰翼水，三曰峨和，各书同。《通典》有鸡川、昭德，此及各书属直州。县名均大字，下有夹行小注。属于姚、协、典三州者，左行或标"郭"字，惟姚诚、安东、朱提三县，与《元和志》所云"郭下"合。或标距州里数；与《元和志》或合或否。如长城云"州北九十"，《志》作"南至州五里"；长明云"州东十五"，《志》作"西南至州十五里"；西安云"州西廿七"，《志》作"东南至州二十七里"；湖津云"州北六十"，《志》作"南至州六十里"；唐兴云"州东五里"，《志》作"西至州五里"是也。惟泸南无左行夹注。右行或标"中下"，或标"下"字。此唐代各州所区之等也。姚诚、长城、长明、泸南、安东、西安、湖津、朱提并注"中下"，唐兴注"下"字。以《新·志》校之，姚诚、长城、长明均下县；以《元和志》较之，安东、西安、湖津、朱提亦均下县。属于急、柘九州者，无右行夹注；其左行所注，上为所属乡数，本文仅壹字，为"一、二、三、四、五、六"各数名，知为乡数者，以其与《寰宇记》所注乡数多合也。如左封下注"二"字，归诚下注"一"字，柘下注"二"字，乔珠、静居、归顺、云山下并注"一"字，牙信下注"三"字，保宁下注"四"字，真符、维川、照德下并注"一"字，和集、博恭、烈山、翼水、蛾和下并注"二"字，均与《寰宇记》乡数恰符。惟识臼、安居下注"三"字，昭远下注"一"字，卫山下注"二"字，于《记》无征。悉唐下注"六"字，定廉下注"一"字，皈化下注"三"字，薛城、小封下注"二"字，与《记》不合。又，安信以下，挽所注数名。下标"中"字、"下"字及"中下"。如识臼、左封、归诚、柘县、乔珠并注"中下"，悉唐注"中"字，静居注"下"字，定廉、归顺、云山、安居、安信、牙信、保宁、皈化并注"中下"，薛城、小封、真符、维川、照德、照远、和集、博恭、烈山、卫山、翼水、蛾和并注"下"字。以《新·志》校之，左封为中县，归诚、柘、乔珠、定廉、归顺、云山、安居、安信均下县，牙信、保宁、归化均中县，薛城、通化（即小封）、真符、鸡川、照远、卫山并中下，余与此同。以《元和志》校之，悉唐、真符、鸡川、昭德、昭远、和集、博恭、烈山、卫山、翼水、蛾和均为中下，余与此同。县名以下，惟"维州"一条有"姜维城"三小字，单行。兼志古迹。《元和志》诸书均云："唐武德七年，于姜维城置维州。"其他间记贡物，如"急州"条下，"贡"字单行大书，下标"麝香、牦牛尾、当归、班市、蜀马"五物，均单行小字；"柘州"条下，"贡"字单行大书，下标"麝香、羌活、当归、牦牛"四物，均夹行小字；"静州"条下云："贡与柘州同。""保州"条下云："贡与静州同。"均单行大字。又，"霸州"条下，"贡"字大书，下标"石蜜、升麻、麝香"三物，均单行小字；"恭州"条下，无"贡"字，标"麝香、羌活、当归"三物，均小字夹行；"翼州"条下，"贡"字大书，下标"麝香、当归、牦牛、水黄"四物，皆小字夹行。其余各州，并挽贡物。与《元和志》《新·志》所记，亦或合或否。稽核同异，亦治唐代地理者之一助也。

古类书残卷之一

古类书二百五十六行，首尾不具，盖《鸟部》也。前一百五十四行缺总题，当系《鹤类》，次《鸿》，由百五十五行至二百三行。次《黄鹄》，由二百四行至二百四十二行。次《雉》，自二百二十四行至末，文不完。均首行标类名，次采群籍，与《艺文类聚》、宋《太平御览》例同。条各别行，所引之书，均单行大字，每行十七字；《注》及附引之书，则小字夹行。首、末二行，各漫其半。卷中"民"字、"治"字，均缺末笔。所引《异菀》"大亨"，避"亨"为"享"，惟"恒"字弗缺。则此卷缮写之年，当在肃宗后、穆宗前矣。虽书名莫克考，以所引之书证之，似即北齐《修文殿御览》也。考《玉海》五十四《北齐圣寿堂御览》条云："阳休之取《芳林遍略》，加《十六国春秋》《六经拾遗录》《魏史》，为《玄洲苑御览》，后改为《圣寿堂》。祖珽等又改为《修文殿》，上之。"是《修文御览》即《圣寿堂御览》改名，其与梁代类书不同者，则由增引之书，有《十六国春秋》诸籍。今此卷所引，亦有《赵书》。宋《御览》因之，改标《十六国春秋·后赵录》，此即增入崔鸿书之证。书出北齐，于兹可验。又考《玉海》五十四"太平御览"条引《实录》云："以前代《修文御览》《艺文类聚》《文思博要》及诸书，分门编为一千卷。"是北宋所修《御览》，实以《修文御览》为基。今此书所引旧编，《类聚》与同者十之六，宋《御览》与同者十之七。"鹤"、《鹤类》前有缺文，今即所存之文证之，首《淮南八公相鹤经》（此条前数行亦缺，书行据《御览》所引补），次《易·中孚》，次《春秋左传》，次《易通卦验》，次《神异经》，次《春秋考异邮》（即"邮"字），次《春秋说题辞》，次《琴操》，次《穆天子传》，次《列仙传》，次《庄子》，次"老子谓孔"（下挽"子"字，亦据《庄子》），次《汉书·武纪》及《郊祀志》，次《吴越春秋》，次《神境记》，次《三辅旧事》，次《纪年》，次《列异传》，次盛弘（下挩"之"字）《荆州记》，次《永嘉记》，次《陶侃传》，次《风土记》，次《汉武故事》，次《古今注》，次《玄中记》，次《春秋繁露》，次王隐《晋书》，次《墨子》，次《鲁连子》，次焦赣《易林》，次《韵集》，次王粲《鹖赋》，次《异菀》，次《晋八王故事》，次湛方生《羁鹤吟序》，次《竹林七贤论》，次《神（下挩"仙"字）传》，次刘向《别录》，次桓谭《新论》，次仲长（下挩"统"字）《昌言》，次《幽明录》，次傅咸《诗序》，次《桂阳列仙传》，次《剑伎白（当作"细滔母"）与从弟者文（当作"孝征"）书》，次《古歌词》。舍《考异邮》、《汉书·武纪》、《三辅旧事》、《纪年》、《列异传》、《古今注》、《玄中记》、《繁露》、王隐《晋书》、《墨子》、《鲁连子》、《别录》、《新论》、《昌言》、《幽明录》、傅咸《诗序》、《桂阳列仙传》外，均为《类聚》《御览》所引。又，所引《异菀》，《御览》引入《鹄类》；所引《汉武故事》，《御览》引作"内传"。"鸿"、首《说文》，次《易·渐》，次《卫诗》，次《礼记·月令》，次《春秋传》，次《淮南万毕术》，次《韩诗外传》，次《管子》，次《博物志》，次成公绥《鸿雁赋序》，次《鲁连子》，次焦赣《易林·需之遯》（下挩所引之文，且误与下条《周书》联文），次《周书·时训》，次《风土记》，次《扬子法言》，次《庄子》，次《老子指归》，次曹毗《双鸿诗序》，次《梦书》。舍《说文》《周书》《风土记》《老子指归》《梦书》外，均为《类聚》《御览》所引。又，《卫诗》条引《诗异疏》，亦见《御览》。"鹄"，首《说文》，次《广志》，次《列仙传》，次《汉书·昭纪》，次《古今注》，次仲长统《昌言》，次《韩诗外传》，次《春秋繁露》，次《东观汉纪》，次焦赣《易林·贲之噬》（下挩"嗑"字），次《战国策》，次《赵书》，次《南越传》，次《列女传》。舍《说文》《昌言》《繁露》《易林》《南越传》外，并为《类聚》《御览》所引入。又，《赵书》即《御览》所引《后赵录》。《外传》、《东观汉记》、《国策》三条，《御览》并引入《鹤类》。"雉"，首《尔雅》，次《广雅》，次《山海经》，次《说文》。舍《说文》外，并为彼二书所引。四类均然。篇目次第，亦与宋《御览》大同。《御览》"鹄"后为"鹃""鸡"及"雁"，此书均无。故"黄鹄"之后即"雉"，余并同。梁、陈以下之书，均未采掇。定为《修文御览》，似无疑蕴。且《修文御览》，至宋犹存。《唐·志》、《崇文总目》、陈氏《解题》所著录，均三百六十卷，则所分之卷，弗及宋《御览》众多。今此书《雉类》与上同卷，与宋《御览》别入下卷者不同。分卷之寡，即此可窥，亦其证矣。虽此书《鹄类》之文，宋《御览》多入《鹤类》，并改"黄鹄"为"黄鹤"；《鹤类》之文，亦间改隶《鹄类》，似属不同，然此卷《鹤类》之中，恒"鹤""鹄"互书，是即宋《御览》所据。且每引一书，率此详彼略。其为改修时所省，迹尚可征。惜此卷讹挩频仍，不尽可读。今以宋《御览》及《类聚》勘之，知此书之善，厥有数端。《类聚》所引古籍，虽据旧本，然明刊恒据俗本改更。若北宋《御览》，则修书之时，已据习见之文校改。此卷出自中唐，舍讹挩外，文字仍准北齐之旧，故所引各书，有与今本经、注异文者，如《鹤类》引《易·中孚》"与尔靡"之"靡"不作"縻"，《雉类》引《尔雅》"摇雉袟袟"、"海雉"、"翰雉，南方曰欧卢"诸"雉"，均与今本异。此经文不同者。《鹤类》引《易·中孚》王《注》"立诚节笃至"，各本无"节"字；引《左传》"鹤有乘轩"杜《注》"轩，大夫车也"，各本无"也"字。《鸿类》引《易·渐卦》《注》"峨峨清远"，与《释文》本合；引《诗义疏》"鸿，鹄也，羽毛光泽，绝白色，似雁，长头"，今本无"也"字、"色"字，"绝"字作"纯"，"头"字作"颈"；又引"色赤，绝白"，今本作"色亦白"。《雉类》引《尔雅》郭《注》"青质，五采文者也"，今本无下三字；又引"鷩雉，今山鸡是也"，今本作"似山鸡而小"；又引"海雉，今倭国中出，黑雉"，今本作"如雉而黑，在海中山上"。此引《经》《注》不同者也。又，《鹤类》引《易林》"夜食为明，怀胡德音"，今本"为"字作"反"，"胡"字作"我"。《鸿类》引《韩诗外传》"攫莒溃失"，又引"欲拔颈而死，将以吾王贱士贵鸿"，今本"攫莒"作"玃笞"，"拔颈"作"拔剑"（当作"拔颈"），"王"字作"君"。《黄鹄类》引《外传》"头戴冠，见敌敢斗，有食相呼"，今本作"首戴冠，敌在前，敢斗，得食相告"；又引《易林》"黄鹄失主，无以自明"，今本"主"字作"珠"，"自"字作"为"。此引经类之书与今本不同者也。有与纬书、古字书异文者，如《鹤类》引《易通卦验》"清风至，晨鹤鸣"，今殿本"晨鹤"作"暑鹄"；《黄鹄类》引《说文》"鹄，黄鹄也"，今本"黄"字作"鸿"是也。有与史籍异文者，如《汉书·昭纪》"黄鹄下太液"臣瓒《注》，此引为"如淳曰"，迥异今本。自是而外，如《鹤部》引《穆天子传》"爰舞白鹤六"，今本"六"作"二八"；引《汉书·武纪》"群鹤留山"，今本"山"作"止"；引《吴越春秋》"凿地为池，积土为山"，今本挩"为池""为山"四字；又引"国人悲焉"，今本"悲焉"作"非之"。《黄鹄类》引《战国策》"俯啄鳝鲤，仰断蔆衡，膺其六翮，逍摇乎高翔"，今本"断"字作"噣"，"逍"字作"飘"；又引《列女传》"冤颈"，今本"冤"字作"鹓"，均引史籍之不同者也。有与子书不同者，如《鸿类》引《贾子》"卫懿公嘉鹤"（《左传》条附引），今本"嘉"作"喜"；引《墨子》"鬼呼于国"，今本挩"于"字；《鸿类》

引《管子》"公命有司"及"朝庙门之外",今本"命"字作"令",下作"太庙之门"是也。若夫《相鹤经》同异,如"朱顶"此作"尖顶"之类,不可胜校。与《类聚》、宋《御览》所引,亦不尽合。其与二书所引合者,如《鸿类》引《琴操》"叹别鹤以舒愤","愤"与《类聚》引同;引《吴越春秋》"女怨曰:'王食我残鱼'"及"遂使男女",《鸿类》引《韩诗外传》"至楚",《黄鹄类》引《外传》"啄君稻粱,故臣将去君",引《国策》"游江湖",并与《类聚》及《御览》引同,与今本异。已佚之书亦然。彼略此详,固足为辑录佚书之助。如《类聚》《御览·鹤类》引《说题词》,仅引"鹤知夜半"四字;此则四字以下,别有"阴卫道也。鹤之为言央也,央,焌然。阴之精,以类感,夜半物静,独戒主也"廿七字,夹行小字别有"央郁,阴生北方;夜半,子时也。故至其时情郁,感其时而鸣。戒主,主知夜半也"廿九字,盖宋均《注》文。《御览·鹤类》引《神境记》,首引"荥阳郡南百余里有兰岩",至"化成此鹤"止。此则"兰岩"作"石室",下有"室后有孤松千丈"七字;"化成"句下,又有"一者夫之寻为(有挩讹),一者独栖此松,桄立哀唳"十四字。《类聚·鹤类》引《风土记》,首引"鸣鹤戒露"句;此则"戒露"以下,又有"交交凉凉,鸣鹤,白鹤也"九字。《类聚·鸿类》引《八王故事》,末有"机素游之所"五字,此作"有清泉茂林。吴平后,机兄弟素游于此,十有余年耳"二十字。《御览·鸿类》所引《鲁连子》,至"是上隐君,下蔽罪也"止;此作"是士隐,君之币也",下有"御者曰:'然则已乎?'母所曰:'是身在,而不达君使也。'御者曰:'然则死乎?'母所曰:'是使君贪币而贱士也。'乃见襄君,缚虚庄而请罪。襄君辍食而谢之"计三十八字。此均有裨于辑佚者也。又,《御览·黄鹄类》引《十国春秋·后赵录》,今本无其文。此作《赵书》,于"闻声十余里"之下,有"养之于池"四字,又有夹行《注》云:"谨案,虎实逆贼,王化不通,岂有贡其鸟物者乎?此献之妄,或瘤垂小民,假称珍怪,取媚于虎耳"计三十余字,或崔氏自注也,亦足补崔书今本之缺。即字有损益异同,亦足为辑书、互勘之助。如《鹤类》引《神境记》"晨必接翮,夕辄偶影",《御览》作"日夕偶影翔集";引"昔有夫妇二人,俱隐此室,年既数百",《御览》无"有""二人"三字及"室"字,"既数百"作"数百岁"。《鹤类》又引《荆州记》"溢天明景"及"清响朗彻",《御览》"溢"字作"清","朗"字作"亮";引《永嘉记》"子生长便去",《类聚》《御览》无"子"字;引《陶侃传》"仪服鲜异"及"遣随而看之",《类聚》"异"作"洁",《御览》"服"作"形",并无"随而"二字;引《风土记》"流于草叶上"及"虑于变害也",《类聚》《御览》无"叶"字,《类聚》"于"又作"有";引《韵集》"白鹤,善鸣,鸟类",《类聚》《御览》无"白"字；引王粲《鹖赋》"禀涂龟之寿"及"食灵岳之琼蕤"，《类聚》"涂"字作"灵"，"蕤"字作"蕊"；引《鞞鹤吟叙》"邻人王氏"，《类聚》"邻"字作"乡"；引《古歌辞》"毛羽日崔颓"，《类聚》《御览》"日"并作"何"。（余与《御览》同，惟"妻妾"作"妻卒"，"方"亦作"来"。）《鸿部》引《万毕术》《注》"满之，可以渡江不衍也"，《御览》无上二字，"衍"字作"溺"；引《鲁连子》"为鲁君使"及"然买鸿乎"，《御览》无"使"字，"然买"作"给置"；引《双鸿诗序》"近行东野"，《类聚》无"行"字。此均有裨于勘校佚书辑本者也。又，《鹤类》所引《神异经》张茂先《注》，今本无《注》文；《类聚》所引与此同，惟"也"字此作"之"，"言"上衍"者"字。《鸿类》所引《博物志》，今本亦挽；《御览》所引与此同，惟此作《鸿类》。"寿千岁，千岁者皆胎生"，与彼又异，亦足助互勘之用。惟《类聚》所引《纽滔母与从弟书》，与此所引多异，或所据之本殊也。

若文为二书所未采，又属已佚之书，则只字单词，亦复有资于存古。如《鹤类》所引《春秋考异邮》、正文仅"鹤知夜半"四字，又夹行引宋均《注》云："鹤，水鸟，夜半，水位感其气，则益鸣也。"纬文及宋《注》，均与《御览》所引《说题词》同。盖二书文同，《注》亦同也。《三辅旧事》、其文云："始皇葬，以金银为凫鹤。"他籍或引"凫鹤"作"泉"，误甚。《纪年》、其文云："穆王南征，君子为猿、鹤，小人为飞鸮。惠成王十七年，有一鹤南飞，三翔于郢市。"今伪本《纪年》无之。《列异传》、其文云："吴时，长沙邓卓为神，遣马卬（"卬"，疑当作"印"）之。（有讹挽）见物在下，纷纷如雪。卓问，持马者曰：'此海上白鹤飞也。'一人便取鹤子数枚与卓。"《古今注》、其文云："宣帝二年，白鹤集孝文园。"（此伏侯《古今注》。）《玄中记》、其文云："千岁之鹤随时鸣。"王隐《晋书》、其文云："孙咸外祖蒋迪，与吴平后，鹄告迪，乃居长城，别由藜空笘中问，景养曰：'当生天子储副。'因聚众攻郡县，见诛。女入奚官，有清声动人。愍怀悦，遂生男。"（多讹字）《鲁连子》、其文云："吴王使其臣诸樊，奉一鹤母以问梁王。韩子谓梁王曰：'安有问制（疑作"邻"）国之君以一鹤母者乎？臣请为君欺之。'出谓使曰：'冠则不，以礼见。'诸樊曰：'吴断发文身，避于龙子。若大国之臣寻于弊邑，寡君亦曰："姑祝断（当衍其一）发文身，然后得见。"若此，大国之臣安乎？'请出，假冠以见。"计九十八字，他籍均未引及。刘向《别录》、其文云："刘向《别录》有《鹄赋》，今鈹石邑感君庙，或见白鹤。"计十八字，他籍未引。桓谭《新论》、其文云："曲阳侯王根迎方士西门君惠，学养性却老。余见侯曰：'圣人不学养性。凡人欲为之，欺罔甚矣。'君惠曰：'夫龟称三千岁，鹤言千岁，人反不如鸟虫耶？''今日谁当久与龟、鹤同君,审知其年岁乎? 设令然,蝉蟩、渠略又可使延年如龟、鹤耶?'" 计八十八字,较《意林》为详。仲长统《昌言》、其言曰:"闻之:鹤寿八千岁,灵龟有十斤之数,道家以为鹤曲颈而长,龟潜而一,所以寿也。养性者取法象焉,吾未有以易也。今人笼鹤不食,数月不死;藏龟于器,积年犹生。既然,不远者也。" 计六十八字,他籍未引。《幽明录》、其文云:"吴郡孙钟家贫,种花为业。忽有三人乞菰,钟为具食。三人请上山,以墓地报钟。既而曰:'非墓地也。我三人,司命也。君下山百步,勿返顾。'钟行可八十步,回看,三人皆作白鹤飞去。" 傅咸《诗叙》、其文云:"杨骏就吾索诗,云:'茅文通相说:"文动为规藏。"便作此诗,欲其有悟然有虑。'以示文通曰:'得无作! 唯此白鹤,直为骂可。'君此远有文义,故欲令兄见之。'唯此白鹤'者,良翼临池,而中有鹤白,令子崔玮为赋,指以骂翼,遂并文与骏。寂然云:'不知多务不省也。将如搔服,自无觉也。'(文多挽讹,似言崔琦刺梁冀事)诗曰:'肃肃商风起,悄悄心自悲。圆圆三五月,皎皎耀清晖。今昔一何盛,氛氲自消微。微黄黄及华,飘摇随风飞。'"《桂阳列仙传》,其文云:"苏肮(当作"耽")去山之后,忽有白鹄十数头,夜集郡东门楼上,一者曰:'昼作书字,言曰:"城郭是,人民非,三百年,当复遇。"'成谓将耽也。"(末句有误)《鸿类》所引《风土记》、其文云:"鸿,大雁也。"《梦书》,其文云:"鹄,白鹄,为远道客,随时行也。梦见鸿鹄,忧远人也。"《黄鹄类》所引《昌言》、其言曰:"闻黄鹄寿八百岁。" 计七字,疑即《鹤类》所引"鹤寿八百"之文。因文字不同,遂两引之。《韵集》、其文云:"鹄,鸿之者也。"("之"上挽一字)《南越志》其文云:"水鹄,大而无尾,鸣如鹄,声在水底。" 是也。又,《鹤类》"荆州记"条下夹行引《湘中记》云:"衡山之下,白鹤回翔,如舞者也。"《鸿类》"礼记月令"条夹行郑《注》后,引蔡邕《章句》云:"鸿雁,阳鸟,阴起则南,阳起则北,为二气候者也。阳气达,故从南方来而北过,既阴而产。《季冬令》曰:'雁北向。'知此月常从南来也。"(较《玉烛宝典》所引增数字)二条亦均佚书。坠籍佚词,凭斯复显。即书出宋、元,犹堪宝尚,矧其为高齐残籍,又出祖、李诸氏之手乎?

古类书残卷之二

　　古类书四百五行，前无书名，末有空行二，亦不标书名、卷第。此书之例，亦依事区类。首行标题类名，次按类隶事，集为对偶，由二字至三字。其非对偶者，十之三。每条之下，均有夹行小注。无《注》者十之一。舍不采诗文外，略与徐坚《初学记》同。惟《注》例弗一轨，或详注其事，或并引所出之书，或解字义，或仅云见某书，略与今本《白帖》相似。此卷字数不齐，约在廿五字、三十字之间。所存各类，首"王"，十二行。次"公主"，五行。次"公卿"，八行。次"御史"，五行。次"刺史"，十五行。次"县令"，十二行。次"朋友"，三十行。次"人才"，廿四行。次"文笔"，廿四行。次"勤学"，十三行。次"宴乐"，十行。次"富贵"，十行。次"酒"，六行。次"高尚"，廿行。次"贫贱"，十六行。次"送别"，十四行。次"客游"，十一行。次"荐举"，七行。次"报恩"，十九行。次"兄弟"，十六行。次"父母"，三行。次"孝养"，四行。次"丧孝"，三行。次"孝行"，五行。次"孝感"，十一行。次"孝妇"，六行。次"丧葬"，四行。次"婚姻"，十三行。次"重妻"，四行。次"弃妻"，五行。次"弃夫"，六行。次"美男"，五行。次"美女"，十行。次"贞男"，五行。次"贞妇"，八行。次"丑男"，三行。次"丑女"，八行。次"闺情"，十三行。次"神仙"。十二行。下有缺卷与否，今弗可知；上有缺文，固确然可信。然《神仙》以上各类，亦第次失伦；又无总部之名，其为何书，今不克考。以《崇文总目》、晁氏《读书记》及《玉海》所引《中兴书目》证之，惟虞世南《兔园册》十卷，纂古今事为四十八门，皆偶丽语；陆贽《备举文言》二十卷，摘经史为偶对类事，共四百五十二门；李途《记室新书》三十卷，采掇故事，缀为偶俪之句，分四百余门，略与此书相似。然卷中"治"及"世""民"字均不讳，各类之中，有"月旦""恒娥""逐虎"之文，不类唐人所撰，或成于唐末纷割之时。观书中所引他籍，"治"或改"理"，如《公卿类》"十乱"《注》："乱，理也。""世"或改"代"，如《荐举类》引《国策》"百代一圣""则累代不一得"，《闺情类》引《李延年歌》"绝代而独立"。则所据之书，仍避唐讳，不得以不避唐讳，疑为唐代以前书也。《注》中所述旧事，凡不标所出者，大抵本汉、魏、六朝各史，亦间本他籍。如《县令类》"三善"条子路为邑宰事，本于《家语》；《朋友类》"并粮"条羊角哀子事，本《吕氏春秋》；《高尚类》"箕山"条许由事，本于《高士传》；《报恩类》"盗马"条秦穆公事，亦本《吕氏春秋》；"伤蚖"条随珠事，本于《搜神记》；《兄弟类》"三荆"条田真事，本赵岐《三辅决录》（《御览》引）；"四鸟"条孔子游泰山，亦本《家语》；《父母类》曾子耕梁山事，本于《琴操》；《孝感类》"吊鹤"条陶侃事，本《陶侃别传》（《御览》引）；《美女类》"黄公女"条，本于《论衡》；《贞妇类》"鲁秋胡妇""息君夫人""梁高行""楚贞姬""陶公女"五条，《丑女类》"无盐"条，均本《列女传》；《神仙类》"赤龙"条陶安公事、"玉鸟"条安期阜乡事，均本《列仙传》。其标注书名者，或系误引，如《王类》引《尚书》曰："王者分五色土，藉以白茅。"乃孔《传》文。又，《公卿类》引《尚书》曰："君为元首，臣为股肱。"今《书》无此语；《县令类》引《庄子》曰："理大国者，若烹小鲜。"乃《老子》文；《兄弟类》引《淮南子》"一尺布歌"，乃《汉书》文；《报恩类》"绝缨"条引《韩子》，乃《韩诗外传》文；《丧孝类》云："五情六身，出《老子》。"今《老子》无此语；《婚姻类》引《易》曰："夫天妻地。"今《易》无此语；《贞男类》颜叔子事，《注》言"出《史记》"，实出《诗》毛《传》是也。又，《勤学类》以马融为北海人，《酒类》又谓"马融饮酒一石，讲论无失，见桓谭《论》"，所引尤误。或经改窜，如《报恩类》引《左传》魏颗事、《弃妻类》引《左传》蔡姬事、《丑男类》引《左传》贾大夫事，均非本文是也。其他引《史记》《汉书》《列女传》及《世说》，加以改窜者，不可胜数。然所据仍系旧本。有足校经、传异文者，如《公卿类》引《书》"若作舟楫"，今本作"舟楫"；《朋友类》引《诗》"莺其鸣矣"，今本作"嘤"；引《左传》"逢五举于郑"，今本"五"作"伍"；《贫贱类》引《诗》"可以疗饥"，今本"疗"作"乐"；《兄弟类》引《诗》"陟彼罳兮""堂棣之华"，今本"罳"作"冈"、"堂"作"棠"；《婚姻类》引《诗》"百两迓之"，今本"迓"作"御"；又引《诗》"维食其鱼""维其娶妻"，今本"维"并作"岂"是也。又，《荐举类》引《韩诗外传》"今堂上之人，恶战（当作"我"）

于君；朝廷之大夫，危我以法"，今本挩中二句，"危"字作"恐"；又引"是以吾不复树德于人矣"及"夏得荫其下"，今本挩"吾"字、"复"字，"荫"又作"阴"，均足校《外传》挩讹。有足校史籍异文者，如《贫贱类》引《史记·甘茂传》"以余光赈之"，今本作"分以余光"；又引《国策》"苏秦之（下挩"楚"字）三月"，今本"月"作"日"；《荐举类》引《国策》"是比肩相望，若随踵而生"及"则连车而载"，今本"相望"作"而立"，"生"或作"至"，"连"字作"郄"是也。又，《公卿类》引王朗云："西京太常行陵，赤车千乘。"与《书钞》五十三合；《三国志·朗传》《注》引《名臣奏》，"赤"作"幸"。《高尚类》引《高士传》："'吾，山林之士，何足问也？'遂不言也。"今本作"吾子，皮相之士，何足语姓名"，亦足校今书讹挩。有足校子书异文者，如《送别类》引《孔丛》"临行，二子流涕交颈"及"今乃知妇人志也"，今各本"行"作"别"，"颈"作"颐"，"今乃知"作"乃今知其"，又挩"志"字；《客游类》引《家语》"于斯致思，无思不至"，今本上"思"字作"斯"，下"思"字作"所"；又引《说苑》"楚昭王欲游荆台"，今本"游"作"之"；《高尚类》引《庄子》"帝有何力于我哉"，今本作"帝力何有"；《孝行类》引《说苑》"韩伯俞有过"及"他未曾泣""母力衰也"，今本"曾"作"尝"，或挩"韩"字、"他"字及"衰"字；《闺情类》引《淮南子》"羿于西王母求不死之药，其妻姮娥窃服之而奔月"，亦与今本不同是也。有足校诗文异字者。如《王类》引曹植《七步诗》"相并何乃急"，《送别类》引《古诗》"各在天一崖""胡马思北风"，引《楚词》"憭慄兮若在远行"，《兄弟类》引《古诗》"兄弟两三人，分居在他县"，《父母类》引《补亡诗》"率彼南陔"，《闺情类》引《罗敷诗》"采桑南陌头"，或与今所传之本异，或与古代别本殊。又，《朋友类》所引《绝交论》，若"风雨急而不转其音"，若"呼吸下风雨"，若"鹤盖成荫"，若"援青松以示怀"，若"醮喜西都"，若"附麒麟之旄端"，均与《文选》本异。

即非明注书名，考其所出之书，互相勘合，亦足证字文殊异。如《人才类》云："庄子梦为胡蝶，轩轩然得志。"即知所见《庄子》"诩诩"作"轩轩"；《贞妇类》言"卫恭姜作《柏舟》"，即知所见《诗序》不作"共姜"；又引梁高行、息夫人二事，均本《列女传》。"高行"条云："守养孤幼。"今《传》作"幼孤"；"若弃义而行利"，今《传》"行"作"从"；"乃操镜截鼻"，今《传》"截"作"割"。"息夫人"条云："息君闻，亦自杀。"今《传》无"闻"字。此并唐本《列女传》旧文。又，《丑女类》"无盐"条，亦本《列女传》。所云"当代无双""自诒于宣王""外有三国之难""众贤不附"及"贤者伏匿，谗谀列任"，今《传》挩"无双"二字，"诒"字作"诣"，"三"字作"二"，"众贤"作"众人"，"伏"下无"匪"字，"列任"二字作"强"，则与此书所据不同。自是而外，如《神仙类》"陶安公"各条，本《列仙传》，亦与今本稍异。此均有资于校雠者也。若夫已佚之书，此书所引，有《齐职仪》一则，《公卿类》引云："太常卿，银章青绶，冠，绛朝服，佩水苍玉。"《先贤传》三则，《朋友类》引云："嵇康与娄安为友，每一相思，千里命驾。"《人才类》引云："阚泽年十五，梦（下缺二字）有字，后仕，官遂通。"又引云："陈蕃，字仲举，昂昂如千里逸骥。"《语林》三则，《朋友类》引云："夏侯堪与潘岳为友，二人并美貌，连臂而行，洛中谓之连璧。"《宴乐类》引云："嵇康若孤松之独立，醉若玉山之将颓。"《富贵类》引云："羊秀字稚舒，为晋散骑常侍。冬日作酒，人之抱瓮，须交易人，而酒便默，屑炭末作兽形，温酒。"《谯子》一则，《朋友类》引云："交得人，千里同好，坚于金石。"《招贤记》一则，《人才类》引云："晋陆士龙，自称云间陆士龙。"《竹林七贤传论》二则，《人才类》引云："嵇绍入洛，或人谓王戎曰：'昨见嵇绍，昂昂若野鹤在群鸡之中。'"《宴乐类》引云：（无"论"字）"步兵校尉阮籍字嗣宗，中散大夫嵇康字叔夜，并能琴、好酒。"《傅子》一则，《文笔类》引云："夫以八尺之躯，与天地比寿；一勺之水，与江河争流。"《襄阳记》、《宴乐类》引云："山简字季伦，河内人也。往岘山南习家池饮酒，必醉而归。儿童歌曰：'山公往（下缺一字）许？往诣南阳地。日夕到载归，酩酊无所知。'"《三辅录》、《贫贱类》引云："第五颉居贫，洛阳无主，乡里无田宅，寄止灵台中，或十日不暖。"《魏略》、《贫贱类》引云："裴潜字文行，每之官，不将妻子。贫之（当作"乏"），织荆篱而卖。"《续汉书》、《贫贱类》引云："王宛字孙仲，居贫，茅屋蓬户，食藜藿而已。"《巴东记》、《客游类》引云："行人峡中歌曰：'巫山三峡巫峡长，猿叫三声泪沾裳。'"《幽明录》、《报恩类》引云："吾（此字当作"吴"）人孙钟居贫，种瓜为业。瓜始熟，有三人来乞瓜，钟便屈食。讫，谓钟曰：'无以相报，示子以葬地。'遂上山，示地讫，曰：'我，司命也。'遂化为白鹤而去。遂葬母。钟生坚，坚生权，汉末据江东，并立为吴王。"《异苑》《兄弟类》引云："陈仲弓从诸子侄诣荀季和，父子集，于时德星聚。太史奏：'五百里内有贤人聚。'"各一则，《孝子传》四则，《孝感类》引云："文让母卒，负土营坟，有群鸟数千，为之衔块而成。"（此条系萧广济《孝子传》，见《御览》三十七所引）又引云："刘殷母好食堇。冬日，母病思堇。殷泣之，园乃生堇。"又引云："孟宗至孝，母欲得笋食。冬日，宗入林哀泣，笋为之生。"又引云："前汉董永，千乘人也。少失母，独养老父。家贫佣力，常推鹿车于田头侍养。后父亡，求为主人作奴，贷钱葬父。讫，路逢一妇人，求与永为妻。永曰：'贫乏，为人作奴，何取此也？'妇曰：'必相愿乐，不为耻也。'永将归，主人问：'妇何善？'妇曰：'善织。'主人曰：'织缣三百疋，放汝夫妻。'即织缣三日，潢满三百疋。主人大惊，便放之。永共妇行，至道，妇曰：'天见君至孝，遣我来助还债。'遂辞而去。"（此一条，刘向《孝子传》，见《御览》四百十一所引）谢承《后汉书》、《孝感类》引云："方储字圣明，丹阳人也。丧亲，负土成坟，种树千株，白兔游其下。"《列女传》、《孝妇类》"礼修"条引云："汉赵高妻也。姑严酷无道，小怒则骂，大怒即罚。礼修无愠色，引过自咎。"（此非刘向书）《晋诸公赞》、《婚姻类》引云："卫玠字叔宝，河东安邑人。玠为洪（当作"洗"）马，娶尚书乐广女，时论莫知优劣。裴叔则曰：'妻父有冰清之姿，子婿如璧润之望，所谓"秦晋匹"是也。'"魏文帝《典论》、《闺情类》引云："王琰有功，当封侯。其妻哭于室，恐娶妾也。"《石室（当作"氏"）星经》、《闺情类》引云："织女星为牵牛星妻也。"《神仙经》《神仙类》引云："昆仑山有铜柱，其高入天，所谓天柱。下有仙人九府，与天地同符。"各一则。其有标注出王条此名不知何人，或系援引王智深《宋春秋》，误为"王粲"。《宋书》、《宴乐类》云："陶潜字渊明，居山水。有人就之，葛巾漉酒共饮，弹素琴，啸咏而已。"出《淮南国志》《美女类》"色似芙蓉"《注》。者，又各一则。又，《神仙类》引《山海经》云："西王母居昆仑，有金堂玉阙。"今本无下五字。又，《报恩类》引《搜神记》后汉阳公事，《神仙类》引《搜神记》丁令威事，今俗本亦多不具。或与他籍所引同，或为他籍所未引。捃拾佚籍，不得不资于斯编。惜乎！书名之莫可征也。

籯金一卷半

　　《籯金》一卷半，三百九十五行。每行字数不同，由二十至三十余。首行题"略出《金》一部"及"并序"二小字，下标"小室山处士李若立撰"。卷一之末题"籯金卷第一"，下标"宗人张球写，时年七十有五"计十一字，次行题"籯金卷第二"。是书以"籯金"为名也，"籯"即"籯"字，盖取《汉书·韦贤传》"黄金满籝"为义。《总序》在卷首,文均俪词。其中节云:"若立虽乏光容,无能自衒,早游鳣席,颇践鲤庭。躬承阙里之言,伏奉闺门之训。每至坛花发彩,阅礼而入缁帏;市叶馆阴,敦书而升绛帐。寻师千里,访道七川,希括羽之功,就籝金之业。"此即若立自述之词。其末节云:"于是采摭诸经,参详众史,纂当时之行事,绢随物之恒务,庶无烦博览,而卒备时须。举其宏纲,撮其机要,合成百篇,分为五卷。先录其事,后叙交。此误字。名之籝金,故录云耳。"此即自述纂书之例。盖此编分类隶事,亦《兔园册》之伦。惟《序》言"书分五卷",则此卷所存,十仅得三;又言"每篇先事后叙",今此卷各篇,均冠"某篇第几"一行。卷一计十七篇,首"帝德",次"诸君",即"储君"之误。次"诸王",次"公主",次"东都",次"西京",次"明堂",次"功臣良将",次"辅相",次"侍中",次"文昌御史",次"御史",次"公卿",次"诸侯",次"大夫",次"君臣",次"社稷";卷二自"忠谏篇第十八"始,次"离宫别馆",次"侍卫",次"驾幸",次"刺史",次"别驾长史司马",次"县令子男",次"隐逸",次"褒誉",次"七贤",仅述竹林七贤,标类甚奇。次"朋友",次"仁孝",至"父母篇第卅"止。此篇仅"肇牵车牛,远弗贾用"八字,盖所书止于此。其"先事后叙"者,仅卷二各篇。《七贤篇》亦无叙。余或有事无叙,卷一后五篇及卷二《七贤篇》。或有叙无事,卷一前十二篇。疑系未成之帙。凡《叙》,首均冠"叙曰"二字,词均俪偶,即采刺所录之事为之,亦间有夹注。《诸君》《公主》《西京》《功臣良将》《辅相》《侍中》《文昌御史》《御史》《忠谏》《驾幸》《县令子男》各篇,均有夹行注。事则或为对偶,与《初学记》例同;或非对偶,或摘成言一二语,又与《北堂书钞》《白帖》体同。每条之下,均有夹行小注,无《注》者十之一。对偶之句,或《注》系每联之后,与《初学记》同。或详述其事,或并引所出之书,或解释音义,然亦繁简弗同。书《唐·志》无著录,处立("处立",据文意,疑当作"若立")、张球,事并无考,《新唐书·宗室世系表》亦无其名。"小室"即"少室"。据书有《东都》《西京》《明堂》各篇,则若立必系唐人。《注》中所引之书,"民"字、"治"字,率以"百姓"及"理"字代之;《隐佚》("隐佚",据前引,当作"隐逸")之序,亦有"贤人""避代"之文;其他各篇,则明用"治"字。《注》中"民"字,亦不尽讳。《东都篇叙》且直言"基隆七百",惟《御史文昌序》("御史文昌",据前后引文,疑当作"文昌御史")"显荣","显"字独缺左旁一点,或成于武后改唐为周之世欤?至于所引各事,谬误频仍,几与袁孝政注《新论》相儗。如《诸侯篇》以班超为班固子,《社稷篇》以《春秋》宋穆公语为郑庄公,《忠谏篇》以申包胥为楚人相秦,《刺史篇》以袁宏、谢安为后汉人,以邓艾为吴州大守,《别驾司马长史篇》("别驾司马长史",据前后引文,疑当作"别驾长史司马")以汲黯为睢州刺史,《县令子男篇》以孔子"割鸡焉用牛刀"之言出于宓子贱,《褒誉篇》以山涛见《汉书》是也。自是以外,如《忠谏篇》引《庄子》苌弘事,误"化碧"为"化璧玉";引《华阳国志》严颜事,误颜为吴将。《朋友篇》引《国志》,以刘琨即齐越石父,此尤谬误之甚者。又,《朋友篇》引《庄子》"得鱼忘荃、得兔忘蹄",解之云:"言君子结交,必不改于而者终。"《驾幸篇序》"形于《大麓》之篇",《注》云:"老君五千言之所制度。"均不知所谓。所引之书,亦或误注书名。如《君臣篇》引《尚书》高宗谓傅说曰:"君谓元首,臣为股肱。"引《孟子》"忠臣不隐情于君,孝子不隐情于父母";《县令子男篇》引《论语》"子路为邑宰,路不拾遗",又引《史记》"太公请灌坛神";《褒誉篇》引《周易》"五百年生一贤"是。即所注弗误,亦点窜改易,演为浅词俚语。如《大夫篇》引《史记》百里奚事,《君臣篇》引《左传》申无宇语,引《史记》王蠋事,《忠谏篇》引《新序》乐羊事,《隐佚篇》引《新序》仲连事,《褒誉篇》引《吴志》阚泽事是也,亦与袁孝政《新论注》同。其足勘校异文者,计仅数条。如《诸侯篇》引《尚书》"邵公为保",今本作"召";引《毛诗》"蔽芾甘棠",今本作"芾";《社稷篇》引《说苑》"大夫出强(当作"疆"),有可安国家、定社稷",今本"出疆"作"出境","定"字作"利";《县令子男篇》引《家语》"可以毁锤""可以折奸"及"如此加之,所思则正不难",今本"毁锤"作"怀强","折"字作"抑","则"字作"而",挩"加之所思"四字;《朋友篇》引《庄子》"淡如水,甘如醴",今本两"如"字作"若"是也。其有未明注书名者,如《诸侯篇》"自陕以东""自郏以西",可证《公羊释文》"陕""郏"二本;《大夫篇》"孟大夫""梗杨大夫",足证《左传》有作"孟"、作"杨"之本;《忠谏篇》述赵遁事,足证《左传》有作"遁"之本;《仁孝篇》述伯谕受杖,足证《说苑》有作"谕"之本。又,《大夫篇》引《渔父》"铺其糟,馈其醨",《社稷篇》引齐景公问晏子曰:"理国亦有常乎?"对曰:"谗佞之人,隐在君侧,不能去之,由社树鼠穴,不忍薰之。"均足存《楚词》及《晏子春秋》异字。又,《诸侯篇》云:

"公者，共也，不私之。侯，候也，伺承天之命。伯者，长，为官之也（"也"字衍）长也。子者，子育人庶。男者，任，可任也。"《褒誉篇》云："德过百人曰俊，过万人曰英，过千人曰彦，千人以上为髦。"亦足考《白虎通义》异同。所引佚书，计《卅国志》疑即萧方等《三十国春秋》。二条，《忠谏篇》"徐广"条引云：恭悔，止之。广曰：'帝被送禅位时，广为秘书监，悲涕不已，谢事。岂君是宗室左命，我为秦家孝臣，悲欢之可凶也？'"（多讹挩）又，《褒誉篇》引云："辛氏兄弟五人，皆多才术，世人谓之：'一家五人，并金友玉昆。'"《襄阳传》、《别驾长史司马篇》引云："耒阳令在县，慢于公事。刺史曰：'可举庞士元为别驾，则正。'"《益州传》、《别驾长史司马篇》"任文公"条引云："公为西川别驾时，天大旱。文公以上天象，因白刺史：'五月一日，必有大水为灾。可速造船械，以为先备。'刺史不应。文公自造二舟。至时，果有大水，高数十丈。刺史以百余万人死，文独存。"《七贤传》、《朋友篇》引云："阮籍以嵇康为友，时人号为双鸿。"《孝子传》、《仁孝篇》引云："夏侯许母病，梦见亡父云：'天感汝孝，今赐汝药，在后园桑树上。'拂且往看，果获神药，母病得痊。"《先贤传》《仁孝篇》引云："薤威字俭人，事其母，冬则暖席，夏即扇枕取凉，以存孝心。"各一条。其有标注出《良吏传》、《刺史篇》云："后汉苗为淮南太守，家牛生犊，弃之而去。"出《孝子传》，《仁孝篇》云："张行至孝，有鸟泣于庭前。桑愚至孝，父母亡，筑坟，不役奴婢，一夕坟高四五尺，松竹自生。"及事在《琴典》《仁孝篇》云："曾参至孝，每有寻足鸟接于堂宇，或上参冠。时人遂作《梁山歌》，以咏其德。"者，又各一则，又，《忠谏篇》引《华阳国志》李祚事，《仁孝篇》引《搜神记》孟宗事，俗本亦挩。尚足为辑书之助。自此而外，则《注》文挩讹，几不可读。《叙》文亦然。《帝德篇》"虞曰""舜曰"上挩一字；"贡玄犀、素翟之赊"，"赊"当作"珍"；"辫发文身之长"，上挩一字。《诸君篇》"镜玉津而纪城"，"城"当作"域"；"雅度瑶山之阴"，"雅"下、"度"下各挩一字。《诸王篇》"嗣天孙之岳峙"，与上句弗偶，中有讹挩；"礼穆申而接应"，"应"下挩一字。《公主篇》"共芝宫而互馥"，"而"乃衍文。《东都篇》"齐征赋而交两"，下有挩字；"铜驼广路三条"，"广"上挩"则"字；"悬卜地之占"，"悬"下挩一字。《西京篇》"宫浮浊还而据清渭，凿龙首，缮离宫"，上"宫"字衍，"还"当作"泾"，"首"字下挩"而"字；"巇巀辥"上，挩二句。《明堂篇》"奇超妙逸"以下及"布政君临"句上、下，均有挩句。《功臣良将篇》"真君置号"，下挩四字。《辅相篇》"以材贤而理"，"理"上挩一字；"非态入兆"，"态"当作"熊"，下数句有挩缺。"楚郑喜逢良辅"，"良"上挩"于"字；"详之诸葛"，上挽三字。《侍中篇》"翼玄扈仰丝纶"，"仰"上挽"于"字。《忠谏篇》"摄政衣冠而解去"句及上、下，均有挽文。《离宫别馆篇》"构虹梁于霄驿"，下挽十二字；"历历之榆星"，上挽一字。《侍卫篇》"挺丹霞之剑"，下挽五字；"奉八屯夕励"，"八"上挽一字；"著巡之效"，"巡"下挽一字。《驾幸篇》"飞毂"上挽二字；"共赏芳林之典"上挽一句；"奔雷"二句，互挽"以"字、"而"字。《刺史篇》"六十步之妙能"句有挽讹。《别驾长史司马篇》"海沂之康"，下衍"王祥"二字。《县令子男篇》"奇材称异"，下衍"绩"字。《隐逸篇》"寻游野援而步丘园"，上有衍字；"燕地生先磨镜而负局"，"生先"当作"先生"，"负"下有挽字；"尚子游山"，下挽二句。《褒誉篇》"芳声即播"，下挽三字；"南冠冕而独秀"句，在上、下均有讹挽。《朋友篇》"以友会交，邢晏泣郾"，《仁孝篇》"震荒坟"句下，均有挽句是也。均未足据依也。

周易王弼注卷第三残卷

　　《周易》王弼注，二百四十三行，自《噬嗑》六五《注》"乘刚以噬于物"起，至《离》卦之末止。末行标题"《周易》卷第三"，与各本分卷悉合。每卦均提行，《注》均夹行。每行字数，正文十五字，《注》文或至十九字。卦首高一字为别，上标"某上某下"四小字，次画卦形。第一行、第二行、第四、第五行均有漫字。"虎"字缺笔，"隆"字独否，或缮写更在玄宗前。经文间与各本异，然《剥》卦六三"剥无咎"，"剥"下无"之"字；上六"有灾眚"，"灾"不作"災"。此卷各"災"字均作"灾"。《大畜》卦《象》曰："刚健笃实辉光。""辉"不作"辉"；《坎》卦《象》曰："樽酒簋。""簋"下无"贰"字，并与《释文》本合。又，《复》卦"反覆其道"之"覆"，与《释文》所引或本合。《无妄》卦六二《象》曰："不耕而获。"与《释文》所引误本合。《复》卦初九"无祇悔"之"祇"，《离》卦九三"则大耋"之"耋"，并与唐《石经》合。其与各本均异者，或为别体，如《无妄》"不菑畲"之"菑"，《颐》卦"虎视眈眈"之"眈"，《大过》"有它吝"之"吝"是也。或为讹文，如《无妄》"天命不祐"之"祐"，《离》卦"日昃之离"之"昃"是也。或异偏旁，如《贲》卦"终莫之凌也"，"凌"不作"陵"；《剥》卦"剥床以辩"，"辩"不作"辨"。或偏旁有损益。如《离》卦"以避咎也"之"避"，"戚嗟若"之"戚"。惟《离》卦《象》曰："重明以丽正。""正"上无"乎"字；上九《象》曰："王出征。""王"下无"用"字。所据果为何本，今弗克知。《注》文亦多同异。有增字独与旧本合者；如《大过》卦首句《注》云："音'相过'之'过'也。"岳本挩"也"字，他本并挩此句，惟《考文》引古本与此合。《坎》卦《象》曰《注》："其信行险之谓也。"各本无上二字，惟《考文》引一（"一"字，疑衍）古本，一作"其信习险谓也"，一作"信习险之谓也"，均与此合。有初书与各本相同，而校改增字者；如《贲》卦六二《注》"俱无应而比焉"，与各本同，"俱"上续添"二"字。《颐》卦《注》"窥我宠禄而竞进"，与各本同，后改"而"为"之"，于"窥"上增"而"字，所据不知何本。有各本所无之字，此卷独有者；如《贲》卦六五《注》"故施贲于束帛，丘园以落"，各本无"施"字；《无妄》九五《注》"药攻于有妄者也"，各本无"于"字；《颐》卦《象》曰《注》"言语、饮食"，各本挩"语"字；上九《注》"故物莫不由之"，各本挩"物"字；《大过》九五《注》"而以阳处阳。以阳处阳，未能拯危"，各本不叠"以阳处阳"句；《坎》卦六三《注》"出则无所之，处则无所安"，各本无两"所"字是也。至于所增语助，计"而"字一，"其"字一，"者"字十三，"也"字廿二，"矣"字一。有初书与各本相同，而校改省字者；如《无妄》《象》曰《注》"不可以妄之时"，与各本合。继施涂抹，不知据何本删之。有各本所有之字，此卷独无者；如《剥》卦"《象》曰《注》"触忤殒身"，"忤"下无"以"字；《大畜》《象》曰《注》"凡物厌而退者"，"厌"上无"既"字；《坎》卦初六《注》"行险不能自济"，"不"上无"而"字是也。语助所用"也"字，亦较各本省其三。惟《噬嗑》六五《注》"噬不服"，"噬"上无"虽"字；《复》卦六三《注》"频蹙之貌也"，上无"频"字；《坎》卦初六《注》"坎窞者也"，"坎"上无"入"字，似系挩文。有较各本互有损益者；如《无妄》九五《注》"故勿药有喜也"，各本作"故曰勿药有喜"；《大畜》初九《注》"故能巴（当作"己"）也"，各本作"故能利己"是也。有与俗本字异，独与旧本合者；如《贲》卦《象》曰《注》"解天之文""解人之文"，与《释文》本、岳本及《考文》所引古本合；九三《注》"欲静，则钦初之应"，与岳本及《考文》所引古本合；上九《注》"故任其质素"，与岳本及《考文》所引古本、足利本合。《剥》卦六二《注》"长柔而消正",六四《注》"岂唯消正",上九《注》"则剥下所庇也",并与《释文》引或本合。《大畜》《象》曰《注》"未之能也",与《考文》所引古本、足利本合。《颐》卦六五《注》"得顺之吉也",《大过》九二《注》"心无持吝",亦与《释文》引或本合。《坎》卦初六《注》"最处欲底",与《释文》本合;六三《注》"出则亦坎",与《释文》所引误本合。有与各本均异者,如《剥》卦六三《注》"三上、下各有二阴,而三独应于阴",各本"三上下"作"主上下","而三"作"而二";六四《注》"终无尤矣",各本"矣"作"也"。《复》卦六二《注》"既得中位",各本"得"作"处";六三《注》"频慼之貌也",各本"慼"作"戚";六四《注》"故得中行独复也",各本"得"作"曰"。《无妄》《象》曰《注》"莫盛于斯矣",各本"矣"作"也"。《大畜》初九《注》"未果其进者也",各本"进"作"健"(此初书亦作"健");九三《注》"之乎道路",各本"之"作"在";六五《注》"柔能制强",各本"强"作"刚"。《颐》卦初九《注》"修己莫若自宝",各本"宝"作"保"。《大过》九三《注》"宜其淹溺而凶丧矣",各本"丧"作"哀","矣"作"也"。《坎》卦六四《注》"为险之主",各本"险"作"坎"是也。惟《贲》卦初九《注》"修其所履",各本"修"作"循",此系讹文。均足补阮氏《校记》之缺。书法整严,犹其末焉者也。

周易王弼注第四残卷

　　《周易》王弼注,九十四行,由《解》卦"《象》曰:有攸往速吉"句"吉"字起,至《益》卦之末止。末行标题"《周易》第四",亦与各本分卷合,惟"第"上无"卷"字。每卦首画卦形,下注"某上某下"四小字。卦与各行相齐,则与前卷非一人所书,且所据非属一本。视《经》文各"无"字,此概作"無",亦其证也。每卦提行,《注》夹行,与前卷同。观每行字数,正文十四字,《注》文或至廿一字,书法近率。又,缮写既竣,多所改易,或补挽字,或施涂抹。盖初书之时,所据仅一本;既成之后,复据别本校订也。其与今本不同者，舍"无"字概作"無"字外，如《解》卦《象》曰百菓"之"菓"、六三"致禥至"之"禥"、"贞丢"之"丢"，九四"解而栂"之"栂"；《损》卦六五"弗克违"之"克"，"自上祐也"之"祐"，《益》卦六三"告公用珪"之"珪"，形虽稍异，字则弗殊。惟《解》卦初六"义无咎"，"咎"下无"也"字；《益》卦六四"利用依迁国"，"依"上无"为"字，未知所据何本。又，《益》卦上六"徧辞也"，与《释文》所引孟本合。然此为王本，"徧"或"偏"讹，未或执为王本旧文也。《注》文各"无"字，此亦作"無"，余复互有殊异，如《解》卦初六《注》"处此时也"，各本作"处此之时"。《损》卦《象》曰《注》"损之为义"，各本"义"作"道"；九二《注》"故能获无咎"，各本"能"作"既"；"尚于合志"，各本作"尚合于志"；六五《注》"事竭其功"，各本"竭"作"顺"；"不能违也"，各本"不"作"弗"；上九《注》"故曰无家也"，各本无"曰"字。《益》卦《象》曰《注》"同于木也"，各本"于"作"乎"；《象》曰《注》"之善改过"，各本"之"作"迁"；六二《注》"居益以冲"，各本"冲"作"中"；"不召而至"，各本"而"作"自"；六三《注》"得无咎也"，各本"得"上有"乃"字；九五《注》"故不待问而元吉也"，各本"故"作"固"是也。其他语助损益，计省"也"字八，增"者"字十一，增"也"字十五，增"矣"字一，增"之"字一。亦或独与旧本合。如《解》卦初六《注》："或有过咎，非其理也。"初书有此《注》，继施涂抹，与《释文》所云"或本无此八字"合；《损》卦九二《注》："柔不可以全益，刚不可以全损。"各本无两"以"字，此与《考文》引古本合；六三《注》："谓自六三以上，三阴也。"各本"以"作"已"，此与《释文》本合。又，《解》卦六三《注》"以容其身"，上六《注》"极而后动"，《益》卦《象》曰《注》"损上益下"，并与毛本所据本合。而所增"也"字，亦与《考文》引古本或同。如《益》卦《注》"必获大功也""兴业之宗也""救凶则免也"，各本均无"也"字，《考文》引古本有之。此均有资于勘校者也。惟缮写之时，今弗克考。以"亨"字不避证之，或亦出自肃宗前欤？

庄子郭象注残卷

　　《庄子》郭象注,一百五十八行,由《外篇·山木篇》"夜行昼居"起,上漫四字,"也"字尚存其半。至篇末止,计分十节,节各另行,《注》均夹行小字。每行字数,由十四字至十七字,《注》或十八九字。首行及第八行、第十行、第十一行、第十二行、第十三行、第十四行、第十八行,字数漫灭,多寡弗等,书法秀逸。"渊""民"及从"虎"之字,字均缺笔,"恒"字独否,则书于穆宗以前矣。今以明刊郭《注》本校之,计增字一十有二,如"犹且胥疏于江湖之上",此卷"疏"下有"草"字;"其死可葬",此卷"可"下有"以"字;"而独与道游于大莫之国",此卷"道"上有"君"字;"人能虚己以游世",此卷"世"上有"于"字;"因其自穷",此卷"穷"下有"也"字;"此以天属也",此卷"也"上有"者"字;"且君子之交淡若水,小人之交甘若醴",此卷"交"下各有"也"字;"庄子曰:贫非惫",此卷"惫"下有"也"字;"此所谓非遭时也",此卷"也"上有"者"字;"人之不能有天",此卷"天"下有"也"字;"体逝而终矣",此卷"矣"上有"耳"字是也。若"庄周怵然意曰"以下,又衍"曰"字;"其恶者自恶,吾不知其恶也"以下,复书此二语,则均衍字。省字二十有二,如"安以得至焉",此无"得"字;"虽无粮而乃足",此无"而"字;"则呼张歙之",此无"之"字;"太公任往吊之曰",此无"往"字;"东海有鸟焉",此无"焉"字;"而还与众人",此无"与"字;"居得行而不名处",此无"而"字;"孔子曰善哉",此无"哉"字;"吾再逐于鲁",此无"再"字;"子独不闻假人之亡矣",此无"人"字;"负赤子而趋,何也",此无"也"字;"处势不便",此无"处"字;"有其具而无其数,有其声而宫角",此无三"其"字;"敢问无受天损易",此无"易"字;"何谓无受人益难",此无"难"字;"弃之而走",此无"之"字;"而袭诸人间",此无"而"字;"且吾闻诸夫子曰",此无"曰"字;"游于栗林而忘真栗",此无"于"字、"真"字是也。若"萃乎"以下，此挩"芒乎"二字；"乃非己也"，此挩"非己也"三字；"不给视，虽落其实"，此挩"视"字、"虽"字，与省字不同。异字四十有四，如"网罗"之"网"作"冈"，"猖狂"之"猖"作"昌"，"安以"之"安"作"何"，"褊心"之"褊"作"偏"（与《释文》本合），"上下之县"之"县"作"悬"，"毫毛"之"毫"作"豪"，"饰知"之"知"作"智"，"翔佯"之"佯"作"庠"，"加益"之"加"作"嘉"，"真泠禹"之"泠"作"命"（与《释文》所引或本合），"系履"之"系"作"傒"，"不能行"之"行"作"保"，"履穿"之"穿"作"空"，"而王长其间"之"长"作"张"，"犁然"之"犁"作"梨"，"落其实"之"落"作"洛"，"化其万物"之"物"作"方"，"焉知其所始"之"始"作"止"，"逐而讶之"之"讶"作"讯"（与《释文》所引或本同），以及"無"作"无"者十八字，"一"作"壹"者二字，"庭"作"廷"者三字，"弃"作"弃"者二字是也。若"戒"字作"戎"，"胥"字作"骨"，"筋"字作"荕"，其数尤众。惟"回无受天损易"，此作"捐易"，系讹字。倒易及互有损益者五事。如"又有江山"，此漫上三字，"江"在句末；"名曰意怠"，此作"其名意怠"；"不为功名"，此作"不为名功"；"执臣之道犹若此"，此作"执臣道而犹若此"；"怵然曰：噫"，此作"怵然意曰"是也。郭《注》之中，舍语助损益异同外，此卷计增"而"字一，"矣"字二，"耳"字四，"也"字廿六，"矣也"一，"也"上增"者"字八；所省"也"字二，"其""之"各一。又，"也"字作"耳"者二，"耳"字作"也"者一。异字七，如"蹎碍之谓"，此卷"碍"作"硋"；"泊然抱一"，此卷"泊"作"怕"；"将寄言以遣迹"，此卷"遣"作"遗"；"寂泊无为"，此卷"为"作"怀"；"故常全"，此卷"全"作"合"；"至于形质而已"，此卷"至"作"止"；"日夜相代"，此卷"代"作"伐"是也。其他"無"字作"无"，"弃"字作"弃"者，兹不悉举。省字四，如"则无独异于世矣"，此无"无"字；"盖寄言以极，推至诚之性任乎物"，此无"至"字，"性任"二字作"信"；"于今为始者"，此无"为"字。倒字一，如"又无心常系也"，此作"心无"是也。挩字二，如"真谓欲使之南越"，此挩"之"字；"圣人无好恶也"，此本挩"好"字是也。误字一，如"取于弃人间之好"，"间"字作"闻"。衍字二。如"自然耳，故曰性"，此于"自"上复衍"自然"二字。合正文、《注》文勘之，舍衍羡讹挩外，并较今本为长，惜所存之止于斯也。

春秋穀梁经传解释僖公上第五残卷

　　《春秋穀梁经传解释》一百六十八行，由《僖八年》"禘于太庙，用致夫人"《注》文中半起，至《十五年传》末《注》文止，末标"春秋穀梁经传解释僖公上第五"，与范宁《集解》本分卷弗符。由第一行至第十三行、由第廿行至第五十行，均有漫字，甚者或漫其半。每行字数弗齐，《注》均夹行。正文由十三字至十五字，《注》文或至十八字。书法至工，惟撰书之人无考。书名自《隋·志》《唐·志》以下，亦无著录。《经》文间异范本，如九年"甲子，晋侯诡诸卒"，此卷"甲"字漫灭，"子"字作"戌"；十年"大雨雪"，此卷"雪"字作"雹"；十二年"冬十有二月丁丑"，此卷"丑"字作"未"；十五年"楚人伐徐"，此卷无"人"字；"十有二月壬戌"，此卷无"壬戌"二字是也。又，九年"煞其君之子"之"煞"，十年"晋里克鈛其"（下漫）之"鈛"，十一年"邳郑父"之"邳"，十三年"于醶"之"醶"，十四年"使鄫子来朝"、十五年"季姬归于鄫"之"鄫"，亦与唐《石经》以下范本异。惟十二年"王三月"之"三"，偶与毛刊《注疏》本合。《传》文亦然。有与范本异字者，如《十年传》"吾与汝未有过切"，此作"遇切"《注》云："未有待遇汝以急切。"是"遇"非讹字。是也。又，《九年传》"雍泉"作"壅泉"，《十年传》"将杀我"并作"煞我"、"稚"字作"稺"、"趋"字作"趍"、"丽姬"并作"嫭姬"、"地贡"作"地坟"、"已昏矣"作"以昏矣"，《十四年传》"以病鄫子"作"以病鄫字"，《十五年传》"虫灾"作"虫灾"，虽与《石经》以下各范本稍殊，然字均通用。有较范本增字者，如《十年传》"世子祠"，此作"太子祠"；"国，子之国也"，此作"国则子之国也"；"君喟然叹"，此作"君喟然而叹"；《十五年传》"夷狄相败"，此作"夷狄自相败"是也。有较范本省字者，如《十年传》"而往卫冢乎"，此无"往"字；"吾不若自死"，此无"自"字是也。又，《九年传》"宋其称子，何也"，"故备之也"，"国人不子者，何也"；《十年传》"以累上之辞言之，何也"，"其杀之不以其罪也"，"为重耳也"，"不可不试也"，"故里克所为杀者，为重耳也"，"是又将杀我也"；《十一年传》"累之也"；《十二年传》"故君子闵之也"；《十三年传》"兵车之会也"；《十四年传》"散辞也"，"聚而曰散，何也"，"诸侯城有散辞也"，"同谋也"，"沙，山名也"，"故志之也"，"重其变也"；《十五年传》"遂继事也"，"善救徐也"，"虫灾也"，"晦冥也"，"天子至士也"，"志也"，此卷并无"也"字。《十年传》"将杀我乎"，此无"乎"字；"故致福于君"，此无"故"字；"子何迟于为君"，此无"于"字；"则丽姬必死"，此无"则"字；"以重耳为寄矣"，此无"矣"字。《十二年传》"则无以宗诸侯矣"，《十五年传》"晋侯失民矣"，此亦无"矣"字。《十四年传》"恶之也"，此无"之"字。计省助字三十三。有确为讹字者，如十四年"以请己也"，此作"朝己"是也。《注》云："而因朝诸己俱归也。""诸"亦"请"讹。惟《九年传》"死，则以成人之丧治之"，此作"理之"；《十年传》"臣莫要于世子"，此作"太子"；下"世"字并同。《十五年传》"晋侯失民"及"其民未败"，此并作"人"，确为避唐讳所更之字。考唐人写书，凡国讳之字仅缺笔。若撰著出于己，则所引旧文，帝名必讳。执此例以推，或《解释》即出唐人所撰。试更即《穀梁》旧注考之。僖九年杨《疏》两引徐邈说，十五年范《注》亦引徐说，并与此《释》迥殊。又，刘兆《穀梁注》，至唐犹存，见于李善《文选注》、慧琳《一切经音义》所引者，不下数十则，亦与此《释》不相附（"附"，据文意，当作"符"）。惟十四年"蔡侯肸卒"，《疏》引糜信说，略与此《释》相同，然此云"不日卒，又不书葬"，其说云："日卒，正时卒，恶也。恶之者，为其父哀侯为楚所执，身死于楚，肸仍不朝中国而朝于楚。父仇不复而反归之，恶之尤甚，故不日卒，又不书葬也。"彼则仅云"不日卒"。观《疏》于"不书葬"之说，复以己意相诠，则糜无斯说，甚明。奚得以此书为糜《注》？况此书分卷，析《僖公》为二，《僖公》以前析三为四，与《隋·志》糜信《注》卷帙，亦迥弗同。又，十五年"战于韩"，《传》文《注》云："有国之君，必结四邻之好；南面之主，终资兆庶之功。善邻则兵革不兴，得众则军师尽命。"六朝以前，毋斯《注》体。其为晚出之书，益可知矣。撰自唐人，亦其旁证。然即其袭用糜说观之，则《穀梁》

旧谊，采用必多，故说与范同，几占其半。如"晋侯诡诸卒"《注》云："不书葬者，煞太子，失德也。"而"楚伐江、黄"之《注》，又与杨《疏》默符。《注》云："管仲以僖十五年死，而此云'死者'，以齐桓道极衰，故因此以著其死。若言管仲在，则齐不可而灭也。"诂训、典制，或与范、杨同说，或补诸家所未备。如"地坟"《注》云："坟，壤起也。""以昏矣"《注》云："昏，乱也。""吾若此"《注》云："若，如也。""刎脰"《注》云："脰，颈也，异方而言也。""诸侯散辞"《注》云："散犹略，言略之而不序也。""沙鹿"《注》云："鹿是山之足。"又，"荀息闲也"《注》云："荀息立卓子而傅之，以扞卫。"以"扞"释"闲"；"晦冥"《注》云："谓昼日而无光曰冥。"以"无光"释"晦"，训诂均确。又，"伯姬卒"《传》《注》云："礼：女子十五许嫁，笄而称字，明阴系于阳。笄者，簪，所以系持发，象男子之饰也。廿而嫁，为男卅而娶，合成五十，法大衍之数而生万物，又取参天两地之义。""大雩"《传》："雩，月正也。"《注》云："雩者，吁嗟以求雨也。月者，得恤人之正礼。""震夷伯之庙"《传》"七庙"节，《注》云："王者立宗庙，缘生以事死，敬亡若事存，故立宗庙而事之，所以追孝继养也。天子七庙，三昭、三穆与太祖；诸侯五庙，二昭、二穆与太祖；大夫三庙，一昭、一穆与太祖；士二庙，祖庙、考庙。天子五庙，则月祭之，二祧，享尝乃止；诸侯二昭、二穆，月祭之，太祖享尝乃止。天子、诸侯祭庙用三牲，卿、大夫二牲，士用一牲，尊卑之著也。"均与《穀梁》师说弗背。推之，以葵丘为齐地，《注》云："葵丘，齐地也。"以天子之宰为太宰，《注》云："此当为太宰。"又云："卿有一人，故尊重也。"以置堇于脯释"药脯"，《注》云："以毒药置脯中，即所谓'置堇于脯'也。"以圣女之应释"沙鹿崩"，《注》云："记异而书之，圣女后兴之应也。"立说亦有师承，匪同穿凿。惟间引《公羊》，兼宗《左氏》，而遇防、战韩、城缘陵三《注》，悉以《左氏》解《穀梁》，荡抉家法，几蹈刘兆调人之辙。然揉合三《传》，较之束三《传》而抱遗经，不犹愈乎？

隶古尚书孔氏传夏书残卷

　　《隶古尚书孔氏传》一百八行，由《禹贡》"四襄㳙同"句"襄"字起，至《胤征》"于虡"止，首尾弗具。末二行，字多漫灭。每篇前一行，均题"《尚书》某某第几"，下标"夏书"二字及"孔氏传"三字；次行为《书序》，《序》后一行为篇名，又次一行为《经》文，《传》皆夹行。每行字数弗齐，《传》少者十四字，《传》多者或至廿余字。书法整严。"世"字、"民"字、"治"字，均弗缺笔。其为何时所书，今弗克考。《经》文多古字，《传》文恒否。据陆氏《释文叙录》云："《尚书》之字，本为隶古。既为隶写古文，则不全是古字。今齐、宋旧本及徐、李等《音》所有古字，盖亦无几。穿凿之徒，务欲立异，依傍字部，改变《经》文，疑惑后生，不可承用。"据陆说，是孔本《尚书》虽列古字，然旧本古字无多。僻异之文，多出后人所改易。此卷所据，果属何本，今亦无征。惟宋人所称《古尚书》，其源流具详《宋景文笔记》；嗣则晁氏《读书志》，所记尤详。虽石刻已湮，然郭忠恕《汗简》所采，薛季宣《古文尚书训》所据，山井鼎《古文考》所征引，较之唐《开成石经》，文迥殊异。今以此卷校之，虽同者十居七八，然各篇之字，恒彼为古体，此为通行文字。其与唐《石经》异者，舍篇名"甘斮"、《汗简》："《古尚书》'誓'字作'斮'。"薛本同。颜师古《匡谬正俗》引《尚书·汤誓》亦同。《古文考》作"斮"。此讹"止"为"山"。"乂子之哥"外，惟"海"字作"襄"，"会"字作"㳙"，《说文》古"会"字作"㳙"，此讹。《古文考》引《古尚书》作"岁"。"慎"字作"昚"，与《说文》"慎"字古文合。"祇"字作"祇"，"德"字作"悳"，《汗简》"德"作"悳"，误。"距"字作"岠"，"五"字作"乂"，"四"字作"三"，与《说文》并合。

"诸"字作"彩"，《汗简》、薛本作"彩"，于《三体石经·春秋》"诸"字古文合。此文"农"旁，系"衣"旁之讹。"绥"字作"娞"，"夷"字作"杘"，"荒"字作"巟"，"禹"字作"命"，《汗简》、薛本作"命"，《古文考》作"命"。此与《汉书·艺文志》古"禹"字合。"厥"字作"马"，《汗简》、薛本作"氒"，此稍误。"启"字作"启"，"有"字作"又"，"战"字作"弟"，《古文考》作"弟"，误。"野"字作"埜"，"威"字作"畏"，"绝"字作"鑾"，据《说文》，当作"鑾"，此与《古文考》作"鑾"同，误。"其"字作"亓"，"恭"字作"龚"，"戮"字作"鬏"，《六书通·一屋》引《古尚书》作"鬏"。"挈"字作"妏"，"汝"字作"女"，"须"字作"頾"，"洛"字作"絫"，"以"字作"目"，"豫"字作"念"，与《说文》引《金縢》合。"灭"字作"烕"，《三体石经·春秋》作"烕"。"贰"字作"弍"，"盘"字作"般"，"从"字作"刕"，"训"字作"誉"，《汗简》作"誉"。"下"字作"丅"，与《说文》古文合。"视"字作"际"，《说文》古文作"眡"。"图"字作"圂"，《汗简》、薛本作"圉"。"懔乎"作"廪虖"，"上"字作"丄"，与《说文》古文合。"嗜"字作"耆"，"乱"字作"鼗"，与《三体石经·尚书》合。"和"字作"咊"，"呜呼"作"於虖"，"归"字作"埽"，"怀"字作"裛"，"畴"字作"罱"，《汗简》、薛本作"罘"。"郁"字作"朁"，"厚"字作"垕"，"悔"字作"慁"，"时"字作"旹"，"仲"字作"中"，"谟"字作"暮"，《古文考》作"暮"。"辅"字作"補"，"春"字作"旹"，《汗简》《古文四声韵》引《三体石经·春秋》作"旹"，与此近。"艺"字作"蓺"，"秋"字作"烁"，"房"字作"防"，"冈"字作"亏"，《汗简》、薛本作"宅"。此误。"闻"字作"聱"，"弼"字作"弶"，以及"不"悉作"弗"，"无"悉作"亡"而已，若《五子之歌》"峻寓雕墙"，"寓"不作"宇"；《胤征》"以木铎循于路"，"循"不作"徇"；"天吏佾德"，"佾"不作"逸"，虽与今本异文，未必定属古字。又，《甘誓》"怠弃三正"之"弃"，与唐《石经》合；《胤征》"俧扰天纪"之"俧"，与《释文》所引或本合。其他"服"字用"𠬝"，"纲"字作"綱"，"走"字作"迚"，"尔"字作"尒"，"萬"字作"万"，"象"字作"蒃"，与唐代字体多合，亦非古文也。异文而外，如《五子之歌》"驭六马"，"驭"上无"之"字，亦与各本殊异。与陆氏"古字无几"之说合。盖宋代《古尚书》所出，即陆氏所斥之本。此或齐、宋旧本也。虽孔《书》伪托，未可据依，然《传》者欲托之壁《经》，则采辑古文之字，必非尽与古违，故与《说文》及《三体石经》多相符合。此卷所据，较之《汗简》诸书，又信而有征。惜点画恒乖，字多误笔，而陆氏《释文》改于宋天禧中，尽易古文为今体，未克与斯相校，是可惜矣。若夫孔《传》之文，足校今本讹捝，有今本字捝，此与旧本独合者，如《禹贡》"甸服"《传》"去王城面五百里内"，各本捝"内"字，此与《史记·夏本纪》《集解》引同；"纳铚"《传》"所铚刈，谓禾穗也"，各本无"所"字、"也"字；《甘誓》"天用"句《传》"用其失道故也"，各本无"也"字；"御非其马之正"《传》"御以正马为政者也"，各本无"者也"二字，此与山井鼎《考文》引古本并同。"予则"句《传》"言耻累之也"，各本无"之"字，此与《史记·夏本纪》《集解》引同；《五子之歌》"乃盘游"《传》"盘乐，乐游逸"，各本不叠"乐"字，此与《考文》引古本同是也。有今本既讹且捝，此与旧本独合者，如《胤征》"命掌六师"《传》"中康命胤侯也。掌，主。主六师，为大司马也"，各本无两"也"字，下"主"字误"王"。惟《考文》引古本作"掌，主也。主六师，为大司马也"，与此略符是也。有今本字讹，此与旧本独合者，如《甘誓序》《传》"夏启嗣禹立"，各本"立"作"位"，此与《考文》所引古本合是也。自是而外，如《禹贡》"财赋"《传》"言取民有节"，各本"民"作"之"；"纳总"《传》"入之，供食国马也"，各本"食"作"饲"；《甘誓》"右弗攻于右"《传》"勇力者为士之主，执戈牟以退敌"，各本"为士之主"作"之士"，"牟"作"矛"；《胤征序》《传》"奉王命往征之"，各本"奉"作"受"；"奉辞伐罪曰征"，各本"伐"作"罚"；"政典曰"《传》"先天时"，各本无"天"字，均与今本异文。即《禹贡传》"棐"字作"藁"，"麓"字作"麤"，"彰"字作"章"，《五子之歌传》"骄"字作"恔"，"厭"字作"猒"，《胤征传》"距"字作"岠"，亦与今本稍异。所增"也"字七十余，"者也"二；所省"也"字三，"皆"字二；语助上、下互移者十余。犹其小焉者也。

隶古尚书孔氏传卷第五商书残卷

《隶古尚书孔氏传》，一百九十一行，由《盘庚中篇》"今亓灻今宅后”起，至《微子篇》末止，末题“《尚书》卷第五”，纸有余幅，距末行二寸许，有薛石二书记，所书《绝诗》一首。其诗云：“野棘知人意，因河不早回。既能牵绝得，诗役（以下为第二行）泄将来。”下题“薛石二书记”五字。与《经》《传》靡涉。每篇前一行均题“《尚书》某某第几”，下标“商书”二字及“孔氏传”三字；次行为《序》，《序》后标篇名，或不与《序》别行；又次一行为《经》文，《传》皆夹行。第三行、第四行均有漫字。每行字数弗齐，无《传》者十五字，《传》多者或至廿四字，书法较前卷稍率。“民”字间缺末笔，“治”“显”则否，“世”亦弗缺，或书于太宗之时欤？《经》文多古字，《传》文恒否。以前卷证之，所据当非一本。虽“其”字作“亓”，“汝”字作“女”，“无”字作“亡”，“以”字作“目”，“威”字作“畏”，“不”字作“弗”，“怀”字作“褱”，“德”字作“悳”，“从”字作“加”，“厥”字作“乓”、或作“身”，“绥”字作“媛”，“弼”字作“弼”，“启”字作“启”，“视”字作“眎”，“时”字作“旹”，“豫”字作“悆”，“闻”字作“耷”，“盘”字或作“般”，仅《说命》“甘盘”一见。“荒”字作“巟”，“训”字作“訔”，“和”字作“咊”，“上”字作“丄”，“下”字作“丅”，亦与前卷体符，又，“弃”均作“弃”，亦于（“于”，疑当作“与”）前卷合。然“罔”字作“冈”，“乱”字作“𤔔”，“绝”字作“𢇍”，“恭”字作“龚”，“野”字作“埜”，“畴”字作“𠃬”，当从薛本作“𠷎”。已与前卷稍殊；“有”字作“ナ”，“呜呼”作“乌呼”，乃与前卷迥异。又，“戮”“灭”“四”“海”“诸”“祇”六字，彼卷均为古体，此卷则否；“邦”“天”“民”“命”“于”“之”六字，此作“邽”“兲”“𠀍”“㑹”“亏”“㞢”，彼卷独否，则所据非一本，昭然甚明。其他古字，与《汗简》、薛本、《古文考》所采，间有异同。如“起”字作“迟”，当从《汗简》作“𨑂”。“羞”字作“𦍩”，“迓”字作“卸”，与颜师古《匡谬正俗》引作“御”合。“陈”字作“敶”，《汗简》、薛本作“敶”，依《说文》，当作“𨻰”。“曷”字作“害”，“暨”字作“臮”，“罪”字作“辠”，“既”字作“无”，当作“旡”。“断”字作“𢇍”，与《说文》古文合。《汗简》作“𣃔”，薛本作“𣃔”。“俾”字作“卑”，“哉”字作“才”，“迁”字作“䙴”，当从《汗简》、薛本作“䙴”。“攸”字作“逌”，“懋”字作“楙”，“敷”字作“尃”，“前”字作“歬”，“析”

字作"斦","居"字作"屁","动"字作"暐",《汗简》、薛本作"暉",此误。"笃"字作"竺","谋"字作"基","由"字作"繇","违"字作"韦","长"字作"兂","简"字作"柬","敢"字作"敦",即《说文》"敨"字变体。"宝"字作"珤","得"字作"寻","使"字作"岑","阴"字作"侌","类"字作"臂",《汗简》作"朗"。"诲"字作"啚","厉"字作"砅",与《说文》引《诗》合。"辟"字作"俍",《汗简》引作"倈",与此近。"率"字作"徹",《三体石经·春秋》古文作"衙",《古文考》引此误"徽"。"终"字作"皁",《古文考》作"冪",《汗简》、薛本均作"丹"。"树"字作"尌",当从《汗简》、薛本作"尌"。"私"字作"厶","贤"字作"臤","谓"字作"胃","稽"字作"韶",《汗简》作"韽",薛本作"韶",宋庠《国语音义》引《古文尚书》同。"遯"字作"逐",《汗简》作"逶",薛本备"逶""遽"二体。"始"字作"乩","衡"字作"奠","佑"字作"右","专美"字作"尝媺",原文误倒。"扬"字作"敭","休"字作"庥","鼎"字作"貞",盖借"贞"为"鼎"。"义"字作"谊","昵"字作"迡","黎"字作"鼇",与《说文》合。"虞"字作"怂",当从《汗简》、薛本作"众"。"叄"字作"厽","遂"字作"述","莫"字作"屮","吾"字作"夁","耄逊"作"旄《汗简》作"耄",薛本作"薹",与此异。孙","阶"字作"嶜",《汗简》作"隮",薛本作"跻"。"灾"字作"及","耇"字作"苟","牷"字作"全","云"字作"员"是也。虽点画多乖,然此卷弗为古体之字,以薛本及《汗简》《古文考》所引勘之,彼亦恒为古体,则此亦"古字无几"之本,或非陆氏所斥者矣。若夫"萬"字作"万","恐"字作"恐","后"字作"石","與"字作"与","胥"字作"骨","戏"字作"戱","多"字作"彐","离"字作"雖","废"字作"癈","尔"字作"尒","沃"字作"沃","瞑"字作"瞙","祇"字作"祏","聪"字作"聪","戒"字作"或","服"字作"肒","辜"字作"辠","夭"字作"夲","底"字作"庄","颠"字作"顛","仆"字作"僕",唐代书体率然,非古字。惟字之弗仅一见者,既从古体,间复改书今字,其为钞胥时所易,抑系旧本实然,如"上""下""天""德""绥""居""休""命""敢""得""其""以""之""于"各字,或不以古体书之。今弗可考。况古字而外,亦与唐《石经》多殊。如《盘庚下》"乱越我家",此于"越"下旁添"于"字;足证孔《传》"治理于我家"之训。《说命下》"爰立作相",此作"佐相",孔《传》"立以为相"，亦作"立以为佐相"；《高宗肜日篇》"惟天监下民"，此无"民"字，与《史记》合，足证"民"字涉《传》文而衍。均足证衍羡讹误之文。又，《说命中》"惟干戈省厥躬"，此独作"眚"；《说命下》"旁招俊义"，此独作"畯"；《西伯戡黎》"大命不挚"，此独作"埶"，并与《释文》引或本合。《微子》"我罔为臣仆"，"臣"系旁增，初书无斯字，亦与《释文》所引一本合。若《盘庚下》"邦伯师长"，此独作"柏"，又与《西伯戡黎》《释文》所云"亦作'柏'"，其义互明。"柏""伯"通用，犹《穆传》"郦柏"也。此均有资于校《经》者也。惟《盘庚中》"作丕刑于朕子孙"，此挩"子孙"二字。《说命上》"台恐德弗类"，"恐"上之字涂抹未补；"若济巨川，用汝作舟楫"，初书挩此二句，继补书于旁，仍挩"楫"字及孔《传》，确为此卷舛文。又，《西伯戡黎序》"咎周"作"周咎"，《经》文"不无戮于尔邦"无"尔"字；《微子》"我乃颠隮"，"隮"作"济"，亦似讹挩之文。孔《传》之文，舍"佐相"一条外，亦恒有殊今本，如《盘庚中》《传》"女何得久生作民上"，各本"民"作"人"；"祸将及之也"，各本"之"作"汝"。《盘庚下》《传》"其为政善"，各本作"共为善政"；"人之穷困"，各本作"人之困穷"。《说命上》《传》"谁敢不敬顺王之美命而谏之也"，各本"之也"作"者乎"。《说命中》《传》"言知之易而行之难"，各本无"而"字。《高宗肜日》《传》"不当特丰于近"，各本"近"下有"庙"字。《西伯戡黎》《传》"王之凶祸"，各本"祸"作"害"。《微子》《传》"又为奸究之外内也"，各本作"于内外"；"言殷人上下有罪"，各本"人"作"民"是也。又，所增"也"字一百一十七，"者也"一；所省"之者"一，"之"字、"者"字、"其"字各一，"言"字二；"之"字作"也"字者四，"乎"字作"也"字者二，"者"字作"也"字者一，"也"字上下互易者二，余弗悉举。然与旧本多相符，如《盘庚中篇》《传》"劳之共治民也""有残民之心"，各本"民"作"人"；"我用以女徙"，各本"用"作"乃"，此与《考文》引古本合。"是反祖父之行也"，各本作"父祖"，此与王天兴《尚书纂传》所引合；"但念贝玉而已"，初书"贝"上有"其"字，亦与《考文》引古本合。《说命序》《传》"经营，求之于外野"，俗本挩"经"字、"外"字，此与岳本合。《说命中篇》《传》"宪，法也，言圣王法天以立教，臣敬顺而奉之，民以从上为治也"，俗本混入孔《疏》，此与岳本及《考文》所引古本合。《说命下篇》《传》"梅酢"，各本"酢"作"醋"，此与《考文》引古本合。《西伯戡黎》《传》"反报，报纣言也：女罪恶众多，参列在天"，各本作"反报纣也，言汝罪恶众多，参列于上天"，此与《考文》引古本略符。自是而外，如

《盘庚下》《传》"以求当进"之"求",《高宗肜日》《传》"其如我所言也"之"我",虽仅与毛本合,谊实较长。或字同而文较古,如《盘庚下》《传》"郊庙",此作"郊庿";《说命序》《传》"德高",此作"得高";《说命上》《传》"明智"及"刑人",此则作"知"、作"形";《说命下》《传》"盐咸"及"左右",此则作"醎""佐";《西伯戡黎》《传》"率诸侯",此独作"帅";《微子》《传》"非一途",此独作"涂"是也。又,"無恒"作"无恒","汝"作"女","否"或作"不",亦较今本为古。岂可以《传》文之伪而忽之哉?

二十五等人图

　　《二十五等人图》不分卷,首尾完具,计九十八行。每行字数多寡不等,或二十八九字,或二十二三字。首行题"谨案,《二十五等人图》"八字,旁注"并序"二字,不著撰人。其书先《序》后《目》,《序》亦俪文。中言:"余复率尔,远替先贤。苟欲增深,非能润色。人虽盖土,各有等伦。"又云:"是以薄言得失,各举端輗。"此即撰述此编之旨。书中区析人类,虽分廿五等,然《总纲》仅五:一曰上上,神人、圣人、真人、道人、志人是也;二曰上,德人、贤人、智人、善人、辩人是也;三曰中,公人、忠人、信人、义人、礼人是也;四曰次,士人、工人、庶人、农人、商人是也;五曰下,众人、奴人、肉人、小人、愚人是也。类各五等。《总目》而后,分为二十五节,始于"《神人》第一",终于"《愚人》二十五"。每节之首,先释制名之义,次以俪语状其行。每节字数,由百言至五十言。文多俚语,亦或间用古词,采材《论语》及《老子》二书。惟《农人》节,多本《孝经》郑《注》。所云"神人""真人",均本道书为说;所云"道人",以"和光同尘之辈"当之;所云"奴人""肉人",均以"庸劣猥鄙者"当之;所云"圣人",则指孔子。然竟卷无图,与标题不合。又,末行右侧旁注"舍了足"三字,"舍"乃"写"讹,即全帙书竣之义。文无残缺,昭然甚明。

盖书出乡曲之士所为，故标名之际，不复深加审措也。惟此书之作，亦导源班氏《人表》，虽《唐·志》及宋人书目均无著录，然《哲人》节云："理于未乱。"又《工人》节云："虽无四人之业。"《农人》节云："习四人之业。""理"不作"治"，"人"不作"民"，则撰书之人，必在高宗之后。"世"字不缺笔，盖距初唐已久远也。书法似出晚唐，传写讹挩，几不可读。如第二行"经谓殊途"，"经谓"当作"泾渭"；第十行"之尒"，"之"当作"云"；第廿二行"出名不杨"，当作"出亦不扬"；第廿七行"而不失其政"，"政"当作"正"；第三十行"万须澄波，千刃绝壁"，当作"万顷""千仞"；三十二行"而借寸阴"，"借"当作"惜"；三十七行"不以己矩"，"矩"当作"短"；第四十三行"察物之据劣"，"据"当作"优"；第五十三行"无骄衿"，"衿"当作"矜"；第五十四行"端诚人也"，"诚"当作"诚"；第六十五行"隐乃濑流卧石"，"濑"当作"漱"；第七十八行"但思润屈"，"屈"当作"屋"；第一十九行（"一十九行"，疑当作"九十七行"）"得不知主"，当作"得之不知生"，第九十一行"心恨兑恭"，"恨"当作"很"；第九十三行"诈伪日拙"，"诈"当作"作"，此讹字之显然者也。又，第四行"无求备于一人"，第七行"而看古史今书人字"，第三十一行"寁寰海用道之心"，第五十七行"使众人之不疑"，第七十七行"于财交乃荣及于义"，或与上下文不属，或词句不可通，此均本句有衍字、挩字及上下文各有挩句者也。若第十八行"或隐"之上，挩"或出"二字；第二十三行"内之贵"，"之"下挩一字；第三十三行"百代已俟人"，"已"为衍字；第四十二行"远识也"，"也"上挩一字；第五十一行"或能躯报国"，"躯"上挩一字；第五十九行"或挩簪惠人"，"或"下挩"乃"字；第六十九行"余绪人志也"，"志"为衍字；第六十九行"世缙绅"，"世"下挩一字；第七十行"输十一人之税"，"人"为衍字；第七十一行"何物之能谐"，第九十五行"咫犹疑"，九十八行"此乃愚人之也"，"物"上、"犹"上、"也"上各挩一字，此亦衍挩之显然者也。余弗胜举。然"巫"字作"坙"，"归"字作"埽"，"耕"字作"耕"，"杀"字作"煞"，"饰"字作"餙"，"宦"字作"宧"，"廪"字作"禀"，均与唐人书体相符。虽湮没之年，几及千载，世有补《唐·志》书目者，固弗得不取此编也。此书所用之词，多与今之恒言相合。《商人》节云："朋社赌钱。"《众人》节云："皂白不分。"均足补《恒言录》《通俗编》之缺。

小学发微补

　　（一）《说文》一书，始"一"终"亥"。"一"字下云："惟初太极，道立于一，造分天地，化成万物。""亥"字下云："亥而生子，复从一始。"盖中国前儒推论世运，以为世界递迁，一治一乱，终始循还，周流不息。故《易卦》始于《乾》，其《彖词》曰："大哉乾元，万物资始。"而《序卦传》则云："物不可穷也，故受以《未济》，终焉。"《春秋公羊传·隐元年》云："元年者何？君之始年也。春者何？岁之始也。"《哀十四年》："西狩获麟。"《传》云："孔子曰：'吾道穷矣。'"《尔雅·释诂》首详"始"字之训，终详"死"字之训，亦此例也。《说文》始"一"终"亥"，例与此同。盖《易经》之义，言阴极则阳生；《春秋》之义，言乱极则治生。而段氏之释《说文》亦曰："亥终，则复始一也。"是"亥"即"滋荄"之意。《易·明夷卦》云："箕子之明夷。"刘向云："今《易》'箕子'作'其荄'。"其说本于赵宾。《汉书·儒林传》云："蜀人赵宾述孟氏之学，以为箕子明夷，阴阳气无箕子。箕子者，万物方荄兹也。"厥后荀爽据以注《易》，读"箕子"为"荄兹"。近儒惠定宇亦曰："'箕子'当从古文作'其子'。'其'古音'亥'，亦作'箕'。"又引《三统术》"该阂于亥，孳萌于子"之说，谓"《坤》终亥，《乾》出于子，用晦而明。明不可息，故曰箕子之明夷"。盖惠氏读"箕"为"亥"。"亥子之明夷"，犹言荄滋之明夷，即终而复始之意，亦即《说文》之"始一终亥"之义也，惜惠氏未引《说文》义耳。终亥始一，即阴极生阳、乱极生治之义也。阴阳家流，亦喜言五德之始终，故邹衍所著书，有《经始》等篇，而儒家亦言一治一乱。此古代相承之旧说。及进化学理日昌，而此说亦悉归无验矣。

　　（二）《说文》"霝"字下云："巫也，以玉祀神，从玉霝声。""灵"字下云："灵，或从巫。"案，《楚词·九歌篇》云："灵偃蹇兮皎服。"王逸《注》云："灵，巫也。楚人名巫曰灵。"《九歌》又云："灵连蜷兮既留。"又云："思灵保兮贤姱。"王逸《注》亦以"巫"释之。又云："怨灵修之浩荡兮，终不察乎民心。"又，《九歌》云："怨灵修兮澹忘归。""灵修"即指楚王言。"灵"与"令"通，《书·吕刑篇》："苗民弗用灵。"犹言苗民弗用令也。"灵修"犹言令长，足证上古之时,巫即酋长。见《社会通诠》。楚沿夷俗,厥称未改。又,楚之长官称"令尹"。"令"与"灵"通,"尹"与"君"同。"令尹"者,即神君之义也,故居其职者,司人事,兼司神事。若"靈"字从玉,许君解为"执玉事神"。盖古代事神执玉,如《书·舜典》言"五玉三帛",而《周礼·玉人》所言,则祭天、祭地皆用玉。时执玉用以事神,乃古代相传之礼制也。而后世朝君亦执玉,如《左传》言"禹合诸侯于涂山,执玉帛者万国",是古代执玉以朝君。足证古代敬君之礼,与敬神同,酋出于巫,亦其证矣。

（三）《说文》"爻"字下云:"交也。象《易》六爻头交也。凡爻之属皆从爻。"又考《说文》"五"字下云:"五行也,从二,阴阳在天地间交午也。凡五之属皆从五。""乂"字下云:"古文五如此。"予按,"爻"字之文,即从二乂。"乂"即古"五"字。《易·系辞上》云:"天数五,地数五。五位相得,而各有合。""五位相得各有合",即天地相交之义,故《说文》训"爻"为"交"。又,"五"字象阴阳交午之形,与"爻"字训"交"相合,故知"爻"字从"乂",即古"五"字也。《诗·豳风·七月篇》云:"七月鸣鵙。"王肃《注》云:"当作'五月'。"则以古文"五"字作"乂",与"七"字之字形相近,故讹"五"为"七"。草昧之世,以"五"为止数;两五相乘,即成"爻"字。且两数相乘,即生交互旁通之法,虞氏说《易》,有交互旁通之学,皆证变卦之说者也。故《周易》名六爻为"爻词"。"爻词"者,取其旁推交通、变化无方之法。周代卜筮,引用《周易》,有曰"遇某卦之某卦"者,即以此卦之爻,旁通他卦之爻也。此数学与字学之关系也。

（四）三代之时,有学之人,即从政之人;从政之地,即治学之地,故职官而外无师儒,都畿而外无学术。《说文》"仕"字下云:"学也。从人,士声。"盖古字"仕""士"通用。《说文》"士"字下云:"事也。"《诗·豳风》《大雅》《周颂》之"士"字,毛《传》皆训为"事"。《白虎通》亦云:"士者,事也,乃任事之称也。"而《诗·大雅》:"武王岂不仕?"《传》云:"仕,事也。"《礼·表记篇》郑《注》亦云:"仕之言事也。""士""仕"二字同义,而"仕"字复从"士"得声,是"士"即古代从仕之人。士必有学,故"仕""学"二字即为互训之词。盖古代有学之人,即为入仕之人也。《左传·襄三十一年》记郑子产谓子皮曰:"吾闻学而后入政,未闻以政学者也。"《书经》伪古文《周官篇》亦曰："学古入官。"盖古人学成之后,乃得居官,而有学之人,则量能授职,无一人不居官位者,故士人即官。又,《说文》"官"字下云:"吏事君也。从宀、目。目犹众也。"此与"师"同意。盖古代之时,政教未分,官守与师儒合一。此义也,章实斋《校雠通义》及龚定盦《古史钩沈》言之最精。《古学出于史官篇》已详论之,今不具引矣。是居官之人,亦即教民之人也。又,《说文》"儒"字下云:"儒,柔也,术士之称。""术"为邑中之道。《说文》"术"字下云:"邑中道也。"段《注》云:"邑中,犹言国中。""术士"之称,与"野人"为对待。术士,犹《孟子》之言"君子"。君子为出仕之人,野人为力耕之人。民居于野,为无学之人,亦即无位之人。《孟子》:"我犹未免为乡人。""乡"与"野"同,"乡人"为贱民之称也。古代之时,凡郊野有学之民,必渐次而升之国学,授以职官,汉何休《公羊解诂》"初税亩"《注》云:"古人八岁入小学,其有秀者,移于乡学。乡学之秀者,移于庠。庠之秀者,移于国学,学于大学。"又,"诸侯岁献贡士于天子,学于大学。其有秀者,名曰造士。"其说本于《前汉书·食货志》,与《戴记》《周官》所言相合。又,《礼记·王制篇》言:"命乡论秀士,升之司徒,曰选士。司徒论选士之秀者而升之学,曰进士。升于司徒者,不征于乡;升于学者,不征于司徒,曰造士。司马辨论官材,论进士贤者,以告于王。论定,然后官之;任定,然后爵之;位定,然后禄之。"是乡遂民人之有学者,无不升之国学,授以职官,未有学成而仍居乡里者也。以与野人区别。野人之有学者,谓之郊人,见《礼记·文王世子篇》。然必升之国学,然后授以职官。观许君训"儒"为"术士",盖由"术士"之"术",假为《王制篇》"乐正崇四术"之"术",更由"四术"之"术"引申之,遂为"技术""术数"之"术"矣,然皆非本义也。则古代之士,必荟萃邑中,故郊野之间无学。及官学易为私学,然后师儒之权,操于民庶。如老子、孔子、墨子是也。博通之士,耻授职官,如颜、闵之徒是也。致政与学分、官与师分。《论语》云:"仕而优则学,学而优则仕。"已分"仕""学"为二。盖孔子之时,已有仕而不学、学而不仕之人矣。故爰伯鲁仕周,性不悦学;而庄周之流,皆学成而不愿居官者也。至于后世,则以仕为出,以学为处,二义迥然不同。又有"无道则隐"之说,故笃信好学之士,多不求闻达于诸侯;而立朝不去者,则皆不学之人也。有学之人,未必即从政之人,而职官以外有师儒矣。官守、师儒之分,实由于此。及秦燔《诗》《书》,儒者抱残守缺,匿迹遐陬。如济南伏生以及孔鲋诸人是也。汉、魏以下,经师传《经》乡里,如东汉郑康成之伦皆是也。从学之士，至数百人，亦有多至千人者。而学术昌明，或非辇毂重地所可及。若南宋大儒之讲学，亦在野而不在朝。则从政之地，未必即治学之地，而都畿以外有学术矣。惟西汉之时，儒者通经致用，如西汉武帝时，设太学于京师，中立五经博士。凡士之通《经》谊者，得补掌故诸官；而在位大臣，亦有以《禹贡》行水、以《易经》占验、以《春秋》折狱、以《诗三百篇》代谏书者，此通经致用之确证也。而班《书》亦曰："汉人以经术饰吏治。"亦通经致用之旁证。而授经之地，必在京师。观《汉·儒林传》及翟方进诸《传》可见。是仕、学互训，官、师合一，降及西汉，遗制犹存。西汉以还，行此制者鲜矣。

（五）昔埃及古文，以椰树每年生枝，即以椰树之叶表年数。见《文字学史序》。中国以农立国，而周代复以农业开基，故以谷熟为年。《尔雅·释天》云："周曰年。"《说文》" "字下云："谷熟也。从禾，千声。""年"字从"千"，盖取稼穑众多之义，即《诗》所谓"倬彼甫田，岁取十千，乃求千斯仓"是也。盖"禾""年"义通，故古代以有禾为"有年"；《诗》云："自古有年。"《春秋》云："大有年。"又以禾熟有一定之期也，故借为"年岁"之"年"，而即以禾熟表其义。又，"期"字，《说文》作"稘"，释之曰："稘，复其时也。从禾，其声。《唐书》曰：'稘三百有六旬。'"是"期"与"年"同。《中庸》言"期月"，则一月亦为一期。盖"期"为周而复始之义。《论语》记宰我云："旧谷既没，新谷既升，钻燧改火，期可已矣。"以旧谷没、新谷升为一期，此"期"字古文所由从"禾"也。夫岁一周为期，而禾亦一年一熟，故"年""期"二字义通。又，《说文》"秝"字下云："稀疏适秝也。从二禾。凡秝之属皆从秝，读若历。""历"字下云："治也。""曆"字下云："和也。从甘、历。历，调也。"盖"适秝"即均平之义。又，"历"字下云："过也，传也。"字咸从"秝"。由"历"字之义引伸之，即为"治历明时"之"历"。"历"也者，所以序四时之位，正分位之节，会日月、五星之辰，以考寒暑杀生之节者也。见《前汉书·艺文志》。故古代有历谱之学。"厤"训为"治"，复训为"调"，故古书记历数也，或曰"调历"，或曰"治历"，而其字均从"秝"。"秝"从两"禾"，盖古代以禾表年，"历"字必推往知来。字从二"禾"，即取年岁众多之义，故古籍以多年为"历年"。即《周书·召诰》所谓"有夏授天命，惟有历年""有殷受天命，惟有历年"也。"曆""歷"古通。是古代观象授时之学,无不以禾熟为标准矣。且上古之时,惟农知天。观《夏小正》《月令》诸书,咸以天象验农作,而《诗》咏"七月流火",亦为农夫之词。是古代之农夫,人人皆能知天文也。《尧典》言"敬授人时",即授以耕作之时也。农能知天,即能推测象纬。《说文》"农"字下云:"农,耕也。从晨、囟声。"又,"晨"字下云:"曰辰为晨。辰,同意。"是"晨""辰"二字古通。又,"辰"字下云:"震也。三月阳气动,雷电振,民农时也,物皆生。"又云:"辰,房星,天时也。""辱"字下云:"辰者,农之时也,故房星为辰,田候也。""晨"字下云:"房星,为民田时者。"是"辰"为房星。"辰""晨"古通。古人以房星为农候,故"辰"又训为"天时",如《尔雅》"房不辰"为"不时"是也。《周语》言"农祥晨正","农祥"即房星。房星晨正,为农事所瞻仰,故"农"字从"晨",足证古代之时,农人耕作有定期,农时必循天时,故观象授时之学,惟用于农人,亦惟农人能知天象也。后世以降,凡洞明推步、测验之学者,亦称为畴人。《史记·秝书》云:"畴人子弟分散。"《前汉书·律历志》同。注家释"畴人"者,或训为"明历知星之人",或以家业相承训"畴"字。近世谈阶平先生作《畴人考》,谓农人世服其畴,而历学家亦世传其业,故亦曰"畴人"。近儒多从其说。然意稍隐曲,未必尽然也。盖"畴"为耕治之田,见《说文》。而"历"字发明,原于农学,故称明历学者为"畴人",而"历"字亦从两"禾"也。即此以观,足证中国为务农之国矣。中国自三代以来,重农业而抑工商,则以古代本以农业立国也。

(六)《说文》"胡"字下云:"牛颔垂也。从肉,古声。""颔"训为"颐",《说文》"颔"字下云:"颐也。""颐"字下云:"颐也。"《方言》亦云:"颔、颐,颔也。"是"颔"指颐言,非指颈言也。若《释名》则云:"胡,咽皮如鸡胡也。"又云:"互也,在咽下垂,能敛互物者也。"则以"胡"字为咽皮下垂之义,然不若"颔"训为"颐"之确当也。颐肉之下垂者为胡,故颐下所生之须,亦名为"胡"。《说文》"须"字下云:"颐下毛也。"而"胡"字亦训为"须",即俗书之"鬍"字也。《诗·豳风》:"狼跋其胡。"毛《传》云:"狼之老者,颔下垂胡。"《考工记》:"戈广二寸,内倍之,胡三之。""胡"指戈锋之曲而旁出者言,亦指"胡须"之"胡"言也。年老之人,须必下垂,故"胡"为寿考之称。《诗》曰:"胡考之宁。"《左传》曰:"虽及胡耇。""胡考""胡耇"者,犹言有须之人也。《汉书·郊祀志》云:"有龙垂胡髯,下迎黄帝。"《说文》训"髯"为"颊毛","颊"为面旁,而面肉之下垂者为胡,则"胡髯"者,即面旁所生之须矣。

"胡"字本训为"颐肉下垂",以须生于颐,故又训"胡"为"须";又以须髯之生,由颐达喉,故复训"颈"为"胡",如"亢颈"俗称"胡脉"、"喉咙"亦作"胡咙"是也,然皆假借之文。又,"胡"为夷狄之称。《考工记》言"胡无弓车",而《史记·匈奴传》复有"林胡""东胡"之戎。《匈奴传》云:"晋北有林胡、楼烦诸戎,燕北有东胡、山戎。"又,《赵世家》以林胡、楼烦、东胡为"三胡"。后世降,遂以"胡"字为北族总称。如赵武灵王言"襄王并戎取代,以据诸胡"是也。秦、汉称匈奴亦为"胡"。盖劣等之民丰于颐,优等之民丰于脑。蛮族之民,茹毛饮血,《礼运》云:"未有火化,食草木之实、鸟兽之肉,饮其血,茹其毛。"食物坚粗,咀嚼匪易,故齿牙日厉,而颐颊亦日丰。日本岸本氏《社会学》云:"凡动物劣等者,其头部常小,颚部常大。渐进高等,则头部渐大,颚部渐小。以各种人类相较,则头颚之比例各殊,而古人之颚,亦较头为大。以日本人比欧美人,其面角之角度,彼常有余,我常不足。颚既强大,齿亦同之。一以食物之粗恶坚硬,而咀嚼与之互战,则齿牙自强大。一以原人齿牙,常为攻守操作之械。其用既多,故体自强大,而附近之筋骨,亦因之而强大。"其说甚确。今以满、蒙之民与汉民较,其头部亦较汉民为肥大。三代之时,北族人民未知谷食,故颐颊下垂,亦较汉民为肥大。汉土之民,见彼族颐颊之殊于己族也,遂取"颐颊下垂"之义,名之为"胡"。是犹见北狄辫发下垂,名曰"索虏";见南蛮趾踵相错,而名为"交趾"也。若以"多须"之义解"胡族"之"胡",义亦可通。东北各族,民多长须,如室韦诸国是也。今鄂伦春等部亦然。又,日本有虾夷之族,亦以髯须下垂,其状如虾,故锡此名。而今北方之马贼,亦称为"红胡子"。意古代称北族为"胡人",兼取其"多须"之义乎?亦可备一说也。顾氏亭林《日知录》有《释胡》一条,惜辨析未明,故书此以补之。

(七)江都汪氏作《释三九》三篇,谓一奇,二偶,一、二不可以为数。二乘一则为三,故三为数之成。因而生人之措辞,凡一、二所不能尽者,则约以三,以见其多。《述学·内篇》。引据该博,发前人所未言。予按,《说文》"又"字下云:"手也。象形。三指者,手之列多,略不过三也。凡又之属皆从又。"盖上古之民,以指记数。有以左手撮右手之指者,与达马拉人同。指止于五,故数亦止于五;有左、右不能兼用者,则伸三而屈二,大约以巨擘、小指按他指计之。指止于三,故数亦止于三。此中国古籍所由以"三"数为"众多"之词也。《老子》云:"一生二,二生三,三生万物。"余见汪氏《述学》,今不具引。且草昧之初,非惟以手计数也,古人辨物,凡物有轻重、长短、多寡之不齐者,皆以手别之。惟手是资。盖当世之民,未制斗斛,以手量物,故十圭为撮,十撮为抄,字咸从"手"。《孙子算经》云:"六粟为一圭,十圭为一撮,十撮为一抄,十抄为一勺。"《本草·序例》云:"一撮者,四刀圭也。"《说文》云:"撮,四圭也。从手,最声。亦二指撮也。"应劭注《汉书》云:"四圭曰撮,三指撮之也。"是古代以手撮物。即粟米等物,亦握掌中,故《诗》言"握粟出卜"也。又,《中庸》云:"今夫地,一撮土之多;今夫山,一拳石之多。""一撮""一拳",亦古代以手量物之证。盖古代物持于手,故"持"字、"操"字、"握"字、"援"字,其偏旁悉从"手"也。又,《诗》言"彼有遗秉","秉"字从"手"、从"禾"。盖禾以把计,不以斗斛计也。禾以一把为秉,四秉为筥,又为秭,亦见《诗·小雅》;十筥为稯,见《鲁语》;十稯为秅,见《周礼·秋官》,此皆禾之以把计者也。陈寿祺《五经异义》中,论之甚详。未制权衡,以手铨物,故"揣"训为"量",从"手","端"声。《说文》"揣"字下云:"量也。从手,端声。度高为揣。"段《注》云:"量者,称轻重也。称者,铨也。铨者,衡也。"是"揣"训为"量",其本义在于比较重轻。若度高为"揣",则为引伸之别义。盖古代未有铨衡,人民咸以手铨物也。未制丈尺,以手度物,故寸、尺、仞、寻,义从"手"起。《说文》"寸"字下云:"十分也。人手郄一寸动脉,谓之寸口。从又、一。凡寸之属皆从寸。""尺"字下云:"十寸也。人手郄十分动脉为寸口。十寸为尺。尺,所以指尺规矩事也。从尸、从乙。周制,寸、尺、咫、寻、常、仞诸度量,皆以人之体为法。""咫"字下云:"中妇人手长八寸,谓之咫。周尺也。""仞"字下云:"伸臂一寻,八尺。""寻"字下云:"绎理也。从工、口,从又、寸。工、口,乱也;又、寸,分理之也。此与𡙕同义。度人之两臂为寻,八尺也。""支"字下云:"十尺也。人手中尺,故从十、从又。长十尺以为度。"是皆古人以手度物之确证。又,英人兰士德《俄属游牧记》云:"布哈耳无丈尺,每以手为之。自手胛腋至食指尖曰阿罗,自臂伸直至指尖曰苦刺,自胸至指尖曰加斯。"中国古代以手度物,例与此同。又,《说文》"付"字下云:"予也。从寸,持物以对人。"段《注》云:"寸者,手也。""寸""手"二字互训,益足证古代人民以手代丈尺之用矣。及后圣有作,权衡量度之制兴,由近取诸身,易为远取诸物,殆《周易》所谓"神而化之,使民宜之"者与?

(八)《春秋僖十六年·穀梁传》云:"陨石于宋五。后数,散词也。""六鹢退飞，过宋都。先数，聚词也。"此意也，实古籍记事之通例，然知之者鲜，赖《穀梁传》而仅传。试详释之。考古籍记数之文，约有二例。先总词而后子目，则数后而名先。数目之字，咸在语尾，而名词在前。先子目而后总词，则数先而名后。系数目之字于名词之上，以成一合成名词。先总词而后子目，所谓分析之法也；先子目而后总词，所谓综合之法也。《易经·上系辞》云："天数五，地数五。"又曰："《易》有圣人之道四焉：以言者尚其辞，以动者尚其变，以制器者尚其象，以卜筮者尚其占。"《中庸》亦曰："天下之达道五，所以行之者三。曰君臣也，父子也，夫妇也，昆弟也，朋友之交也，五者，天下之达道也；智、仁、勇三者，天下之达德也。"又曰："君子之道四，丘未能一焉。所求乎子以事父，未能也；所求乎臣以事君，未能也；所求乎弟以事兄，未能也；所求乎朋友先施之，未能也。"此数节者，大抵系数词于语尾，而子目之名区列于下，即《穀梁传》所谓"散词"也。他如《孟子》之"诸侯之宝三"章，"君子之所以为教者五"章，例与此同。又，《礼记·孔子燕居篇》所载"大飨有九"一节，其例亦与此相类也。若夫《书·伊训篇》言三风十愆，《礼·王制篇》言"四诛不以听"，则先区子目，后列数词，即《穀梁传》所谓"聚词"也。散词者，分析之法也；聚词者，综合之法也。此亦古代文法之一端，而高邮王氏、德清俞氏，均未诠明此义，故即《穀梁传》之说引伸之。《周礼》之文，于先总词、后子目者，亦多系数词于名词之上，然必先标明事物之用，然后区别子目，如《太宰》之职，"掌建邦之六典，以佐王治邦国"是也。且区别子目，亦必循数目之次序计数之，如"一曰治典，二曰教典，三曰礼典"是也。《周礼》之制，大抵如此。若《中庸》言"凡为天下国家有九经"，数词亦在名词之前，然"为天下国家"即分析之用也，其例亦与《周礼》相同。若《书·皋陶谟》之言"九德"，则词出伪《书》，系后人之文法。又，《周易·爻辞》或言"上九""初六"，或书"九二""六三"，数词或前或后，无一定之例，则以《易》象皆虚数，无散词、聚词之别也。顾氏《日知录》"陨石于宋五"条，颇疑《穀梁》所言，难于尽信，殆未知古人行文之例也。

（九）仁和龚氏之言曰："名字之始，各以其人之声：声为'天'而天名立，声为'地'而地名立，声为'人'而人名立。"《壬癸之际胎观第一》。其说信然矣。盖古人造字，既象物形定字形，复象物音定字音，故字形与物形同，字音复与物音同。如风火相薄，火焰上升，其音同"呼"。古人即火音而锡以名，故"火"字之音为"呼果切"，以象火声。舟行水中，急湍相激，其音"渐渐"。古人即水音而锡以名，故"水"字之音为"式轨切"，以象水声。南方之人读"水"字，与"死"字音同，尤与"渐"字之声相近。又案，"泗水"之"泗"，字音与"渐"近，亦因水声渐渐得名。又如"日"训为"实"，古人见日形之中实也，即呼"日"为"实"。"日""实"音近，故讹"实"为"日"，而"日"音为"呼质切"矣。"月"训为"缺"，古人见月形之半缺也，即呼"月"为"缺"。"月""缺"音近，故讹"缺"为"月"，而"月"音为"鱼厥切"矣。推之，"雹"字之音，与雨雹下击之音相近；"雪"字之音，与密雪洒窗之音相近，亦其例也。且"山"字古文作"屾"，象三峰蚩立之形，故古人呼之为"三"，厥后讹"三"音为"山"音。"山"为"所间切"，"三"为"鲜甘切"，读音相同。河水一泻千里，水流甚急，其音"活活"，《诗·卫风》曰："河水洋洋，北流活活。"今南方俗语之音，水流声也，或读为"呼"，或读如"嗝"，皆"活活"之转音，亦即"河"字之转音。故古人读"河"为"活"，厥后易"活"音为"河"音。"河"音"乎歌切"。字音取象物音，又如，"浅"为小水，象水声"溅溅"之音；"湫"为潭水，象水流"湫湫"之音，亦其例也。此其证矣。《文字学史序》已发明此例，故此条更详析言之。推之，"木"字之音，与击木之声相近；"石"字之音，与击石之声相近；"锡"字之音，与击锡之声相近；"铜"字之音，与击铜之声相近；"钟"字之音，与击钟之声相似；"柝"字之音，与击柝之声相似。又如，"鸡"字之音，近于嗾鸡之声；"豕"字之音，近于驱豕之声。余见《小学发微》前编中，今不具录。此亦字形象物音之证也。惟以字音象物音，故音同之字，形、义亦大抵相同。此声音、文字之本原也。略举数端，以发其凡。

（十）邢昺《论语疏》云："孔子所以称夫子者，孔子尝为鲁国大夫。子者，男子之称。"其说近是。以"子"为"男子之称"，不足信。案，"夫子"之称，见于《左传》《国语》者，以十余计。《左传·文元年》："孤实贪，以祸夫子。"此秦穆之称孟明也。《文五年》："夫子其不没乎？"此宁嬴之称阳处父也。《文六年》："夫子礼于贾季。"此臾骈之称赵盾也。《襄二十二年》："吾见申叔夫子。"此蓬冯之称申叔时也。《昭二年》："夫子，君子也。"此晏子之称韩宣子也。《昭十三年》："惟夫子知我。"此子产之称子皮也。《昭二十年》："吾早从夫子,不及此。"此子太叔之称子产也。《国语·周语》："此十一德者,夫子皆有焉。"此单襄公之称晋悼公也。《楚语》："夫子属之。"此屈到宗老之称屈到也。《楚语》："楚国之平均者,夫子也。"此沈子高之称子西也。余证尚多。大抵皆卿士、大夫之称也。惟《左传·昭七年》孟僖子言"必属说与?何忌于夫子","夫子"指孔子言。时孔子尚未出仕,盖此乃史臣追记之词也。而弟子称师亦为"夫子"者,则以古人学术,出于官府,见《汉·艺文志》。仕、学同流共贯。诸子之学,各出于一官。儒家者流,出于司徒之官,于道为最高。司徒之职,有卿,有大夫。大司徒,卿职也。其下,皆大夫。古者称卿、大夫曰"子",亦曰"夫子"。儒者肄业于司徒之官,而卿、大夫之职,亦各受教法于司徒,退而颁之乡吏;见《周礼》。州长诸官,各掌其州之教治、政令之法,以考其德行、道艺;下至族党、比闾之吏,亦皆以治民之职,兼教士之权。是牧长亦与师儒无别,故士民受业师儒者,亦称为"夫子",而"士"之自为师长者,亦得循例而有此称。何休《公羊·宣六年解诂》云:"古者,士大夫通曰'子'。"即此义也。与后世国子监之称师生衙门者,若出一辙。汪容甫先生有云:"孔子为鲁司寇,其门人称之曰'子'、曰'夫子'。后人沿袭,以为师长之统称。"其说甚确,故即汪氏之义引伸之。案,周末诸书皆称为"子",以著书者皆大夫也。如墨子为宋大夫,故称为《墨子》;管子为齐大夫,故称为《管子》;老子为周大夫,故称为《老子》;韩非为韩大夫,故称为《韩子》。即庄、列之流,大抵亦出仕于诸侯,非韦布之士也,故著书亦称为"子"。商鞅仕秦,为显官,封为商君,故称其书为《商君书》。若"文子""公羊子""司马子",盖亦当时之出仕者,故加"子"称于姓名之上,以表其尊,非仅以师位而尊之也。宋儒仿其例,遂有"子程子""子朱子"之称矣,然皆起源于周代之时也。

(十一)昔江都黄春谷先生之言字学也,谓字义皆起于右旁之声。任举一字,闻其声即可知其义。凡同声之字,但举右旁之声,不必举左旁之迹,皆可通用。又谓,明乎声音通用之例,则凡同音之字,多可通用。推黄先生之旨,盖以右旁之声为纲,而以左旁之形为目。厥后,归安姚氏作《说文声系》,长洲朱氏作《说文通训定声》,皆用此例,然造字之源,言之颇略。案,《易经》有言:"书不尽言,言不尽意。""意"即字义，"言"即字音，"书"即字形。惟有字义，乃有字音；惟有字音，乃有字形。许君作《说文解字》，以左旁之形为主，乃就物之质体区别也。如从"草"之字皆草类也，从"木"之字皆木类也。然上古人民，未具分辨事物之能，故观察事物，以义象区别，不以质体区分。然字音原于字义，既为此声，即为此义。凡彼字右旁之声同于此字右旁之声者，其义象亦必相同。且右旁为声之字，半属静词、动词，而名词特鲜，以是知上古造字，只有静词、动词。此非臆测之言也。后人解字，以一事一物为纲；古人造字，以一义一象为纲，而区别义象之字，皆属静词、动词。凡此字义象同于彼字义象者，在古代亦只为一字。后圣继作，乃益以左旁之形，以示区别，而名词以成。此古人抽象之能也。吾观焦理堂先生《易话》，论《易经》假借之例最详；而先生复作《易通释》，谓古者命名、辨物，近其声即通其义。如"豹""礿"为同声，与虎连类而言，则借"礿"为"豹"；与祭连类而言，则借"豹"为"礿"。"羊""祥"为同声，《兑》有"吉"义，则借"羊"为"祥"；《大壮》失道不吉，则借"祥"为"羊"。借"狗"为"拘"，"拘""狗"皆"句"声；借"硕"为"鼫"，以"硕""鼫"皆"石"声；借"蚌"为"邦"，"蚌""邦"皆"丰"声也；借"鲋"为"附"，"鲋""附"皆"付"声也。反复辨论，得义数十条。如言"蔑"与"灭"同，"获"与"穫"同，"蕃"与"藩"同，"祇"与"瓶"同，"弟"与"娣""稊""涕"三字同，"轮"与"纶"同，"宠"与"龙"同，"角"与"桷"同，"颀"与"仇""九"同，"官"与"舘"同，"茀"与"拂"同，"攻"与"工"同，"巳"与"祀"同，"颡"与"桑"同，"立"与"泣"同，"幹"与"翰"同，"连"与"烂""兰""涟"三字同，"晖"与"挥"同，"形"与"刑"同，无不以声义之通为字形之借。而西人拉克伯里著《支那太古文明论》，以《易卦》为古文，于一字之中，包含众多之义。又解释《离卦》之文，谓古文"離"字作"离"，初九言"履错然，敬之"，"履"即"缡"字，"错"即"谪"字，"然"即"䅦"字，"敬之"即"瞷之"；六二言"黄离"，"黄离"即"鹔"字；九三言"日昃之离，则大耄之嗟"，"嗟"即"嚼"字；九四言"突如、焚如"，"焚"即"熇"字；六五言"出涕沱若"，"涕沱"即"漓"字；上九言"王用出征，有嘉折首，获匪其丑。"出征"即"离"字，"有嘉"即"偶"字，"获"即"貓"字，"匪"即"籭"字，"其"即"篱"字，以证《周易》为古文之字典，以孔子读《周易》，韦编三绝，即系翻阅字典之故也。其说与焦氏合。盖"离"字本系动词，而"缡""糯"等字，则皆名词。此由静词、动词借为名词之确证。试用拉克伯里氏之例，解《坤》《屯》二卦。《坤卦》（"坤卦"，据文意，"卦"字疑衍，或为"字"字之误）古文本作"申"字，初爻言"履霜"，即解释"神"字也。郑《注》读"履"为"礼"，即祀霜神也。此其证。二爻言"直、方、大，不习，无不利"，即解释"陈"字也。"陈"字本从"申"字。习训为"重"，"陈"字亦有"重"义。三爻言"从王事"，即解释"伸"字也。"从王事"，则身见用，故为"伸"字。四爻言"括囊"，即解释"呻"字也。"呻"训为吟诵，从"口"，"申"声。而括囊亦指口言。五爻言"黄裳，元吉"，即解释"绅"字也。"绅"以束裳。六爻言"龙战于野"，即解释"电"字也。阴阳相斗，则成雷电。"电"字亦从"申"。是"神""陈"等字，皆由"申"字引伸。"屯"字训"难"，亦非名词。初爻言"盘桓"，二爻言"屯如邅如"，即解释"迍"字、"钝"字也。有迟延不进之义。三爻言"即鹿无虞，惟入于林中"，即解释"杶"字也。"杶"为成林之木。四爻言"乘马班如"，即解释"纯"字也。"班"为杂文，通作"斑"。"纯"为不杂之文。五爻言"屯其膏"，即解释"肫"字也。六爻言"泣血涟如"，即解释"顿"字也。顿首、泣血，皆为凶礼。是"迍""纯"等字，皆由"屯"字引伸。又如《巽卦》，初爻言"利武人之贞"，即解"选"字也。二爻言"用史巫"，即解"谦"字也。四爻言"田获三品"，即解"巽"字也。六爻言"丧其资斧"，即解"钄"字也。余卦可由此类推。大约《易经》六十四卦，为文字之祖。上古之时，有月阳岁名之号，故"乾"字即"乙"字，"坤"字即"申"字，"震"字即"辰"字，"暌"字即"癸"字是也，余皆静词。动词以外，则近取诸身，远取诸物，其例也。即此例以推六十四卦，大约皆然。因文繁，不具引。且非特《易》为然也，即按之中国文字，亦无不然。如"仑"字本系静词，隐含分析、条理之义。上古之时，只有"仑"字。就言语而言，则加"言"而作"论"；就人事而言，则加"人"而作"伦"；就丝而言，则加"丝"而作"纶"；就车而言，则加"车"而作"轮"；就水而言，则加"水"而作"沦"。皆含文理成章之义。是"论""伦"等字，皆系名词，实由"仑"字之义引伸也。"尧"字亦系静词，隐含崇高、延长之义。上古之时，只有"尧"字。就举足而言，则加"走"而作"趬"；

就头额而言，则加"页"而作"頟"；就山而言，则加"山"而作"嶤"；就石而言，则加"石"而作"磽"；就马而言，则加"马"而作"驍"；高马也。就犬而言，则加犬而作"獟"；高犬也。就鸟羽而言，则加"羽"而作"翹"。长尾也。是"嶤""磽"等字，皆系名词，实由"尧"字之义引伸也。又如从"台"之字，皆有"始"字之义，草之初生者为"苔"、人之初成者曰"胎"是也；从"少"之字，皆有"不多"之义，言之少者曰"诊"、目之缺一者曰"眇"、禾之少者曰"秒"是也；从"亥"之字，皆有"极"字之义，果之尽处曰"核"，地之尽处曰"畡"是也。余证甚多。举此数端，足证造字之初，先有右旁之声，后有左旁之形。声起于义，故右旁之声既同，则义象必同。古人分析字类，悉凭义象之同异而区。区别义象之字，既系静词、动词，如"仑"字、"尧"字是也。则古人未尝区一物为一字，明矣。区一物为一字，《尔雅》《说文》大率如此，与上古殊。及事物浩繁，乃以右旁之声为纲，而增益左旁之形，此以质体区别事物之始也。独体为文，合体为字。形声相益，斯为合体，斯为名词。若独体之字，虽分属象形、指事二门，然"日"训为"实"，"月"训为"缺"，先有"实"字之义，因日形圆实，因以"实"字训之；先有"缺"字之义，因月形半缺，因以"缺"字训之。推之，先有"上""下"之文，而后有"天""地"之字，以天体为在上，因以"上"字训"天"；因地体为在下，因以"下"字训"地"。则动词、静词先于名词，彰彰明矣。故许君解说一字，必先说其义，次说其形，诚以造字之源，义先而形后。凡同声之字，古人皆可通用也。且同义之字，不必右旁之声皆同也。即任举同声之字，亦可用为同义。王伯申先王之言曰："古字通用，存乎声音。"试举阮芸台先生《释矢》《释门》之言证之。阮氏之称"矢"字也，谓开口直发，其声曰施，重读之曰矢。凡与"施""矢"音近者，如"尸""旗""夷""易""雉""止""水""屎"诸字，或含有"平陈"之义，或含有"施舍"之义。阮氏之释"门"字也，谓事物有间可进，进而靡已者，其音皆读若"门"，如"勉""每""蠠""敏""孟""没""懣""迈""勖""莫""卯""釁"是也。黄春谷先生有《释兄》一篇，亦即此旨。即此二例观之，足证古代音同之字，义即相同；而义象之相同者，古人皆别为一类。且古人析字，既立意象以为标，复观察事物之意象，凡某事、某物之意象相类者，即寄以同一之音，以表其意象。如"旗"字象平施之形，"门"字象有间可进之形是也。故闻字音之同异，即可以定其意象之异同矣。且古人区物，就意象而分；后人区物，就质体而分。凡字之区别意象者，皆动词、静词也；凡物之有质体可指者，皆名词也。如凡竹所为之器属于"竹"部，木所为之器属于"木"部，山名皆属"山"部，水名皆属"水"部之类是也。古人不以质体区物，故知制造名词，在制造动词、静词之后。许君以左旁字形立部首，乃后儒析字之例，非古人造字之本义也。惜后儒墨守许书之说，不穷造字之本源，故即焦、黄、阮三先生之义引伸之。

（十二）上古之时，未有虚字，先有实词。凡后世虚用之词，皆由实词假用。然古人之字，亦用介词、助词。所用之字，大抵用圈、点、横、直之形，以为表识。《说文》"　"字下云："古文之'及'字也。"盖上古之时，未造"及"字。凡二事与二物并言者，则用"　"字为表识。此可考者一也。《说文》"丶"字下云："有所绝止而识之也。"盖上古之时，未造"也"字。凡前语于后语不相属者，则用"丶"字于二语之中，以为表识。此可考者二也。《说文》"丨"字下云："上下通也。"盖上古之时，未造"之"字。凡前语与后语相联者，亦用"丨"字于二语之中，以为表识。此可考者三也。《齐侯镈钟》及《寅簋》，皆有"丂"字，或作"㝈"字，均系"乃"字之古文。孙氏《古籀拾遗》说。盖上古之时，未造"乃"字。凡实指事物之词，则用"㝈"字、"丂"字于语端，以为表识。此可考者四也。古文有"●"字，或为"甲"字古文。庄氏《古文甲乙经》说。盖上古之时，未造"夫"字。凡文字起首之提词，则用"●"字于语首，以为表识。此可考者五也。又如"多"字，亦用于文字中，以表众多之义。古钟鼎中多用之。举此五端，足证中国古代文字，咸本于结绳，故圈、点、横、直者，皆结绳之遗制也。考埃及古碑有"　"字，印度梵文有"卐"字、"卍"字、《翻译名义集》以为皆"万"字。"∴"字，《翻译名义集》以为"伊"字。盖皆表识文字之词，与中国古文相同。孰谓古代无虚词哉？惜古文湮没，不可复考耳。欲考古代之虚字，参阅古钟鼎文，即可知其大概。惜释钟鼎者，强以实字之义解虚字。

（十三）中国言文，最难解者有二例：一曰同一字而字义相反，一曰正名词同于反名词。此用日本名学所用之名词。如"废"训为"置",《左传·文二年》"废六关",《家语》作"置六关"。郑君答张佚问,亦训"废"为"置"。又,《庄子·徐无鬼》云:"于是乎为之调瑟,废一于堂,废一于室。"是亦"废"训为"置"之证也。"乱"训为"治",《论语》:"予有乱臣十人。""乱"即"治"也。"故"训为"今",《尔雅·释诂》。"苦"训为"甘",《尔雅注》。"臭"训为"香",《礼注》。"徂"训为"存",《诗传》。皆同一字而字义相反者也。郭璞云:"诂训义有反复旁通、美恶不嫌同辞。"以"不如"为"如",《续方言》云:"'如'即'不如',齐人语也。"以"见伐"为"伐",《公羊传》云:"《春秋》伐者为客,见伐者为主。"《注》云:"伐人者为客,读'伐',长言之,齐人语也。见伐者为主,读'伐',短言之,齐人语也。"盖以"见伐"为"伐",犹以"不如"为"如"也。以"不敢"为"敢",《仪礼》:"非礼也敢。"郑《注》云:"'敢'即'不敢'。"《左传》"敢辱高位""敢辱大馆",杜《注》皆云:"敢,不敢也。"其说是也。皆正名词同于反名词者也。盖古代之时,言文合一,故方言、俗语,有急读、缓读之不同,咸著于文词,传于书册。非通古今之言词,孰能释古今之疑义哉?

（十四）《毛诗》之中,以两字状物者,计数百条,此皆古代之状词也。亦有以一字状物者,如"其镗""其雺""其濛",此以"其"字状物者也;如"瑟兮""倜兮",此以"兮"字状物者也。自此以外,有以"如"字状物者,如"襃如""赫如"是。有以"然"字状物者,如"惠然""贲然"是。有以"之"字状物者,如"之瑳""之傩"是。有以"斯"字状物者,如"斯皇""斯兑"是。有以"矣"字、如"皇矣""展矣"是。"焉"字、如"潸焉"是。"若"字、如"沃若"是。"于"字、如"于粲""于穆""于皇"是。"思"字如"思皇""思媚""思乐"是。状物者,皆以一字形容事物,复以一字助之。与用"有"字、"彼"字者相同,故与重语亦同。如"斯皇""于皇""有皇""思皇",犹言"皇皇"也;"依彼""依其""有依",犹言"依依"也。明乎此例,可以明古人状词之用矣。

（十五）经、传、子、史,凡为汉儒所注者,均有音读之例,或言"读如""读若",或言"读为""读曰",或言"当作""当为"。"读如""读若"主于说音,"读为""读曰"主于更字说义,"当作""当为"主于纠正误字。"读如""读若",比方之词也;拟其音也。"读为""读曰",变化之词也；易以音近之字。"当作""当为"，改正之词也。改其误字。"读如""读若"，不易其字者也；"读为""读曰"，必易其字者也；"当作""当为"，亦必易其字者也。是为音读之三例。然音读三例，实始于东周，非汉儒特创之例也。试详溯之。孔子《序卦传》云："蒙者，蒙也，物之稚也。"此即谓"蒙"字读如"蒙稚"之"蒙"也。《乾凿度》载孔子之说《易》曰："易，易也，变易也，不易也，佼易立节。"下文云："管三成为道。"《德苞钥》："易者，以言其德也，此其易也。变易也者，其气也；不易也者，其位也。"此即谓"易"字读如"变易""不易""佼易"之"易"也。子夏《诗经大序》云："风，风也，教也。风以动之，教以化之。"又曰："上以风化下，下以风刺上。"此即谓"风"字读如"风教""风动""风化""风刺"之"风"也。《孟子·滕文公上篇》云："彻者，彻也。"赵岐《注》云："彻，犹人彻取物也。"此即谓"彻"字读如"彻取"之"彻"也。若夫孔子《剥卦·彖传》云："剥，剥也。"《序卦传上》云："剥者，剥也。"《序卦传上》云："比者，比也。"《礼记·哀公问篇》云："孔子对哀公曰：'冕而亲迎，亲之也。亲之也者，亲之也。'"《礼·郊特牲篇》亦云："亲之也者，亲之也。"又云："夫也者，夫也。夫也者，以知帅人者也。"以"夫也"释"夫"字，与以"亲之也"释"亲"字，同一义例。两"剥"字、两"比"字、两"亲"字，上下相同。其在当日，必有轻读、重读之殊，长言、短言之别。此"读如""读若"主于说音之例也，即汉儒"'人'读'相人偶'之'人'"、《中庸注》。"'苋'读'苋尔而笑'之'苋'"《易注》。所自出也。《论语》曰："政者，正也。""政"从"正"得声，此即读"政"为"正"。《礼·王制》曰："刑者，侀也。""侀"从"刑"得声，此即读"刑"为"侀"。下云："侀者，成也。""侀""成"亦音近之字。《易·咸卦·彖传》云："咸，感也。""感"从"咸"得声，此即读"咸"为"感"。《夬卦·彖传》云："夬，决也。"《序卦传上》云："夬者，决也。"《杂卦传上》云："夬，决也。""决"从"夬"得声，此即读"夬"为"决"。《兑卦·彖传》云："兑，说也。"又，《说卦传》第四章曰："兑以说之。"第五章云："说，言乎兑。"《序卦传下》云："兑者，说也。"皆其证。"说"从"兑"得声，此即读"兑"为"说"。《系辞下》第一章曰："象也者，像此者也。"第三章曰："是故，易者，象也。象也者，像也。"《经典释文》释"易"云："众本并言'像，拟也。'孟、京、虞、董、姚还作

'象'。"像"从"象"得声，此即读"象"为"像"。盖所训之字，即取由本字谐声者，加以偏旁。自来文字训诂之例，无偏旁者在先，可以通称；有偏旁者在后，义有专属。故举通称之字，训以专属之词。若夫《易·说卦传》云："乾，健也。坤，顺也。""健"音近"乾"，"顺"音近"坤"。又，"基"之为"始"，叔向告于周；"枆"之为"耗"，梓慎言于鲁。展转相训，不离初音。汉儒训经，用此例者尤多，此别一例也。此"读为""读曰"主于更字说义之例也，即汉儒"孙"读为"逊"、《诗笺》。"庶"读为"遮"《易注》。所自出也。《公羊传》载孔子订鲁史之讹，谓"伯于阳"当作"公子阳生"；《春秋》昭公十有二年春《经》云："齐高偃率师纳北燕伯于阳。"《公羊传》曰："伯于阳者，公子阳生也。子曰：'我乃知之矣。'在侧者曰：'子苟知之，何以不革？'曰：'如尔所不知何？'"何休《解诂》曰："子谓孔子。知'公'误作'伯'，'子'误为'于'，'阳'在，'生'刊灭。此夫子欲为后人法，不欲令人妄亿错。"案，汉儒解经，存其说于《注》，而不改《经》文，即用此例者也。《吕览》载子夏订卫史之误，谓"三豕"当作"己亥"。《吕氏春秋·察传篇》曰："子夏之晋，过卫。有读史记者，曰：'晋师三豕渡河。'子夏曰：'非也。是己亥也。夫"己"与"三"相近，"豕"与"亥"相近。'至于晋而问之，则曰：'晋师己亥渡河也。'"此即后儒校勘古籍误字之滥觞。此"当作""当为"主于改字正误之例也，即汉儒"寡"读作"宣"、《易注》。"绿"当作"缘"《诗笺》。所自出也。由是言之，音读之例，导源东周，益可证矣。汉儒守东周相传之例，存音读而不易经文，合于孔门阙疑之义，非后儒凭臆改《经》者可比。《说文》有"读若""读如"，无"读为"，则但拟字音，未有易字也。故即汉儒以音读说经之例而溯其源。

（十六）英斯宾塞尔之言曰："有语言，然后有文字。文字与绘画，无二理也。"盖上古之时，字皆象形，墨西哥之古文，埃及之古碑，莫不皆然。中国古代之字亦然。如洪崖石刻是。凡象形之字，即古图画之变体也。许君之叙"象形"曰："画成其物，随体诘屈。"字出于画，此其明征。如"日"字篆文作"日"，外以象其体之圆，其中一画，即古人"日中有黑影"之说也。即古人所绘之日图也。"月"字篆文作"月"，月，阙时多，满时少，故象其阙形。其中一画，即古人所谓"月中有大地山河影"之说也。即古人所绘之月图也。"气"字篆文作"气"，下云："云气也。象形。"盖三画所以象云气之重叠，复曲其形，以象云气之流动也。又，《说文》"靁"字下云："从雨、晶，象回转形。""雲"字下云："从雨、云，象回转之形。"盖古人以云、雷皆回转于天，故并有"转"义。即古人所绘之云图也。"雨"字古文作"扁"，即古人所绘之雨图也。"扁"字见《玉篇》。盖门字象天形，需象雨点之形也。《说文》"雨"字下云："一象天，门象云，水需其间也。"亦此义。"山"字篆文作"屾"，即古人所绘之山图也。上以象其峰，下以象其洞穴。"水"字篆文作"巛"，即古人所绘之水图也。"水"字古文作"☵"，即《坎卦》之形。今人绘水纹，有长有短，皆有"☵"字之象。此其确证。"田"字篆文作"田"，即古人所绘之田图也。《韵会》引《说文》曰："田，陈也。树谷曰田。象形。从口、从十，阡陌之制也。"盖"田"字象古井田沟洫纵横、阡陌交通之形。若夫象身体之形者，如"心"字、"心"字古文作"心"，中象心形，外兼象心包络。"甶"字、篆文作"囟"，即"脑"字也。脑形上尖下圆，故《峄山碑》作"囟"，象其形象者，即脑筋交通之象也。"目"字、古文作"目"，外象目匡，"八"象睐毛，"○"象黑睛，"●"象瞳子，故为象形。"耳"字、"耳"古字作"耳"，外则轮廓之形，注中之点，象窍形也。"臣"字、"臣"古字作"臣"，左之圆者，鳃也。右之突者，颊旁之高起者也。中一笔，则臣上之纹，状如新月。此亦象形之文字也。"手"字、段《注》谓"手"字象五指及叉手，是也。"吕"字脊骨也。象其两两相连之形。是也。又如"包"字象子未成形，"幺"象子初生之形，"人"象臂胫之形，亦象形字。此皆古人所绘身体图之变形。像动物之形者，如"鸟""佳""马""象"之象立形，佳者，短尾也。鸟者，长尾也。"佳"字、"鸟"字，其上为头、为喙、为目，其中为翼，其下为尾、为足。"乌"与"鸟"同，惟未象目形耳。"虎""犬"之象蹲形，犬蹲则尾下垂，故"犬"字为蹲形。"鹿""鼠"之象走形，"虫"象卧形，《说文》云："虫，象其卧形。""巴"象盘曲之形是也，凡禽兽字，无正面形，无向右形。王菉友说。此皆古人所绘动物图之变形。象植物之形者，如谷类之"来"字、"来"字篆文作"来"，上出者，穗也。左右四出者，叶也。故"来"字象麦之形，其下为根。"禾"字、《说文》云："从木、从巫省。巫象其穗。"此其证也。"米"字，四点象米之形，"十"则其界画也。蔬类之"韭"字、《说文》云："象形，在一之上。"盖"一"象土形，"非"则象韭叶之齐也。"瓜"字，象外蔓内实之形。以及"竹"、"草"、"林"、"木"竹、草、林皆象其多，木字象上枝、中干、下根之形。诸字是也，此皆古人所绘植物图之变形。象器械之形者，如"户"字、"户"字古文作"户"，以象户扇之形,中以象户之扁形。"皿"字、"皿"字篆文作"㿿",上象口圆,下象底平,中以象腹。古文又作"㿿",尤与器皿之形相似,亦象形字。"瓦"字、外形("外形",据文意,疑当作"外象")屈曲之形,中有界画,象其初为圆筩时之形也。"戈"字、"戈"字古文作"𢦏",见《象立戈鼎》("象立戈鼎",疑"象"为疑文,或为"商"讹)。形("形",疑为"象"字之讹)荷戈之形,上半象其尖形。"弓"字篆文作"㢮",象弛弓形。是也,皆古人所绘器械图之变形。盖象形之字,始于"方""圆"。《说文》"圆"字训"圜","囗"字训"围",象周帀之形。《墨子·经上》云:"圜,一中,同长也。"毕氏《注》云:"一中,言孔也。量中,四面同长。"又,《尔雅》言"内、好若一谓之环","好"即玉孔,而"环"字古文作"㺿",见秦权文。"中"字古文作"𠂤",见《六书故》。则《墨子》书"圜"字当作"〇"矣。《墨子》又云:"方,柱隅四谨也。"毕《注》易"谨"为"维",盖四隅为方,"四维"即"四旁",则《墨子》书"方"字当作"囗"矣。《礼·投壶》云:"鼓〇囗。"《释文》谓"〇为圆鼙,囗为方鼓",是古字先造"囗""〇"之字,继造"方""圆"之字矣。凡古人图画,始于"囗""〇",故象形之字,亦始于"囗""〇"。"日""月"等字,皆"〇"形之变体也;"国""田"等字,皆"囗"形之增易也。盖古人图画,皆象物形,《日知录》云:"古人图画,皆指事为之,使观者可法可戒。"又引《五杂俎》之说为证。故绘衣以表物采,铸鼎以昭神奸。图画既象物形,故古人即象图形以造字,即斯氏所谓"古人文字、绘画无二理"也,故即斯氏之意引伸之。

(十七)中国民族,由西方入中国。惟尧时,地至南交,然只羁縻勿绝而已。象为南方之兽,为中国人民所未见。《说文》云:"象,南越大兽也。"而《易》有《象词》,六书有"象形",皆借用"象"字。孔子作《易传》,曰:"象也者,像也。"又曰:"天垂象。"《释文》云:"像,拟也。"盖象生南越,为北方人民所未见,故言及于"象",皆出于拟像之词。《韩非子》曰:"人希见生象,而案其图以想其生。"故凡人之所意想者,皆谓之"象"。盖形者,有实状可指者也;而象者,无实状可指,而以虚形拟之者也。古人以虚形拟南方之象,故凡言事物之虚形者,皆谓之"象"。《象辞》者,《易》之取虚形者也;"象形"者,亦字之拟虚形者也。与指事不同。《尚书》曰："予欲观古人之象。"此之谓也。又，古人以迟疑莫决为"犹与"，《礼记·曲礼》。"犹"为玃属，而"与"则象属也。《曲礼》孔《疏》。此亦古人以象属喻人事之证。

（十八）据《孝经援神契》，谓"三皇之世无文"。此说殆非。昔郑君《六艺论》谓"伏羲垂十言之教"，而《吕氏春秋》亦载神农耕织之令。如言"一夫不耕，则天下受其饥；一妇不织，则天下受其寒"。虽字形未造之前，已有字音，然言语流传，必赖文字。又，伏羲画卦，《乾》《坤》《坎》《离》之卦象，即天、地、水、火之字形。"天"字草书，似《乾卦》形；"坤"字古作"〣"，即《坤卦》倒形；"水"字篆文，即《坎卦》倒形；"火"字古文作"𦥑"，亦即《离卦》之倒形也，见《纬书》中。故西人谓伏羲画卦，出于巴比伦锲文。西人拉克伯里氏说。盖中国象形文字，固权舆于伏羲也。又，西人拉克伯里氏谓，中国神农，西人称为"萨尔公"，曾置书群玉山，以陶瓦为之，刻以锲文。是锲文一体，当中国神农时，犹沿锲文之体也。且神农之时，结绳而治，以统其事。虽结绳之字，不可复考，然观"一""二""三"诸字，古文则作"弌""弍""弎"，盖田猎时代，以获禽记数，故古文"一""二""三"之字，咸附列"弋"字于其旁，所以表田猎所得之物数也。是为结绳时代之字。盖结绳时，并无"弋"字之形，惟于所获禽兽之旁，结绳记数，非古有"弋"字也。结绳之文，始于"一"字。衡为"一"，纵为"丨"，音"衮"。缩其形则为"丶"，斜其体则为"丿"，房必切。反其体则为"㇏"，分勿切。折其体则为"㇆"，音"及"。反"㇆"为"厂"，呼旱切。转"厂"为"㇄"，音"隐"。反"㇄"为"㇂"，居月切。"㇂""㇄"之合体为"人"，即"宀"形，非"人"字也。转其形则为"丷"，倒其形则为"く"，音"畎"。反其形则为"〉"。音"泉"。"一"字再折则为"冂"，五犯切。转"冂"为"凵"，口犯切。倒"凵"为"匚"，音"方"。"㇆""乚"之合体为"囗"，音"圆"。环转之则为"○"，卑其形则为"口"。是结绳文字，不外方圆、平直，此结绳时代本体之字也。亦有孳生之字，孳生由于两体相加。"一"加"一"为"二"，即"上"字之古文。"一"加"二"为"三"，"三"字之倒文为"川"，加一为"𥪡"，即"示"字之古文。"一"加"丨"为"丁"，再加"一"则为"工"。"く"加"く"为"巛"，再加"く"为"巛"，即"坤"字之古文。"○"加"·"为"⊙"，即"日"字之古文。"乛"加"ﾉ"为"凵",即"曲"字之古文。此皆结绳时代孳生之字也,虽间杂象形之文,然指事一体,实占多数。盖中国指事文字,固权舆于神农也。及黄帝时,史官苍颉造书契,创为象形、指事二体。然所造之文,多沿伏羲、神农之旧,故许君作《说文序》,溯文字之起原,谓画卦始于伏羲,结绳始于神农,造字始于黄帝。其言曰:"古者庖牺之王天下,仰则观象于天,俯则观法于地,观鸟兽之文,与地之宜,近取诸身,远取诸物,于是始作《易》八卦,以垂宪象。及神农氏结绳为治,而统其事,庶业其繁,饰伪萌生。黄帝之史苍颉,见鸟兽蹄远之迹,知分理之可以相别异也,初造书契。"是黄帝时代以前,久有文字,惟黄帝史官苍颉,始造书契,以记文字耳。孰谓三皇之世无文哉? 后儒只知苍颉之字为古文,而不知苍颉以前之古文,岂不惑哉!

（十九）苍颉之时,六书之中,仅有象形、指事二体,然咸为独体之文。《说文》所列古文,以十百计,虽多后王所增益,然苍颉所造之文,实占多数。如"弌"为古文"一"字,"二"为古文"上"字,"兀"为古文"示"字是也。又,郑樵《通志》谓"北海之疆,有苍颉《石室记》,字咸古文,后人莫识,惟李斯、叔孙通稍辨其文",则苍颉所造之字,迥与后世之字不同。又,古代钱币,咸有款识。如黄帝货金、帝昊金、高阳金、尧泉、舜币、夏货金、商王货金、商连币是也,具载于倪谟《古今钱略》。夏代以前之文字,赖此仅存。夏代文字,据《左传》,有九鼎;据《吴越春秋》,有《洞庭禹书》,今咸失传。即《岣嵝碑》,亦非真本也。商代以来,则爵卣鼎彝,咸有文字。如《商鼎》《商彝》《商爵》《父乙鼎》《父丁鼎》《祖戊彝》《祖乙彝》《商兄癸彝》《丁父鬲》《祖戊尊》《商从尊》《祖癸卣》,咸见于《通志》;而《父丁卣》《臤爯鼎》《父壬尊》《好父辛彝》《唐子爵》《父乙彝》,咸见于阮氏《钟鼎款识》。然观其文字,不外象形之体,如《父壬尊》"山"字画山形、《好父辛彝》"单"字画形"丫""单"即"旐"字,"ˠ"字即象旗形也。是也。且咸为独体之文,如《臤爯鼎》"贤"字作"臤",《盘庚》"优扬贤历",今文本亦作"臤"。《父丁卣》"跐"字作"止"是也。余证甚多。若高宗洪崖石刻,在今贵州永宁州。马画马形,牛画牛形,尤其确证矣。惟上古之时,未能同文,故苍颉古文,已互相歧异。如"仁"字古文作"忎"、作"弖","保"字古文作"乑"、作"傸",此必非仓颉所造之文。"旁"字古文作"禼"、此亦非苍颉所造之文。作"ʓ"是也。五帝之时,文字亦多殊体，故帝喾货"货"字作"尺"，而高阳货则作"ℷ"；帝喾金"金"字作"仝"，而帝喾金则作"全"。以上《通志》。非唯五帝之时文字殊体也，即夏、殷二代文字，亦与五帝迥殊。故商货之"货"字作"禾"，或作"忻"，或作"刜"。与"尺"字、"巛"字不同；商钟之"金"字作"金"，复与"仝"字、"全"字不同。推之，尧泉之"泉"字作"屰"，而商泉之"泉"字则作"彡"，亦其证。且非唯夏、殷之文殊于古代也，即一代之文字，亦互相不同。如高阳金"高"字作"皆"，复作"仑"、作"帘"、作"閑"；尧泉"尧"字作"止"，此即视人君在上而尊之如天之义也。复作"殳"、作"喆"；夏货"夏"字作"向"、复作"畫"；此与篆文之形相似。商货"商"字作"兪"、复作"嵗"、作"凨"、作"禸"。盖契居太华之阳，而《盘庚》复言"适山"，故"商"字象山谷形。推之，商壶"辛"字作"中"，而商卤"辛"字则作"歺"；商货"布"字作"茄"，而连布"布"字则作"瓬"，以上皆见《通志》。非一代殊文之证哉？盖当此之时，诸侯各邦，各本方言造文字，故书于金石，字各异形，即《说文序》所谓"五帝三王之世，改易殊体"也。字体虽更，然咸为独体之文，而一切有偏旁之字，咸未孳生，惟取同音之字相假而已。上古之时，有语言而无文字，故字义咸起于右旁之声，而未有左旁之字。及西周之世，于文字增益偏旁，而文字日增。故苍颉之古文，乃荟萃黄帝以前之古文而成者也；史籀之籀文，亦荟萃苍颉以后之殊文而成者也。特籀文既行，而古文之用日稀矣。此中国文字之一变迁也。

（二十）六书"假借"一例，言者纷纭。许君《说文序》以"本无其字，依声托事"为假借。案，"依声托事"，仅属假借之一端，而由他字之义引伸者，厥类实烦。大约上古之时，先制有形之名词，而无形名词，则由有形名词假借。有形名词即象形之字也，无形名词即指事之字也。观象形先于指事，即知有形名词咸为本字，而无形名词或为假字矣。盖太古之初，指物立名，故所造之字，咸有实义之可征。一曰干支，二曰地理，三曰天文，四曰器物，五曰植物、动物。物各一名，名各一义，此皆有形之名词也。故无形名词，咸由有形名词假借。如"甲"字假为"甲胄"之"甲"，"丁"字假为"人丁"之"丁"，"子"字假为"父子"之"子"，"戌"字假为"征戌"之"戌"。此由干支之名词引伸者也。"道路"之"道"，人所共由，而借为"道德"之"道",则由"共由"之义引伸者也。"井泉"之"井",人因其易于自溺者,咸生畏心,而借"井法"之"井",则由"畏惧"之义引伸者也。此由地理之字引伸者。若"日月"之"日"借为"时日"之"日",则以地球绕日一周则为一日也。"日月"之"月"借为"年月"之"月",则以月光之盈亏,经三十日而一周,则为一月也。"风雨"之"风",其行甚速,故借为"风俗""风化"之"风",以喻其速。此亦因天文之字引伸者。若夫"理"为攻玉,因攻玉必条分缕析,遂假为"义理"之"理"。"业"本钟簴,因钟簴为人所共习,遂借为"事业""学业"之"业"。"常"本裳衣,因人所恒服,遂训"常"为"恒",假为"五常"之"常"。"纲"本网纮,以其有"范围"之义,遂假为"纲维""纲纪"之"纲"。"维"本车盖,假为"四维"之"维"。"纪"为丝端,假为"统纪"之"纪",亦属此义。此因器物之义引伸者。若夫"才"为草木初生,借为"才能"之"才",则以人之才能亦具于生初也。"犹"为多疑之兽,而人之精于筹度者,亦谓之"犹",则以能疑斯能筹度也。"能"为多力之兽,而人之富于才猷者亦谓之"能",则以多力斯可效能也。此由动、植物之字义引伸者。此皆无形名词由有形名词假借之证。**而静词、动词、助词,亦或由名词之义引伸。**如"甲"字借为"甲坼"之"甲","癸"字假为"揆度"之"揆","申"字假为"引伸"之"伸",此由干支之字引伸者也。"陲"为远也,而假为"垂象"之"垂"。此由地理之字引伸者也。"霸"本月魄,"魄"有强大之义,遂假为"五霸"之"霸"。此由天文之义引伸者也。"途路"之"路",借为"路门""路寝"之"路";"尊"为酒器,借为"尊卑"之"尊";"鬯"本郁酒,而借为"鬯茂"之"鬯";"修"本束修脯,假为"修治"之"修"。此由器物之义引伸者也。若"旧"本黄离,借为"新旧"之"旧";"雁"为随阳之鸟,以雁鸟之难至,借为"难易"之"难"。此由植物、动物之义引伸者也。若夫由有形名词借为虚字者,如"于"本旌旗之斿,借为语助之"于";"而"本人须,假为语助之"而"。此皆由有形名假为虚字者也。余证尚多,不具引。**是一字借为数字,必由本义引伸,未有无义而仅取声音者也。又如,动词、静词之各有本义者,亦大抵由指物之词借为指事之词。**如弓力足者为"强",弓力减者为"弱",而后世以国力盛衰为"强弱";施弓弦为"张",解弓弦为"弛",而后世以有为、无为为"张弛";旖旗为"施",而政令之出发者亦为"施";发矢为"发",而号令之传宣者亦为"发"。推之,"浅""深"二字,古人以之测水,而后世之论学术也,亦曰"学浅""学深";"远""近"二字,古人以之量直,而后世之论时代也,亦曰"期近""期远"。推之,"短"字从"矢","循"字从"盾",指事之静词、动词,何一非由指物之词借用哉？余证尚多。此亦六书指事后于象形之例也。盖古人智识单简，舍观察事物，知远取诸物，而不知近取诸身，此指事之词所以后于指物之词也。古无指事之词，此古人文字所由不若后世之备也。

（二十一）古人假借之字，未有不依事而但托声者也。如"炷"字古文作"主"，从"丶"者，所以象火形也；从"𤭹"者，"𤭹"即盛火之火（"盛火之火"，疑当作"盛火之具"）也。而后世借为"君主"之"主"，别作"炷"字以代之。不知"君主"之义，亦与用火之说相关。上古之时，凡能发明用火之术者，即为君主，故有祝融、燧人二氏，而神农一名炎帝，一号烈山；《尔雅·释诂》训"君"为"蒸"，而"蒸"字亦从"火"。盖君主为发明用火之人，故"君主"之"主"，由火器之义引伸，犹之君主为发明制酒之人，而"酋长"之"酋"，遂由酒官之义引伸也。又如"飞"字，古文作"非"，训为"鸟飞不下"，而后借为"是非"之"非"，别制"飞"字以代之。《易·小过卦》之形，上☳下☶，横成"非"字，故曰"有飞鸟之象"。《史记》"秦非子"，《文选注》云："'非'与'飞'，古文通用。"亦其证也。不知上古之时，人民恃弋猎为生，故古字"一""二""三"诸字，皆加"弋"旁。惟惧飞鸟之不下也。鸟飞不下，则人民咸生不悦之情，故展转引伸，由"鸟飞不下"之"非"，借为"是非"之"非"，犹之"不"字本义训为"鸟飞不至地"，而借为一切"不然"之"不"也。此二义者，皆古人所谓不依事而托声者也，然寻绎其义，则借义仍由本义引伸，故举此二端，以发其凡。

（二十二）古代六书之字，自篆体改为隶体，而字形与字义不符。试先即象形一体言之。如"日"、"月"之篆文作"☉"、"☽"，皆为象形之字。自变为隶体，而"日"、"月"不象形矣。"日"字与"曰"字近，"月"字与"肉"字近，而从"曰"之字，其字形遂与从"日"之字混；从"肉"之字，其字形遂与从"月"之字混。"草"、"木"之篆文作"艸"、"朩"，皆为象形之字。自变为隶体，而"草""木"不象形矣。"草"字与"廿"字之形相混，"木"字与"水"字之形相混。"乌""鸟"之篆文，皆从两足，盖二足而羽，斯谓之"禽"。自变为隶体，而"乌""鸟"皆从四足，与走兽之四足者，有何异乎？不复象飞禽之形矣。又如，"为"训"母猴"，篆文象形。自变为隶体，不复象母猴之形，亦其证也。"鳦"本阳鸟,其偏旁从"乙",即象飞形。自隶文变为"燕",则又殊于飞禽之形矣。此假用"燕国"之"燕"字为之。推之,"八"字变作"人",与"入"字、"八"字之形易于相淆;"川"字变为"水",与"木"字之形易于相杂。故隶体既兴,而中国无复真象形之字矣。虽然,岂惟象形一体变迁哉?如"芲"为草木,"芲"或作"荂",此"花萼"之"花"。而"荂"训为"荣",此"荣华"之"华"。"崋"为西岳,字各不同。自隶书统作"华",而三字合为一字矣。"畴"为耕治之田,字或作"畤",而"畴"训为"谁","畤"训为"词",字各不同。自隶书变"畴"字为"寿",而从"畴"之字悉改为从"寿",而三字合为一字矣。若"它"训为虫,从虫而长,象垂尾形。上古草居,患它,故相问"无它乎"。或作"蛇"。隶书专用"蛇"字,而"它"字遂为"他"字之古体,亦其证。盖秦程邈改篆为隶,以便徒隶,而古文失真者十之七八,此则中国文字之一大厄矣。

(二十三)上古之时,未造字形,先有字音,前已言之矣。然人当始有语言,未若今日之复杂也。其始也,仅有无字之音,厥后声音复杂,始成言语。然声音之起原,厥有数端。一曰自然之音。自然之音者,因口舌相调,即成一普通之音。凡在幼童,莫不皆然,非地与时所克限也,故或以此音为天籁。如"我"者,发语声也。凡动物之发声,亦多带"我"字之音。如犬类是。人欲发声,则"我"字之音自出于喉,故古人即以此音为己身之称,用造"我"字。今日本字母首列"ウ"字,"ウ"字即"我"字之变音也。"你"者,后世之文,或称为"尔"、为"彼"、为"若"、为"乃",不知此皆"你"字之变音。亦发语声也。凡人欲有所指示,即口中不言,而"你"字之音,其音在"难"字及"侬"字之间。亦多出于喉舌间,故古人即以此音为他人之称,用造"你"字。今日本字母,次列"イ"字,"イ"字音"伊",即"你"字之变音也。今中国人之称父也,称之曰"爹",或重叠其词。盖因小儿学语,口中即时发此音,故即以之称其父。而西人之称父也,其音亦与"爹"字同。今中国人之称母也,称之曰"妈",或重叠其词。盖因小儿之啼哭,口中即发此音,故即以之称其母。今西人之称母也,其音亦与"妈"字同。由此四证观之,可以知自然之音,循乎天籁,非地与时所克限矣。其故一也。二曰效物所制之音。夫言出于口,声音乃成，此一定之理也。然生民之初，非能创此音也。其所以成一真实之音者，必先具此物，乃锡此名。其故有三。一为声起于形，即象物形以造字音也，如因日形完实而呼之为"日"，因月形半缺而呼之为"月"是也。又如"天"训为"颠"，"颠""天"之音古同，因天体为在上，故呼之为"颠"。后"颠"音转为"天"音，乃别造"天"字。"地"字亦然。因上古之初，"地""低"之音相近，因地体为在下，故呼之为"低"。后"低"音转为"地"音，乃别造"地"字。此皆字音象字形之证也。一为声起于义。此由古代析字，既立义象以为标，复观察事物，凡某事、某物之意象相类者，即寄以同一之音，以表其义象。凡音同之字，义即相同，如前文所举"施"字、"门"字是也。故任举同声之字，即可用为同意。此声起于义之证也。一为以字音象物音。此由古代造字，既以字形象物形，复以字音象物音，如前文所举"水""火"二字是也。又如，"羊"字之音近于羊鸣，"牛"字之音近于牛鸣，"雀"字之音近于雀鸣，"鹊"字之音近于鹊鸣，"鹰"字之音近于鹰鸣，"鸦"字之音近于鸦鸣，"蛙"字之音近于蛙鸣，此皆字音象动物之音者也。"木"字之音近于击木之声，"竹"字之音近于击竹之声，此皆字音象植物之音者也。"铜"字之音近于敲铜之声，"柝"字之音近于击柝之声，此皆字音象用物之音者也。"滴"字之音与雨水注阶之声相近，"击"字之音与持械叩门之声相近，"流"字之音与急水下注之声相近，此皆动词、静词之象字音者也。则古人之名物，必有至理寓其中，彰彰明矣。故观此三例，即可知古人创造字音，皆在观察事物之后，故能效物音以制字音，其故二也。要而论之，上古之初，即有字音，然字音由简而趋繁，遂成言语。直言曰"言"，论难曰"语"。合众音而成一言，犹之合众字而成一文也，故即字音之起原而考之。

（二十四）许君之言曰："转注者，建类一首，同意相受，考、老是也。"裴务斋谓"考"字左回，"老"字右转。而周伯琦《六书正讹》亦用"左回右转"之说，别举侧"山"为"阜"、反"人"为"匕"、反"欠"为"无"、倒"子"为"云"为证，谓"字形不同，则变转其义"，则混于象形、会意。又，郑樵《六书略》曰："谐声、转注，一也。"则混于形声。惟戴东原之论转注也,谓转注犹言互训。《说文》训“考”为“老”,训“老”为“考”,凡数字共一义者,皆曰“转注”,故曰“同意相受”。段氏、王氏皆从之,然于转注之起原,言之颇简。盖上古之时,一义仅有一字,一物仅有一名。后因方音不同,乃各本方言造文字,故义同而形不同者,音必相近,在古代亦只为一字。试观《尔雅·释诂》诸篇,于字之一义数字者,互相训释,即为转注之公例,然音皆相近,如“哉”“基”“胎”三字皆训为“始”,而音即近于“始”;“洪”“旁”“庞”“洪”“戎”“穷”六字(《尔雅·释诂》“大也”条,无“旁”“庞”“穷”字,此六字疑为“弘、宏、厖、洪、戎、穹”之讹)皆训为“大”,而音多相同;“予”“吾”二字皆训为“我”,而音复近于“我”。举斯三例,余可类推。盖《释诂》一篇,以今语证古语者也。若《释言》一篇,则以方言证雅言,其例亦与《释诂》同。如“斯、誃,离也。”“斯”“誃”古音近于“离”。“旬、宣,遍也。”“旬”“宣”古音近于“遍”。“臞”训为“瘠”,“臞”“瘠”音近;“流”训为“求”,“流”“求”音符。由是观之,则一义数字之字,音皆相近,益可证矣。试更举《小尔雅》以证之。如“懿”“赜”二字训“深”,“懿”“赜”叠韵;“莽”“莫”二字训“大”,“莽”“莫”双声;“赋”“铺”“敷”三字训“布”,而三字之音皆近“布”。“钟”“崇”二字训“丛”,而“钟”“崇”之音近于“丛”。是盖一义数字,其音相同,即可互相训释。如《周易》“乾,健也”“坤,顺也”“坎,陷也”“离,丽也”,皆以上古之时,仅有“乾”“坤”“坎”“离”四字,兼含“健”“顺”“陷”“丽”之义;后世则“健”“顺”“陷”“丽”四字最为通行,而“乾”“坤”“坎”“离”,知者渐鲜。《周易》此文,所以明“乾”“坤”“坎”“离”四字,犹之近世“健”“顺”“陷”“丽”四字也。然“健”“顺”“陷”“丽”之音,又与“乾”“坤”“坎”“离”之音相近,此因古今语言不同而分为二字者也。《说文》亦然,皆以叠韵、双声之字,互相训释。如“帝,谛也”“礼,履也”“福,备也”“走,趋也”“毒,厚也”,皆属叠韵;“旁,溥也”“祈,求也”“祸,害也”“趋,穷也”“疌,疾也”,皆属双声。举斯数例,余可类推。《广雅》《释名》,例与此同,则数字互相为训,即转注也。互训之字,音必相近,则知数字在上古,仅为一字矣。其例一也。若《尔雅》训

"不聿"为"笔"、训"蒺藜"为"茨"、训"竹萹"为"蓄",皆以切语为名;而"藷""蔗","萑""蓷"之类,亦以音近之字,互相解释。此因方音不同而分为二字者也。又如《方言》又云:"秦、晋之间曰娥,宋、魏之间曰嬴,衡、淮之间曰娃,宋、卫、鲁、郑之间曰艳,燕、代之间曰姝,河、济之间曰媌,或曰姣,扶风、太原之间曰妍。""嬴""妍""艳"三字,一声之转也;"娥""姝""娃"三字,一声之转也;"媌""姣"二字,亦一声之转也。《方言》所举物名,皆可循斯例以求。又,《说文》之释物名也,其例亦同。如"苹,萍也""萩,萧也""葩,华也""萝,莪也""舄,誰也",皆属叠韵;"杖,持也""渎,沟也""紾,转也""蝙,蝙蝠也",皆属双声。《广雅》《释名》,其例亦然。夫一物数名,亦转注也。然一物数名,音必相近,则知数名在上古,亦仅为一名矣。其例二也。由是言之,则转注者,即数字一用之谓也,然以音相同而两字互相训释者为正例。试举《说文》以证之。例如,"茦,莿也""莿,茦也","藷,蔗也""蔗,藷也",皆以同音之字互相训释,是为正例。与"考""老"同。若"菱,芰也""芰,菱也",字非同音,亦互相训释,与前例似别,是为变例。又如,"揃,搣也""搣,批也""批,捽也""捽,揤也"。"揃""搣"音近,"批""捽"之音亦近,四字皆"捽"字之异名,故递次相承,互相训释,亦为变例。又如,"譀,诞也""夸,譀也""诞,辞诞也""譪,譀也",四字相注,此互见以为转注者也,亦为变例。又如,"垣,墙也""墙,垣蔽也""梡,棞木薪也""棞,梡木未析也",此亦转注之字,然亦为变例。以上所列,皆互相训释之字。亦有此字可以训彼,而彼字不可训此者,如"羊,祥也","羊"可训"祥",而"祥"不可训"羊";"士,事也","士"可训"事",而"事"不可训"士"。证以《说文》,其证甚多。盖古代之时,二字亦互相借用;后世以降,文字之界说日严,故不复相通。然在上古之时,亦不得谓之非转注也。

(二十五)《说文》之释会意也,谓"比类合谊,以见指㧑,武、信是也"。盖"会"与"合"同,则"合谊"即"会意"之正解。"会谊"者,两形并列之字也。吾谓两形并列之字,亦出于古代图画。例如,"武"字从"止"、从"戈",在上古时,必画一人作止戈之形;"信"字从"人"、从"言"，在上古时，必画一人作欲语之形。又如，"儛"字从"人"、从"舞"，即画人而加以舞蹈形也；"位"字从"人"、从"立"，即画一人直立之形；"伐"字从"人"、从"戈"，即画一人荷戈之形；"男"字从"力"、从"田"，即画一人耕田之形；"妇"字从"女"、从"帚"，即画一女持帚之形；"苗"字从"草"、从"田"，即画草生于田之形；"焚"字从"林"、从"火"，即画以火烧林之形；"鸣"字从"口"、从"鸟"，即画羽族发声之形；"吠"字从"口"、从"犬"，即画犬属发声之形；"嵩"字从"山"、从"高"，即画山峰最高之形。由是言之，则会意者，即两形并列之谓也，亦即古代之图画也，故会意出于象形。又如，"祭"字从"又"，从"示""肉"，即古人祭神，以手持肉之图也；"丈"字从"又"、从"十"，即古人以手持丈之图也；"集"字从"木"、从"鸟"（"鸟"，据《说文》，当作"雥"），即鸟在木上之图也；"牢"字从"宀"、从"牛"，即牛在屋下之图也。此皆会意之正例，余可类推。故《说文》列会意各字，约分二类。例如，"天"、从"一""大"。"皇"、从"自""王"。"周"、从"用""口"。"闰"、从"王"在"门"中。"仁"、从"人""二"。"吏"从"一""史"。诸字，王筠以"顺递为义之字"释之。案，此类文字之中，有出于象形者，亦有出于指事者，然以出于象形者为正例。又如，"祝"、从"示"，从"人""口"。"聂"、从"口"、从"耳"。"咸"、从"口"、从"戌"。"君"、从"尹"、从"口"。"正"、从"一"、从"止"。"竟"、从"音"、从"人"。"癸"从"癶"、从"天"。诸字，王氏筠曰："此对峙为意之字也。"此类之字，不能以所从之两体、三体连贯而直接言之，由其用意多委曲也。凡两言"从"者，皆是。要而论之，会意虽以意为主，然每字之义，皆起于字形，故《说文》所列会意之字，有以字形发明字义者，如，"莫"、日且冥也。从"日"在"草"中。"益"、水在皿上，增益之意也。"杲"、明也。从"日"在"木"上。"之"、出也。从"屮"、从"一"。"一"，地也。"圂"、厕也。从"豕"在"口"中。"光"、从"火"在"人"上。"坐"、从二人在土上。"或"、古"域"字。从"口"、从"戈"以守"一"。"輂"从夫在车前引。诸字是，与顺递为义者为一类，然字义即见于字形，则亦古图画之变形也。又如，"萑"、鸱属，从"隹"、从"丫"，有毛角也。"夒"、似人，故从"页"。"匕""匕""止""文"，其手足也。"氐"木本也。从"氏"、从"一"。

其贯于"一"下者,根在地下也。三字,皆会意而兼象形者也。又如,"葬"、从"死"在"草"中,"一"则荐之之物之形。"父"、从"又"举杖。"𧆑"从"凶";从"匕",相匕箸也。"巛"象发。三字,皆于会意外另加一形者也。举此数证观之,则会意一体,即象形中复杂之字也。

　　(二十六)共名与别名不同。中国古籍,皆以共名统别名,如《尔雅》列《释天》《释地》《释草》《释木》各篇是也。"天""地""草""木",皆共名也。今立之以为界,所以标一名所涵之义及所包之物也。凡事物之属于天、地、草、木者,则列之天、地、草、木四类之中,即以共名统别名之证。举斯一例,余可类求。盖以共名统别名,即西人所谓演绎学也。若夫《礼记》以龙、凤、龟、麟为"四灵",《书注》以稻、黍、稷、麦、菽为"五谷",则又合数名而成一共名,此即西人所谓归纳学也。然共名、别名,无一定之别。试举《荀子·正名篇》之言证之。其言曰:"名有大共,有小共。'物'也者,大共名也。推而共之,至于无共而后止。有大别,有小别。'鸟兽'者,大别名也。推而别之,至于无别而后止。"由《荀子》之言观之,则以大共与小共较,则小共变为别名;以小别与大别较,则大别又变为共名。例如,"人",共名也。若以"动物"为共名,则人且降于动物之一,变为别名,以鸟兽、虫鱼亦可称动物也。然"动物"虽为共名,若仅举"物"字,则"物"字为共名,而动物仅为物中之一类,又变为别名,以植物、矿物亦可称"物"也。又如,"鸟""兽"二字,对"动物"言,则为别名,对一鸟、一兽言,则为共名。不特此也,"鸟"字为共名,"扈"为鸟类之一,则为别名。及合春扈、夏扈、秋扈、冬扈言之,则"扈"又为众扈之总称,由别名变为共名。"兽"字为总名,"马"居兽类之一,则为别名。及合骓、骝、骊、皇言之,则"马"又为凡马之总称,由别名变为共名。举斯二例,可以知共名、别名之无一定矣。共名之上犹有共名,别名之下犹有别名。惟大别、小别,有一定之用。其无一定之用者,则小共名词及大别名词耳,故小共、大别诸名词,最易相混,不可不察也。

　　(二十七)六书之说,言者纷纭,然指事、象形、形声者,文字之本原也;会意、转注、假借者,文字之作用也。六书之例,备于此矣。六书之名,始于周代,盖六书之体,自周时始大备也。然六书次第,说者各自不同。试略举之。如,《汉书·艺文志》曰:"六书,谓象形、象事、象意、象声、转注、假借,造字之本也。"《周礼》郑《注》云:"六书,象形、会意、转注、处事、假借、谐声也。"许氏《说文序》云:"一曰指事,二曰象形,三曰形声,四曰会意,五曰转注,六曰假借。"案,班氏解六书,首列"象形",次列"象事",是也;"形声"以下,则以《说文》之次第为当。班、郑所列,皆颠倒错乱,不可从也。若六书之名,亦以《说文序》所定者为确。盖象形、指事、形声、会意、转注、假借,乃六书之次第也。六书之次第明,则造字之次第亦明。盖中国文字,未有外于六书者也。王氏《说文释例》亦首列"记事",此亦沿古说之误,不知象形文字实在指事文字之前也。

(二十八)《说文》重文,许君于每篇之后,系以重文若干字,段云:"此盖许所记也。每部记之,以得其凡若干字。"或言"省",如,《言部》:"诗,䞞,古文诗省"、《止部》:"归,归,籀文省"之类。或言"不省",《亻部》:"保,采,古文保。保,古文保不省。"《辵部》:"遴,遴,籀文不省。"或言"如此",《羊部》:"羌,羌,古文羌如此。"或言"非是",《亻部》:"份,彬,古文份,从彡、林。林者,从焚省声。臣铉等曰:'今俗作斌,非是。'"或言"从某",《屮部》:"毒,蕍,古文毒,从刀、菖。"或言"从某声",《竹部》:"箍,叔,籀或从又,鱼声。"层见迭出,缕析条分。其例之最著者,如《一部》"一"字后云:"弌,古文一。"《乡部》"彝"字后云:"彝、彝,皆古文彝。"《月部》"肰"字后云:"肰,古文肰。脁,亦古文肰。"乃古文例也。如,《叩部》"毁"字后云:"毁,籀文毁。"《又部》"叜"字后云:"叜,籀文从寸。叜,或从人。"乃籀文例也。如《弓部》"函"字后云:"肣,俗函从肉、今。"《鼎部》"鼎"字后云:"镒,俗鼐从金、从兹。"乃俗字例也。如《水部》"涿"字后云:"氒,奇字涿从日、乙。"《亡部》:"无"字后云:"无,奇字。无通于无者,虚无道也。"此奇字例也。如《辵部》"返"字后云:"仮,《春秋传》返从彳。"《目部》"瞋"字后云:"胅,秘书瞋从戌。"此引书例也。兹五例外,有先举古文、后举籀文者,如《木部》"盘"字后云:"盤,古文从金。盘,籀文从皿。"是也。有先举籀文、后举古文者,如《殳部》"敊"字后云:"殷,籀文敊。敊,古文敊。"是也。二者皆为正例。又有先举古文、后举篆文者,如《上》《下》二部,古文“二”“二”在先，篆文“上”“下”在后是也。有先举今文、后举古文者，如《廌部》“灋”字，今文“法”字在先，古文“佱”字在后是也。二者皆为变例。凡兹数例，浅显易明。其有隐而难明者，如《卤部》“㮚”字后云：“𣡌，古文㮚，从西、从二卤。徐巡说曰：‘木至西方，战栗。’”《西部》“丣”字后云：“古文酉，从丣。丣为春门，万物已出；丣为秋门，万物已入。‘一’，闭门象也。”是为指事之例。如《爪部》“为”字后云：“□，古文为，象两母猴相对形。”《口部》“嗌”字后云：“□，籀文嗌，上象口，下象颈脉理也。”《蚰部》“蠹”字后云：“螙，蠹或从木，象虫在木中形。”是为象形之例。如《日部》“暴”字后云：“𣊳，古文暴，从日，麃声。”《鼓部》“鼓”字后云：“𡔷，籀文鼓从古声。”《鬲部》“鬴”字后云：“釜，或从父，金声。”是为形声之例。如《犬部》“獾”字后云：“祴，獾或从豕，宗庙之田也，故从豕、示。”《田部》“畜”字后云：“蓄，《鲁郊礼》畜从兹、田。兹，益也。”是为会意之例。如《艹部》“蕙”字后云：“蘐，或从暖。萱，或从宣。”《虎部》“虎”字后云“虝，古文虎。勮，亦古文虎。”《卤部》“卤”字后云：“𠧪，籀文为三卤。”《聿部》“□”字后云：“□，籀文□。□，篆文□。”是为转注之例。此皆一义数字，而音又相近者，在上古之时，只为一字，故为转注。如《鸟部》“凤”字后云：“□，古文凤，象形。凤飞，群鸟从以万数，故以为朋党字。𪀚，亦古文凤。”《㫃部》“旅”字下云：“□，古文旅。古文以为鲁卫之鲁。”《辛部》“童”字后云：“□，籀文童。中与窃中同，从廿。廿，以为古文疾字。”是为假借之例，散见则难明，汇举则易晓。盖重文之益有二：一则证古今殊文之不同，并以知上古之字，文各异形。一则证古今文字之变迁，并以知由简趋烦，为文字进化之公例。傥好古之士，即此六例以考核重文，能于每字下，各分条例，俾考古者有所遵循，亦可谓有功于古籀矣。

（二十九）上古未有文字，先有声音。试溯声音之起原，则古人声音重浊，音出于喉、鼻之间，其自然之音，日文书作“ニ”字，其音在“恩”字、“艮”字之间。即中国“元”字之本音也。故“元”字为绝对名词，其延长之音，则为“细缊”。《易》言“天地细缊”，《说文》引作“壹壹”，此即“一”“二”两字之起源。“细”字从“因”，“因”字音于真反。“因”音近"伊",如"噎""咽"二字通用,即其旁证。"伊"字之仄音为"一",故"一"音"于悉切",是"一"字乃"细"字之转音也。《说文系传》谓"因"字从"囗""大",解为"能大而众围就者"。是"因"字亦有"一"字之义。《说文》引"细"为"𡆥",即"壹"字之古文。"二"字与"伊"字为双声。"二"音伊至反。今江淮间之谭"二"字也,其音在"奥"字、"翁"字之间;又,中国体操口号,其读"二"字之音也,亦在"奥"字、"翁"字之间。重读之,则音近于"缊",是"二"字乃"缊"字之转音也。故《说文》引"𡆥"作"缊",字从"凶"声,即"二"字之本音。非惟"一""二"两字然也,即"天地""我彼""高低"诸字亦然。"天"字古音为"汀","汀""当"为双声。重读之,则音与"当"同。而江淮间之读"细"字也,音与"英"同,而"英"从"央"声,"央"字与"当"字为叠韵。此亦"天""一"同音之旁证。若江南人读"二"为"腻","腻""地"二字音近,此亦"地""二"同音之旁证。"高"字与"冈"字为双声,"颠"字与"当"字为双声,古代"颠""当"同音,故训"天"为"颠",而"冈""当"之音复相近,则"高"字又"天"字之转音矣。若"低"字之音,近于"地"字,此又不待烦言者矣。若《尔雅》训"卬"为"我",今扬州东乡之读"我"字也,其音在"昂"字及"恩"字之间,则"我"字之音,与"一"字相符。俗呼"彼"字为"你","你"字之音近于"腻",故"彼"音亦与"二"字相符。"你"字或称为"尔",重读之则为"乃",《书》言"乃祖乃父"。"乃"字之音转为"仍"字,故金陵人呼"你"字为"零",而浙东人呼"人"字为"零",则"人"字之音与"你"字同,在古只为一字。又,"汝"字之音,古代亦与"戎"字相叶,其音亦近于"侬",故江南称"人"为"侬"。后世因方言不同,始称为两字耳。盖上古之时,只有两音。凡称对待之名词,则展转相呼,故"一二""天地""高低""彼我",在古代只为两音,未若后世声音之复杂也,故特记之。又案,"东西""兄弟"之音,亦与"一二"相近。

(三十)音韵之书,始于李登《声类》,今散佚无存。惟《汉学堂丛书》有辑本。吕忱之书亦然。故现存之韵书,以《广韵》为最古。《广韵》二百六韵,合以分部者,自郑庠、陈第始。昆山顾氏,本《三百篇》著《诗本音》,列《古音表》,分十部,较郑氏、陈氏加密,且不沿吴才老协韵之谬。然知有正声，不知有转声；钱竹汀云："文字偏旁相谐，谓之正音；语言清浊相近，谓之转音。"知入为闰声，不知去声有不与平、上、入三声为韵者。婺源江氏增为十三部，义又加密。段氏更定为十七部，本六书谐声之旨，正二家未确之说，非臆断也。《之》《支》《脂》三韵分为三部，《尤》《幽》二韵为一部，《侯》一韵为一部，识极精审。近儒援王高邮及江氏晋三之书，又疑段氏十七部尚有未定，非也。盖段氏岂无可议？实自成一家之学。王与江二书，尽有密处，总不能出其范围。何者？声音之道，有意求密，恐用意太深，如《车舝》之"冈"与"薪"韵，《思齐》之"业"与"作"韵，《礼·中庸》郑《注》："齐人言'殷'如'衣'。"《檀弓》《注》："楚人谓'陈'如'陵'。"《公羊传》何《注》"得来"为"登来"。"帖"乃《覃》《盐》部韵也。《说文》"愖读若钱"之类。立疆界自不得不严。至分别部居，亦通其可通而已。王氏仍顾氏、江氏说，《东》《冬》《钟》《江》为一部，即同段氏说。江则《东》《钟》《江》为一部，《冬》独用为一部。此说不自江始，孔巽轩《诗声类》已辨之。戴望曰："孔氏分'农'、'戎'在《冬》部，江氏亦拦入《冬》部，然二字当在《东》部。"《说文》："䢉，从晨，囟声。"徐锴云："农当从凶声。"段《注》云："此囟声之误。囟者，明也。《说文》：'农，早昧爽也。'徐说非是。"得段氏说，声、义俱通。"囟"在《江》韵，乃《东》部声。《诗·蓼萧》"浓""沖""雝""同"为韵，《何彼秾矣》"秾""雝"为韵。"戎"亦当入《东》部者，《诗·旄丘》"戎""东""同"为韵，不与《冬》韵通用；《何彼秾矣》，《韩诗》"秾"作"茙"，见《释文》。"秾""茙"相通，亦同在《东》部之一证。惟《唐棣篇》"戎"与"务"韵，段以为合韵。岂知《韩奕》"缵戎祖考"，郑《笺》云："戎，犹女也。"古音读"戎"为"汝"声之转。《常武篇》："以修我戎。"江谓"戎"当作"武"，与"祖""父"为韵，何不亦读如"汝"？径改"武"字，恐非是。又，《长门赋》《冬》、《侵》合用至十六字，近儒严可均《说文声类》并《冬》《侵》为一，恐亦非是。江氏仍王氏之说，《祭》《泰》《夬》废为一部。此说亦不自王始，戴东原《声韵考》已辨之。入声之自为部者，王分《盍》《缉》为二部，江分《叶》《缉》为二部，其说略同。《诗声类》则合《盍》《缉》《叶》《帖》《洽》《狎》《业》《乏》九韵为一部，盖此二韵分合最难。《大雅·烝民》七章，"业""捷""及"为韵，《缉》《业》二部，未尝不通用。《召旻》三章，"玷""贬"为韵，玷，《说文》："占声。"平、入未尝不通用。入声之分部,段说虽难尽据,若仅窒于一二未可通之处,何如仍段氏七部、八部之说乎?江氏之说,亦未可非。若谓去声之《祭》部无平、上二声,且不与《至》《未》《霁》《怪》《队》及入声之《述》《物》《迄》《没》同用,考之《三百篇》、群经、《楚词》,无不合者,正不独《东》《冬》之不通用、《侯》部入声与《尤》《幽》不通用,足以补正段说之疏也。"裕",《说文》:"谷声。"《侯》部之入也。《音均表》第四部云:"裕、角、弓合韵。""瘉"字,段不知"谷"声乃四部本音,并非合韵,故《伐木》首章之"谷""木""白""驹",四章之"谷""束""玉",《桑柔》十二章之"谷""榖""垢",段皆误并为第三部入声,其疑"垢"亦合韵,宜矣。王氏韵书,别有全帙未刊,其说散见于《读书杂志》《经义述闻》中,《二十一部古音表》载《述闻》后《通说上篇》。江氏韵书已有刊本,名《音学十书》,总目载《诗经韵说》前。《唐韵四声正》,亦其一。当即所称《唐韵再正》。明古人实有四声之证。考四声说,始周沈周。沈以前岂无四声?特未有明言者耳。如汉儒笺注,有"读为""读若"之例;何氏解《公羊》,有"长言""短言"之殊。"清土多利,重土多迟;清水音小,浊水音大",又见于《淮南》。此皆一字有两声、三声之说,即一字有平、上、去、入之旨也。刘勰亦云:"吐纳律吕,唇吻为先。"故高诱注《淮南》《吕览》,有"横口""踧口""闭口""笼口""在舌"诸读,且"横口合唇""踧口开唇",并见于刘熙《释名》。此虽未言四声,而四声已肇。"横口""踧口""闭口""笼口""在舌"诸法,又即后世言字母者所谓唇、齿、鼻、舌、喉诸音也,故特论之。

　　(三十一)《尚书》二十八篇,济南伏生所传。后增《太誓》一篇,称今文《尚书》。景帝时,鲁共王坏孔子宅,得《书》,多十六篇,称古文《尚书》。古文者,孔壁所藏者也;今文者,伏生所口授于齐、鲁间者也。《史记》《汉书》云:秦时燔书,伏生壁藏之。汉兴,即以教于齐、鲁之间。而《汉书·儒林传》《注》引卫宏《尚书序》云:"伏生老,不能正言,使其女教错。"夫既教于齐、鲁,有欧阳、大小夏侯之学。错受学时,即承学弟子已散,即二十八篇是汉定壁内得者。纵老,何至家无本《经》?其无女传言事甚明。《书》有古、今文,"文"字似当有二义。如称孔壁古文、伏壁今文,则古、今文当如《周礼》《仪礼》《孝经》《论语》之言古、今文者,非字体之异,犹云古、今本也。一义也。《史记·儒林传》云："孔氏有古文《尚书》，而安国以今文读之。"是犹以今字读之，即汉时所习隶书也。一义也。或谓孔壁之文，亦有古文，亦有今文。不知当日古文《尚书》藏于秘府，未列学官，谓之"中古文"，则今文何由羼入？或谓伏壁之文，亦有今字，亦有古文，说固有可通者。盖文以孔壁为古，则以伏壁为今；以伏壁为古，则以汉时所传习者为今。何言之？孔壁之书，蝌蚪文也；伏壁之书，则李斯、程邈法也。《汉·艺文志》云："伏生，故为秦博士。"汉时，则隶书也。如"书"，古文作"書"，"戴"隶作"蠢"，"蠢"古文作"昏"，"詔"隶作"断"，"朋"之假作"堋"，"好"之假作"政"之类。又如，司马迁从安国问故，则《史记》皆古文，《书》"嵎夷"，今文作"崵铁"，见《书正义》。又作"禺铁"。见《索隐》。据《释文》引《尚书考灵曜》，又作"禺铁"，纬书出汉初，知是今文。而《夏本纪》仍作"嵎夷既略"（"嵎夷"，《史记》作"堣夷"）。"格于艺祖"，《书大传》、《公羊·隐八年》《注》引《书》作"假于祖祢"，今文也；而《白虎通·三军篇》两引，一作"祖祢"，一作"艺祖"。"民献有十夫"，《书大传》引作"民仪有十夫"，今文也；而王莽《大诰》兼用之，作"民献仪九万夫"。可知古文未必即是今文，合于古文者，未必即非今文。段氏《撰异》动辄谓"浅人妄改"，何也？且《说文解字》许君《自叙》云："《书》孔氏，皆古文也。"《玉部》引《书》"璪火黺米"，自是古文。《书·大传》虞《传》，"璪火"字凡三见。"夺攘矫虔"，《书·大传》《汉·武帝纪》孟康《注》"夺"作"敓"，今文也；《说文·攴部》引亦作"敓"。使非《说文》字作"璪"、作"敓"，则将截然分为古、今文矣，知今文何必大异于古哉？孔壁之书，会遭巫蛊事，不得奏上，故未立于学。伏生之《传》，及永嘉之乱，与欧阳、大小夏侯书并亡。东晋梅赜得安国之古文，奏之，又缺《舜典》。齐建安中，吴兴姚方兴于大桁市得其书，比马、郑所注多二十八字，于是列于国学。所奏上之书，即其所伪撰者也。唐玄宗不喜古文，天宝三载，诏集贤学士卫包，改从开元文字。不合者，谓之"野书"。不特古文废绝，并伪孔《书》，亦因之而变，悲夫！

（三十二）《说文》："印，执政所持信也。古者谓之玺。"《周礼·玺节》《注》云："今之印章。"此当为用印之始。秦书八体，五曰"摹印"；新莽之六书，五曰"缪篆"，所以摹印。则知古人玺印，必不用古籀、小篆诸法。玺与印，亦分尊卑。《汉官仪》："诸侯王，黄金，橐驼纽，文曰玺；列侯，黄金，龟纽，文曰章；御史大夫，金印，紫绶，文曰章；中二千石，银龟纽，文曰章；千石至四百石，皆铜印，文曰印。"是玺、印之用不同也。顾其字有铸者，有凿者；或以纪地，或以纪官，或以纪氏。铜质坚致，由汉、唐至今，数千百年，犹有存者。其人或传，或不传。苟详考之，每足正史家之缺略，此印刻之所以足尚也。其文皆用白文，无所谓朱文。朱文之始，当在唐、宋，如今之碑本流传，每有"贞观"二字，印皆朱文。盖当时内府鉴赏，用以为记者。宋更有"宣和"字印、"内府之章"印，亦皆朱文。至后世遂刻之石，以为书画图记，取致愈佳，古意寝失。元人吾丘衍，鲁郡人，精于小学，著有《学古编》，内言《三十五举》，多言篆刻之法。桂氏未谷列衍于《说文统系图》之末，考其法，大要不外于字里见刀法，于字外见笔法，因刀法见笔法，故世特称为"铁笔"。然其派不必以南北分，而其流自别。从书法出者，得其篆势，如邓顽伯是也，庶不失秦、汉古印遗法。若字体结构必方，是为浙派，陈曼生诸人是也。夫雕虫小技，壮夫弗为，然观于印文笔法之变迁，可以审历代字体之变迁，殆亦言小学者所不废与？故因论小学而及之。

（三十三）"字"之通训，见于各《经》注者，曰"爱"，曰"养"，曰"妊娠"，曰"生"，皆由"孳乳"之义引伸之。"文字"之"字"亦然，然不知人之"名""字"并同义也。郑注《周礼》《仪礼》《论语》诸言"书名"者，并云："'名'谓书文。古曰'名'，今曰'字'。""字"本谓之"名"，与人之先有"名"而后有"字"者同也。《士冠礼记》："冠而字之，敬其名也。"《注》云："名者，质，所受于父母。冠，成人，益文，故敬之。"以"质"属"名"，即以"文"属"字"，质先而文后也。然则文之而谓之字者，由后起增益言之，即《说文序》曰"后世孳乳浸多，谓之字"也。《白虎通德论·姓名》曰："旁其名为之字者，若名'赐'字'子贡'、名'鲤'字'伯鱼'。"《说文》五百四十部首，说者谓即仓颉所造之文，而后世之字，由是孳乳。夫文字本于六书之名，而人字本于三月之名，不又异用而同情乎？《广雅》《玉篇》并云："字，饰也。"《广韵》注引《春秋纬说题辞》，亦云"饰也"。"文""饰"之训互通，亦足证今曰"字"者之文于古也。《檀弓》曰："幼名，冠字，五十而称伯、仲。"老幼亦概言今昔。又足证"字"为文名，非若昔名之质也。至于人之有字，每见《经》《传》，而无有谓"文字"为"字"者，则"姓字"之"字"义，又先于"文字"之"字"也。

（三十四）今之文字，古人直谓之"文"，《说文序》曰"仓颉之初，依类象形谓之文"是也。又谓之"书"，《易·系辞》曰"上古结绳而治，后世易以书契"、《说文序》曰"著之竹帛，谓之书"是也。合之，《周礼》《仪礼》之"书名"，《论语》之"正名"有三称焉，然"文"之为义"错画"也，"书"之为言"著"也、"如"也。"名"何谓乎？按，"名"者，人治之大者也。人不可别，别之以名。字，所以纪万物、命万事也，故亦谓之"名"。《说文》曰："名，自命也。从口、从夕。夕者，冥也。冥不相见，故以口自名。"《释名·释言语》曰："名，明也，名实使分明。"《左氏传》曰："名以制义。"《庄子》曰："名者，实之宾也。"名附于实，而即以见义。六书之文，曰指事，曰象形。形者，统乎物者也。事物不可别，而核其实、辨其义，指之、象之以定名，而后缘名以造文。孔子曰："名不正，则言不顺。"以言事物之不可无别也。盖就其别者言之曰"文"，就其所以别之则曰"名"。名与文相辅而行，而统之者为"书"。《周礼·外史》"达书名于四方"，《中庸》言"天下书同文"，其义一也。且训诂所以明字，而《尔雅》之释《诗》居多，子言学《诗》曰："多识于鸟兽草木之名。""名"又统训诂言之矣。然则许氏之书不曰"名"者，盖其所解之义，即古人名事、名物之义，而显其义者惟文，故弟言"文"，而"名"即寓焉。若刘熙《释名》，则不辨字形而但述字义，所以直曰"名"也。乃今俗学第知有"姓名"之"名"、"文章"之"文"、"书籍"之"书"，而不知皆今之"字"也，故更即前说引伸之。

（三十五）中国文字、卦画，皆起于"一"，故《说文》言："惟初太极，道立于一。""极"训为"至"，"至"必有止，故"一"字含有"止"字之义。如"正"字，《说文》作"正"，云："是也，一以止。"古文作"𤴓"，云："从二。二,古文上字。"或作"𣥺",云:"古文从一、足。足亦止也。"此形有不同者也。案,《说文》从"一"之字,在上者为"天",在下者为"地"。盖以至高者莫若天,高至天而止;至卑者莫若地,卑至地而止。是"天"与"地",皆有"止"义。《说文》"不"字注云:"从一。一犹天也。""至"字注云:"从一。一犹地也。""氐"字注云:"从氏下着一。一,地也。""韭"字注云:"从非、一。一,地也。""旦"字注云:"从日见一上。一,地也。"皆其例。更有从"一"之字,注未言"天""地",而引而申之,"止"之意亦在其中者。如"兀"字从"一"在"人"上,注云:"高远也。"至高无上者为天,高至天而止,是"兀"字中有"止"意矣。"亏"字从"一",注云:"一者,其气平之也。"气平则不上升,不升则静,静则止,是"亏"之中有"止"意矣。"立"字从"大"立"一"之上,注云:"立,住也。""住"者,不动也。立于地而不动则止,是"立"之中有"止"意矣。"丂"字从"一",注云:"气欲舒出ㄅ上,碍于一也。"事有所碍,即不能行,不行则止,是"丂"字中有止意矣。至于"朩"之训"止",为"朩盛而一横止之";"㢅"之训"止",谓"引而止之",又皆明言者也。凡此皆"'正'从'一'、'一'以止"之证。《说文》"二"字注云:"从偶一,地之数也。""二"字注云:"高也。此古文上。"又云:"古文上从一,篆文上从二,二,古文上字。"言"示""龙""音""章"等字,皆从古文"上"。案,"兩"字注云:"从门、二。二,古文下字。"《系传》"下"字注云:"反上为下。"据此"二"既为古文"下"字,则"二"为古文"上"字可知矣。况"帝""旁"等字皆从"二",又皆在"上"部,而"辛"、注云:"从二。二,古文上字。""辰"、注云:"从二。二,古文上字。""亥"注云:"从二。二,古文上字。"等字,又明言"古文上字",皆可为"'正'从'二','二',古文'上'字"之证。《说文》"止"字注云:"下基也。象草木出有址,故以之为足。""足"字注云:"人之足也在下,从口、止。"案,"下"字注云:"底也。"至下者地。"底",从"广"、从"氐"、从"一"。"一",地也。足行于地,亦止于地,是"足"与"止"本可并言。引而申之,凡"止"之属,皆与"足"近。如,"壁"字注云:"人不能行也。从止。"人行须足,足不能行,所以止也。"址"字注云:"足剌址也。""濒"字注云:"水厓,人所宾附,频蹙不前而止。"之类是也。"一"之属,亦与"足"近。"馬"字注云:"从马,一,绊其足。"是也。此"'正'从'一'、'足'"之证也。又案,"二"为偶一,从"一"之字，"上"天、"下"地，而从"二"之字，亦有言"天""地"者，如"五"字从"二"，注云："阴阳在天地间交午也。""亟"字从"二"，注云："二，天地。"是也。是"二"与"一"固相因矣。"足"又为"满足"。过满则倾，有足必止，是"足"与"止"亦相因矣。事之微者一分，积而至于十分则足矣。《说文》："寸，十分也。从又、从一。"数之寡者一，积而至于十，十则足矣。《说文》："百，十十也。从一、从白。"是"足"与"一"又相因矣。"疋"字注云："足也，下从止。"《诗序》曰："疋者，正也。"是"足"与"止"又皆与"正"相因矣，故特论之。

（三十六）春秋之时，诸侯各国，文各异形，言各异声，许君《说文序》言之详矣。夫字各异形者，如《墨子》书"辟"作"僻"，为宋国之文是也。若夫声音之殊，如《公羊传》多齐言，《离骚》《淮南子》多楚语是也。故杨雄采辎轩使者之说，以作《方言》，而何氏注《公羊》、郑君注《礼》、王逸注《离骚》，均明某字为某地方音，此即古代言各异声之证也。惟言各异声，故字各异形。中国文字孳繁，则由古代各本方言以造文字耳。然就杨氏《方言》之书观之，则其例有二。一为通语。彼此两国，各用一字为恒言，而所用之字，义实两通。此即六书中之"转注"一体也。一为别语。此地之方言，不能用之于他境；或有音无字，假借同音之字以实之。此即六书中"假借"一体也。然"通语""别语"，以何者为区？盖见于《尔雅·释诂》《释训》《释言》三篇者，或数字同义而殊形，然皆有形义可征，此即方言中之通语，所谓用字不同、义实两通也。《论语》言"子所雅言"，"雅"即《尔雅》。"尔雅"者，近正之义，乃方音之近于正音者也，故曰通语。若夫《尔雅》所无而见于他书者，则此言必与正音相远，而通行之地，不出偏隅，故目为别语。吾观三代之方言，虽各国不同，然可分为数区。有东方齐、鲁之方言，如《论语》"说而不怿"，《方言》亦曰："悛、怿，改也。自山而东，或曰悛，或曰怿。"郭《注》引《论语》之文为证，则"怿"字为山东之方音矣。《公羊·宣八年》："废其无声者。"《解诂》以"废"为"置"。"置"者，不去也，齐人语。今《论语》"中道而废"，与"画"对文，其字义亦当训"置"，则"废"字为齐、鲁之方音矣。《左传》"臧文仲废六关"，义亦训"置"，足证"废"为方音。

《毛诗》："亹勉从事。"《韩诗》作"密勿"，而《论语》则曰："文莫，吾犹人也。"栾肇《论语驳》曰："燕、齐谓勉强为文莫。"则此字乃有声无义之字，故借"文莫"二字以为用，亦东北之方言矣。《公羊·哀六年传》："色然而骇。"《正义》以为齐语，则《论语》"色斯举矣"，亦为齐言。《方言》云："逞，快也。自山而东曰逞。"则《论语》"逞颜色"亦为山以东之言。隐元年《公羊传》："如勿与而已矣。"何《注》："如，即不如，齐人语疾也。"既以"不如"为"如"，则《论语》言"患得"之"得"即"不得"，与"如"即"不如"同，亦即齐人语急之词矣。此皆古代东方方言之可考者也。有南方荆、楚之方言，如《方言》云："汩，疾行也。南楚之外曰汩。"而《离骚》云："汩予若将不及兮。"此用南楚之方言者一也。《方言》云："莽，草也。南楚曰莽。"而《离骚》云："夕揽洲之宿莽。"此用南楚之方言者二也。《方言》云："诼，愬也。楚以南谓之诼。"而《离骚》云："谣诼谓予以善淫。"此用南楚之方言者三也。《方言》云："軑，毂端锴也。南楚曰軑。"而《离骚》云："齐玉軑而并驰。"此用南楚之方言者四也。《方言》云："禅衣，江淮、南楚之间谓之裯。"而《九歌》云："遗予裯兮澧浦。"此用南楚之方言者五也。《离骚》云："冯不厌乎求索。"王《注》云："满也。楚人谓满曰冯。"此用南楚之方言者六也。《离骚》云："女嬃之婵媛兮。"贾逵云："楚人谓姊为嬃。"此用南楚之方言者七也。《离骚》云："倚阊阖而望予。"戴氏《注》引古说云："楚人名门曰阊阖。"此用南楚之方言者八也。《离骚》云："索琼茅以筵篿兮。"王《注》云："楚人名结草折竹以卜曰篿。"此用南楚之方言者九也。《九歌》云："荃壁兮紫坛。"高诱云："楚人谓中庭曰坛。"此用南楚之方言者十也。《九章》云："又众兆之所咍也。"王《注》云："咍，笑也。楚人相谓哂笑曰咍。"此用南楚之方言者十一也。《九章》云："心怛惕之憯憯。"《说文》云："怛，惧也。陈、楚谓惧曰怛。"此用南楚之方言者十二也。若夫楚人以"君"为"敖"，则《天问》言"堵敖"；楚人以"长"为"尹"，则《离骚》言"灵修"。不独"些"字见于《招魂》也，即《左传·昭二十三年》之"楚师熸"，"熸"亦楚国之方言，则荆楚之方言，又不独仅存于《淮南子》一书也。东、南两方而外，各国均有方言。

如《说文》云："周人谓饷曰饟。"则《周颂》"其饟伊黍"，正周人之方言矣。《尔雅》郭《注》云："河北以待为徯。"则《书·益稷》"惟动丕应徯志"，正河北人之方言矣。时帝都在河北。颜氏《匡谬正俗》云："今关中俗呼二更、三更为夜央、夜半。"则《周诗》之"夜未央"、《秦诗》之"宛在水中央"，正关中人之方言矣。《匡谬正俗》又云："江淮田野呼区为丘。"则《左传》倚相所言之"八索""九丘"，亦近江淮间之方言矣。若《诗》之"彼其之子"、《书》之"食哉"，均为国别之方言。略举数端，以见其例。盖欲考某地古代之方言，可于古人之书求之。惟方言随时而迁变，有古代之方言而近今不复存者。考李舜臣《六经直音序》云："昔齐桓公与管仲谋伐莒台上，而或以其吁而不吟，测知其莒。夫吁、吟者，徵、羽之仪也。吾青自蒙五胡之难，风俗沦陷，百有余岁。宋以后，复为金人所有。夫迩其人，习其音，故今土人或胡语焉。"李氏之说如此，则古代之方言，存于今者甚鲜，推其原因，则又外族之祸有以致之也。

（三十八）薛子韵先生作《文选古字通疏证》，明于古字通假之义，其书信美矣。吾观《选注》古字通假之义，厥有四端。一则正文与《注》本系一字，而有古今体之不同，则曰"某，古某字"，或曰"某与某，古今字"；一则当时别本异字，而义或相同，则曰"某或为某字""某本作某"。此二端者，皆系于形者也。一则声义俱同，则曰"某与某音义同"；一则字之本义不同，因同一谐声，遂假其义，则曰"某与某古字通"。此二端者，皆系于声者也。系于形者，义属于形，即六书中之转注也。系于声者，则义属于声，即六书中之假借也。盖李氏亲受业于曹宪之门，当时小学未衰，于转注、假借二例，身通其蕴。且《苍》《雅》诸书，并传于世，其言非后世凿空妄说者比。故凡云"通假"，确有古先师承之说。惟间有一字而通者数处，亦有仅载"某某两字古通"而牵连同类数字者，非比而观之，则古字假借之例不著。薛氏之书，间有漏缺，本系未成之帙。然古代同声之字均可通用之例，证以此书而益明，故证明李《注》之例，以为读薛书者参考之资。

（三十九）吾郡小学，于隋、唐之际，首推曹、李；于唐、宋之际，首推二徐。唐代虽以《说文》《字林》取士，别立"书学"，然舍李阳冰而外,罕有通籀篆之学者。惟鼎臣、楚金,生五代之季,深通六书之学,又奉《说文》为圭臬,稽选讨论,各有成书。许氏绝学,赖以不坠。鼎臣之功,在于正文字;楚金《系传》,则专发明许义,别为部叙,祛妄类聚,错综疑义,系述各篇,以表专门之学。凡许书为阳冰所淆者,辄加改正。盖二徐以前,《说文》仅列字书之一。自有二徐之表彰,而后学者知尊信《说文》,侪之《尔雅》之列,则近儒之治《说文》,不可谓非二徐有以启之也。故吴山夫、朱筠河诸儒,均重其书。而段、王诸儒,昧于二徐崇许书之功,仅据一义之失、一音之讹,加以指摘。夫字义原于字声之说,唐、宋以前,尚未发明,则二徐改谐声之字为会意,虽不及近儒之精核,然所失甚微。若据此而并斥其书,是犹据马、郑注《书》之精,而斥伏生传《书》之功也,夫亦不恕之甚矣。惜夫宋代诸儒,专据字义诂古字,致流为荆公之《字说》。近儒或据为二徐之罪,此则二徐之不幸也。若夫二徐之异同,则近儒言之已详,兹不复赘。